VERSTEINERTES GEDENKEN · 1

Volkhard Knigge　　　　Jürgen Maria Pietsch　　　　Thomas A. Seidel

Das Buchenwalder Mahnmal von 1958

BAND 1
Herausgegeben von Volkhard Knigge, Direktor der
Stiftung Gedenkstätten Buchenwald und Mittelbau Dora

VERSTEINERTES GEDENKEN

BAND 1
Volkhard Knigge
»Opfer, Tat, Aufstieg«
Vom Konzentrationslager Buchenwald zur
Nationalen Mahn- und Gedenkstätte der DDR   5

Für Naomi

BAND 2

Thomas A. Seidel
Der Schatten des Ettersberges   5

Jürgen M. Pietsch
Kein Ort   11

Volkhard Knigge
Vor der Geschichte – Zu den Fotografien des Ehrenhains
Buchenwald von Jürgen M. Pietsch   89

Jorge Semprun
In den Wind gestreut   92

VOLKHARD KNIGGE **OPFER, TAT, AUFSTIEG**[1,2]
Vom Konzentrationslager Buchenwald zur
Nationalen Mahn- und Gedenkstätte der DDR

Am 12. April 1945 – die SS ist tags zuvor vor den heranrückenden Einheiten der Dritten US-Armee geflohen und das Lager von bewaffneten politischen Häftlingen gesichert worden[3] *[1, 2]* – tritt um 11.30 Uhr das Parteiaktiv der deutschen kommunistischen Häftlinge unter der Leitung Walter Bartels[4] zu seiner ersten legalen Sitzung zusammen.

Das Protokoll des Treffens vermerkt: »Genosse Bartel gedachte in bewegten Worten aller Opfer des Faschismus und vor allem unserer im Kampf gegen die Barbaren gefallenen Genossen. Die Liste unserer Toten (…) sei zu lang, um jeden einzelnen namentlich zu verlesen. Doch wir haben keinen vergessen und schwören mit vielfacher Kraft und Energie in ihrem Geiste weiterzukämpfen und sie zu rächen. Ihr Opfer ist nicht umsonst gewesen, dafür werden wir überlebenden Kommunisten mit unerschütterlicher Entschlossenheit sorgen. Während des Totengedenkens haben sich alle Genossen von ihren Plätzen erhoben und grüßten sie mit einem dreifachen Rot-Front.«[5]

Halten wir die inhaltliche Struktur dieses ersten Totengedenkens im ehemaligen KZ Buchenwald fest, denn die am 12. April Versammelten, an erster Stelle Walter Bartel, werden dem Ort ihr Erinnerungsprogramm aufprägen: Die Konzentrationslagerhaft gilt als besondere Etappe in einem Kampf, der mit der Befreiung des Lagers nicht abgeschlossen ist. Der Tod im KZ ist Opfertod, von daher bezieht er seinen Sinn. Totengedenken bedeutet politische Selbstverpflichtung. Im Gedenken wird ein Unterschied gemacht zwischen »Opfern des Faschismus« und »im Kampf gegen die Barbaren gefallenen Genossen«. Die durch einen Schwur besiegelte Selbstverpflichtung bezieht sich nicht auf die Opfer, sondern auf die Kämpfer und deren Absichten und Taten, die durch die Nachlebenden erst vollends eingelöst und vollendet werden.

1 Fritz Cremer 1958, das Erinnerungsprogramm der Nationalen Mahn- und Gedenkstätte Buchenwald zusammenfassend. Siehe Anmerkung 268.

2 Die Untersuchung erscheint zugleich auch in dem von Detlef Hoffmann herausgegebenen Sammelband »Das Gedächtnis der Dinge. KZ-Relikte versus KZ-Denkmale 1945-1995«, Frankfurt/M. 1997. Das Nachfolgende versteht sich zum Teil von daher.
Für einen Sammelband ist der vorliegende Aufsatz zu lang. Im Blick auf die Gesamtdarstellung der Entstehungsgeschichte, des ikonographischen Programms und der kulturellen und politischen Voraussetzungen und Funktionen der Nationalen Mahn- und Gedenkstätte Buchenwald ist er nicht umfassend genug. Das hat zwei Gründe. Dem Herausgeber wollte ich einen Beitrag nicht versagen. Ein Forschungsprojekt wie das unsere verbindet in einer Weise, die weit über das Fachliche hinausgeht. Andererseits ist die Entstehung dieses Textes selbst von Spuren geschichtspolitisch motivierter Angriffe auf die Arbeit der Gedenkstätte Buchenwald gekennzeichnet. Für jene, die meinen, mit dem Untergang der DDR könne man auch die Beschäftigung mit der Geschichte des KZ Buchenwald im wesentlichen ad acta legen; für jene, die die wissenschaftliche Erarbeitung der Geschichte des sowjetischen Speziallagers Nr. 2 (1945-1950) auf dem Gelände des ehemaligen KZ Buchenwald nicht wollen, sondern statt dessen lieber weiter Legenden pflegen; von jenen, denen in beiden Fällen die Argumente ausgegangen sind, wird seit neuestem vorgetragen, die Gedenkstätte Buchenwald verweigere die Auseinandersetzung mit der Geschichte der ehemaligen Nationalen Mahn- und Gedenkstätte. Nichts ist absurder. Aber böswillige, politisch motivierte Angriffe wie auch hartnäckige Aufklärungsresistenz sind in aller Regel auch nicht durch Argumente aufzuheben. Aus den genannten Gründen – und angesichts des Faktors Zeit – habe ich mich zu einer akademischen Unklugheit entschlossen. Ich habe versucht, einen Text »mittlerer Reichweite« zu verfassen, der sich zwischen politischer und ikonographischer Geschichte bewegt, der aber vor allem die Quellen selbst sprechen läßt. Nichts scheint im Umgang mit dem Projektionsort Buchenwald wichtiger. Daß dabei vieles nur angeschnitten werden konnte, manches gar nicht zur Sprache kommt, Unzulänglichkeiten jeder Art konstatiert werden können, ist mir bewußt, muß aber unter diesen Voraussetzungen – darunter ein mittlerweile eingestelltes Ermittlungsverfahren wegen Volksverhetzung – in Kauf genommen werden. Was manchem als größtes Defizit erscheinen mag, daß die Darstellung nicht bis zum Ende der DDR geführt worden ist,

erscheint mir nach Kenntnis der Quellen am verschmerzbarsten. Die Struktur des Erinnerungsprogramms der Nationalen Mahn- und Gedenkstätte Buchenwald – wie könnte es unter den Voraussetzungen der DDR auch anders sein – ändert sich nicht. Man modernisiert gelegentlich die Erzählweisen oder paßt sie tagespolitischen Voraussetzungen und Interessen an. Gleichwohl sollen auch diese Kapitel noch geschrieben und theoretisch-analytische Kontexte breiter entfaltet und plausibel gemacht werden – sowohl im Blick auf die Geschichte und Funktion der Nationalen Mahn- und Gedenkstätte Buchenwald, als auch im Blick auf diese – und andere – als Symptomträger für Subtexte der Gedächtnisbildung an den deutschen Nationalsozialismus und die Shoa in kulturwissenschaftlicher und tiefenpsychologischer Perspektive.

Herzlich danken möchte ich für verschiedenste Unterstützung Sabine Stein, Ursel Härtl, Dr. Harry Stein und Friedbert Staar von der Gedenkstätte Buchenwald, Leoni Wannenmacher in Essen und Dr. Susanne zur Nieden in Berlin.

3 Im Verlauf der ersten legalen Sitzung des Parteiaktivs der KPD im KZ Buchenwald am 12.4.1945 stellt Harry Kuhn fest, die Politik der deutschen Häftlinge (gemeint sind die im seit 1942/43 bestehenden illegalen Lagerkomitee organisierten deutschen Kommunisten V.K.), die Evakuierung des Lagers zu verzögern und keinen Aufstand zu machen, habe sich als richtig herausgestellt. »Der Erfolg ist gekommen, wir sind frei. Leider konnte der Abtransport der sowjetrussischen Kriegsgefangenen nicht mehr verhindert werden. Wir hoffen jedoch, daß sie sich ebenfalls mit Hilfe der Alliierten befreien konnten.« Thüringisches Hauptstaatsarchiv BW 45. Im »Erste(n) Aufruf des Lagerkomitees« vom 11.4.1945 heißt es entsprechend: »Die zerschlagenen Armeen des Nazismus sind ostwärts des Ettersberges zurückgeflutet. Die feigen SS-Banditen liefen davon, als es ernst wurde. Wir grüßen die antifaschistischen Armeen der Amerikaner, der Engländer, der Franzosen als unsere Befreier. Wir grüßen die Rote Armee, welche an anderer entscheidender Front die Heere der faschistischen Barbarei zusammenschlägt. Wir, die internationalen Antifaschisten von Buchenwald, haben mitgeholfen an der Befreiung des Lagers. Ein internationales Lagerkomitee hat sich gebildet. (…) Die militärische Macht der einstmaligen Häftlinge sichert das Lager. Die Verbindung mit dem Abschnittskommando der alliierten Streitkräfte ist aufgenommen. (…) Das Lagerkomitee erblickt seine Hauptaufgaben in der Sicherung der Ernährung für das Lager. Das Abschnittskommando der alliierten Armee hat Unterstützung zugesagt.« Stiftung Archiv der Parteien und Massenorganisationen der DDR im Bundesarchiv (im Folgenden: SAPMO-BArch.) V 287/2/23.
Zum Vergleich dazu eine spätere Darstellung der Lagerbefreiung aus einem Drehbuch von 1958 für die Ausstellung im »Museum des Widerstands« in der Nationalen Mahn- und Gedenkstätte Buchenwald: »Die Befreiungsaktion der Häftlinge (…) Zeichnung: (noch anzufertigen): Die Erstürmung des Torhauses. Seit der Gründung der Militärorganisation hatten die Häftlinge Ausrüstungsstücke aller Art hergestellt und zusammengetragen, um mit der Waffe in der Hand den Kampf um die eigene Befreiung zu führen. Die Rote Armee schuf durch ihre Siege die Voraussetzung für diesen Tag. Am 11.4.1945 gab die militärische Leitung die Waffen frei. Um 15 Uhr befand sich das Lager in den Händen des Internationalen Lagerkomitees.« Archiv des Deutschen Historischen Museums, Bestand Museum für Deutsche Geschichte, Abt. Gedenkstätten (im Folgenden Archiv DHM/MfDG, Abt. Gedenkstätten), o. Signatur. Aktentitel: Veränderungen in Buchenwald 1958.

4 Walter Bartel (1904-1992). Seit 1923 Mitglied der KPD. 1929/30 Studium an der Internationalen Lenin Schule in Moskau. Aspirantur an der Akademie der Wissenschaften der UdSSR. 1932 auf Beschluß der KPD-Führung Rückkehr nach Deutschland. Im Juni 1933 wegen Vorbereitung zum Hochverrat verhaftet. 27 Monate im Zuchthaus Brandenburg-Görden inhaftiert. 1935 Emigration in die Tschechoslowakei. 1935 Ausschluß aus der KPD wegen »Feigluß« (Verpflichtungserklärung für die Gestapo). Im März 1939 Verhaftung, Einlieferung in das KZ Buchenwald. Mitglied der dreiköpfigen illegalen KPD-Leitung im Lager, ab 1943 Vorsitzender des illegalen internationalen Lagerkomitees. 1945 Überprüfungsverfahren zur Wiederaufnahme in die KPD, 1950 erneute Überprüfung der Gründe des Parteiausschlusses. 1946-1953 persönlicher Referent Wilhelm Piecks. 1947-1953 1. Vorsitzender des Buchenwald-Komitees der VVN. 1953 Funktionsenthebung und Parteiüberprüfung. Ende 1955 rehabilitert. Professur für Neue und Neueste Geschichte an der Karl-Marx-Universität Leipzig, 1957 promoviert und Direktor des Instituts für Zeitgeschichte in Berlin. 1968 Prorektor und Ordinarius. 1970 Vizepräsident des Internationalen Komitees Buchenwald, Dora und Kommandos. Autor bzw. Herausgeber der Standardwerke in der DDR zur Geschichte des KZ Buchenwald.

5 Thüringisches Hauptstaatsarchiv Weimar BW 45.

6 Das Denkmal stand für etwa zwei Wochen auf dem Appellplatz. Es wurde in modifizierter Form auch für die 1.-Mai-Feier im Lager genutzt.

7 In den »Buchenwalder Nachrichten«, der nach der Befreiung vom Internationalen Lagerkomitee herausgegebenen Lagerzeitung, heißt es: »Für die 51.000 in Buchenwald hingemordeten Kameraden fand am Abend des 19. April auf dem Appellplatz in Buchenwald eine Totenfeier statt. Ein mächtiges Mahnmal für unsere Gefallenen mit der Aufschrift: ›K.L.B. 51.000‹, mit Tannenkränzen geschmückt, war in der Mitte des Platzes errichtet. 20.000 ehemalige Häftlinge, darunter Hunderte von Kindern, marschierten unter den Flaggen ihrer Nationen auf dem Appellplatz auf.« Buchenwalder Nachrichten Nr. 5. Buchenwald, den 20.4.45, Blatt 1 in: Bodo Ritscher (Hg.), Buchenwalder Nachrichten Nr. 1 (14. April 1945) Nr. 28 (16. Mai 1945), Weimar-Buchenwald 1983, S. 6.

Gleichwohl ist das erste, den Toten des KZ Buchenwald am 19. April 1945 auf dem Appellplatz des Lagers auf Zeit[6] errichtete Denkmal inhaltlich unspezifisch und in seiner Form arbiträr. Mittelpunkt einer an diesem Tag abgehaltenen Gedenkfeier ist ein in den Werkstätten des Lagers gebauter Obelisk aus Holz mit aufgesetzter – hölzerner und deshalb nicht nutzbarer – Flammenschale, auf dessen Vorderseite die Zahl 51 000 und die Buchstaben K.L.B. in einem Kranz angebracht sind. *[3, 4]* K.L.B. steht für Konzentrationslager Buchenwald, die Zahl nennt die geschätzten Ermordeten und Umgekommenen, der Kranz kann beides sein, Totengebinde und Siegeslorbeer.[7] Spezifischer als das Denkmal ist die Zeremonie, die sich – geplant von dem von deutschen Kommunisten dominierten Häftlingslagerkomitee[8] – vor dem Denkmal vollzieht. Nach Nationen gegliedert, in Blöcken formiert, marschieren die Häftlinge unter Fahnen und begleitet von ihren Nationalhymnen am Obelisk vorüber. Die Mitglieder des Lagerwiderstandes sind unter den Klängen der Internationale in national gemischten Blöcken angetreten. Als Höhepunkt der Feier verlesen Mitglieder des Internationalen Lagerkomitees in mehreren Sprachen eine von der Häftlingslagerleitung formulierte Erklärung, die mit einer Schwurformel endet: »Noch wehen Nazifahnen, noch leben die Mörder unserer Kameraden. Unsere sadistischen Peiniger sind noch frei. Deshalb schwören wir hier vor der ganzen Welt an dieser Stelle faschistischer Greuel: ›Wir werden den Kampf erst aufgeben, wenn der letzte Schuldige vom Gericht aller Nationen verurteilt ist.‹ **Die endgültige Zerschmetterung des Nazismus ist unsere Losung. Der Aufbau einer neuen Welt des Friedens und der Freiheit ist unser Ideal.** Dies schulden wir unsern ermordeten Kameraden und ihren Familien.«[9] Der Charakter der Feier – der Form nach ist sie militärische Totenehrung, soldatische Vereidigung und Siegesparade zugleich – subsumiert alle Toten des KZ unter die Kategorie des Kampfes und verpflichtet alle Überlebenden zu ihm. Der Kampf erscheint dabei vordergründig als Kampf gegen das am 19. April 1945 noch nicht vollends geschlagene nationalsozialistische Deutschland. Die spätestens ab Ende 1945 mit den

8   In der Sitzung des Parteiaktivs der KPD am 12.4.1945 hatte Robert Siewert dazu aufgefordert, »nicht jedem zu erzählen, daß alle Organe nach den Anweisungen der Partei arbeiten. Die maßgebliche Instanz für die Lageröffentlichkeit ist das Internationale Lagerkomitee.« Thüringisches Hauptstaatsarchiv Weimar BW 45.

9   Zitiert nach: Buchenwalder Nachrichten Nr. 5, Buchenwald, den 20.4.45, Blatt 1, in: Bodo Ritscher (Hg.): Buchenwalder Nachrichten Nr. 1 (14. April 1945) – Nr. 28 (16. Mai 1945), nach S. 31.

[1] Mai 1945. Sturm auf das Tor. Zeichnung des sowjetischen Häftlings Roman Jefimenko. In der DDR ein Leitsymbol für die Darstellung der Geschichte des KZ Buchenwald. Quelle: Gedenkstätte Buchenwald.

[2] 1962/63. Sturm auf das Tor. Photo von den Dreharbeiten zum Film »Nackt unter Wölfen«, nach dem Roman von Bruno Apitz, im ehemaligen Häftlingslager des KZ Buchenwald. Quelle: Gedenkstätte Buchenwald.

[3]
19.4.1945.
Totengedenkfeier vor dem hölzernen Obelisk auf dem Appellplatz.
Quelle: Gedenkstätte Buchenwald.

[4]
Mai 1945.
Zeichnung des Obelisken von Roman Jefimenko.
Quelle: Gedenkstätte Buchenwald.

10   Kommunistische Partei Deutschlands, Stadt und Kreis Leipzig (Hg.): Das war Buchenwald! Ein Tatsachenbericht. Leipzig o. J. (1945) S. 119. Der Bericht ist »eine Kollektivarbeit einer Anzahl Buchenwald-Häftlinge aus Leipzig. Zusammengestellt und bearbeitet von Rudi Jahn/Leipzig. Buchenwald-Häftling Nr. 5495«. Internationales Lagerkomitee: Konzentrationslager Buchenwald. Bericht des Internationalen Lagerkomitees. Mit einem Vorwort von Ernst Busse. Weimar o.J. (1946), S. 174. Walter Bartel, Stefan Heymann, Josef Jenniges (Hg.): Konzentrationslager Buchenwald. Bericht des Internationalen Lagerkomitees. Bd. I, Weimar 1949 (Bd. II und III. nicht mehr erschienen), S. 214f.

11   Georgi Michailowitsch Dimitroff (1882-1949). 1919 Mitbegründer der KP Bulgariens. 1923 Todesurteil wegen Teilnahme am Septemberaufstand und Emigration. Im März 1933 in Berlin verhaftet und Angeklagter im nationalsozialistischen Reichstagsbrandprozeß. Anfang 1934 freigesprochen und aus der Haft entlassen. Von 1935 bis 1943 Generalsekretär der Kommunistischen Internationale. Wesentlich beteiligt an der Ausarbeitung der kommunistischen Faschismustheorie und des Volksfrontkonzepts.

ersten umfassenderen Darstellungen der Geschichte des KZ Buchenwald aus kommunistischer Feder popularisierte Schwurformel macht deutlich, daß es ihren Verfassern um mehr als den endgültigen Sieg über Hitler-Deutschland gegangen ist. Die Schwurformel – und in dieser Fassung wird sie zu einem Kernstück des Erinnerungsprogramms der 1958 eingeweihten Nationalen Mahn- und Gedenkstätte Buchenwald werden – lautet jetzt: »(…), noch laufen unsere sadistischen Peiniger frei herum! Wir schwören deshalb vor aller Welt auf diesem Appellplatz, an dieser Stätte des faschistischen Grauens: Wir stellen den Kampf erst ein, wenn auch der letzte Schuldige vor den Richtern der Völker steht! Die Vernichtung des Nazismus mit seinen Wurzeln ist unsere Losung! Der Aufbau einer neuen Welt des Friedens und der Freiheit ist unser Ziel. Das sind wir unseren Ermordeten und ihren Angehörigen schuldig.«[10] Zwei Ersetzungen verweisen auf den Subtext, der in den Schwur eingeschnitten ist, und der nun – wenn auch nicht klar, so doch deutlicher – zum Ausdruck kommt. Die Verwandlung des »Ideals«, eine »neue Welt des Friedens und der Freiheit« aufzubauen in ein »Ziel«, ändert implizit auch den den überlebenden Häftlingen zugesprochenen Status. Statt als schicksalsverbundene, offene Erfahrungs- und Haltungsgemeinschaft mit einer ihrer gemeinsamen Geschichte entstammenden basalen Wertorientierung, sind sie nun als politisches Kollektivsubjekt gesetzt, das einer gesellschaftlichen Programmatik und Praxis verpflichtet wird, deren volle Bedeutung in der Formulierung »die Vernichtung des Nazismus mit seinen Wurzeln« zwar festgelegt, nicht aber offen ausgesprochen wird. Im Blick auf die »Wurzeln des Nazismus« heißt es nämlich beispielsweise am 3. Februar 1952 ganz im Sinne der von Georgi Dimitroff[11] 1935 formulierten, den Autoren des Schwures 1945 bekannten, kommunistischen Faschismusdefinition auf einer Sitzung des Buchenwald-Komitees der Vereinigung der Verfolgten des Naziregimes (VVN) zur Vorbereitung der Feiern des siebten Jahrestages der Befreiung des KZ offen: »Der Faschismus ist untrennbar mit Konzernherrschaft, mit Monopolbesitz an Grund und Boden, an Rohstoffen usw. verbunden«. Und man legt fest: »Das sollte in sehr klarer Weise nicht in der Sprache der SED gesagt werden, um es allen Menschen verständlich zu machen.«[12]

Die gesellschaftspolitische Reichweite, die der Schwur seinen Autoren nach potentiell implizierte, wird den meisten Teilnehmern der Totengedenkfeier am 19. April ebenso verborgen geblieben sein wie seine alsbaldige verbergend-vereindeutigende Umformulierung. Zu sehr verstand sich das manifest erklärte Ziel, den Nazismus vollends zu vernichten, vor dem Hintergrund des Kriegsgeschehens und der Konzentrationslagererfahrung von selbst. Zudem trug nicht nur die Formulierung des Schwures, sondern auch die Form des Denkmals dazu bei, seine volle Bedeutung im Unklaren zu lassen. Der Obelisk als solcher war kein politisches Denkmal, sondern durch Tradition nobilitiertes Grabdenkmal. Als Grabdenkmal, genauer gesagt als stellvertretendes Grabdenkmal, antwortete der Obelisk auf den Umstand, daß die SS den ermordeten und umgekommenen Häftlingen noch im Tod Individualität und Menschtum abgesprochen hatte, insofern Tote mehrheitlich anonym verscharrt worden waren oder man ihre Asche in alle Winde zerstreut hatte. In den Augen der überlebenden Häftlinge erstattete das Grabdenkmal den Toten wenigstens symbolisch die ihnen abgesprochene Menschenwürde zurück, und viele mögen in diesem Akt den eigentlichen Sinn der Gedenkfeier gesehen haben. Allerdings entband der Rückgriff auf eine überkommene Würdeform auch von der Frage, unter welchen Symbolen einer Menschengruppe gedacht werden könne, deren Gemeinschaftsmerkmale zuallererst durch die Verfolgungs- und Aussonderungslogik der Nationalsozialisten gesetzt waren, während sie real in politischer, kultureller und religiöser Hinsicht höchst heterogenen Charakter hatte. So wundert es nicht, daß sich in Denkmal und Zeremonie nicht alle Häftlingsgruppen wiedererkannten. Überlebende des Lagers berichten, daß auf der Rückseite des Obelisken das Wort »Juden« eingekratzt worden sei als Protest gegen die Gliederung der Häftlinge allein nach ihrer nationalen Zugehörigkeit und als Erinnerung daran, daß es vor allem aus östlichen Lagern – namentlich Auschwitz – evakuierte Juden waren, die in hoher Zahl in den letzten Monaten der Existenz des KZ in Buchenwald gestorben waren.[13]

Schien der Obelisk als durch Tradition nobilitiertes Grabdenkmal den Toten ihr Menschtum und ihre Würde wenigstens annähernd zurückerstatten zu können, so schien die Wirklichkeit des KZ durch kein stellvertretendes Symbol angemessen repräsentier- und vermittelbar. Gleich nach der Befreiung wird deshalb das Häftlingslager vom Lagerkomitee und der amerikanischen Lagerleitung faktisch musealisiert – und mit ihm die überlebenden oder noch sterbenden Häftlinge selbst.

Die »Musealisierung« vollzieht sich auf drei Ebenen, die zugleich deutlich machen, wie unangemessen der überkommene Begriff der Musealisierung für die Praxis von Häftlingskomitee und amerikanischer Lagerleitung ist, das Lager als Tatort »auszustellen«, und wie sehr beide davon überzeugt gewesen sein müssen, daß die Wirklichkeit des KZ am ehesten noch durch sich selbst repräsentiert werden könne, weil ihr gegenüber alle Repräsentationsformen abschwächend, entschärfend, wenn nicht beschönigend wirkten. Am 15. oder 16. April rekonstruieren[14] Häftlinge einen Leichenstapel, wie er am 11. April, dem Tag der Befreiung, im bretterverschlagenen Hof des Krematoriums aufgeschichtet gefunden worden war. *[5, 6, 7, 8, 9]* Dort lagen Leichen gestaut, weil die Kapazität der Verbrennungsöfen nicht ausreiche, alle Toten sofort zu

---

12 Archiv der Gedenkstätte Buchenwald (im Folgenden: BwA) 011 Bd. 3.

13 Mitteilung der ehemaligen Häftlinge Natan Zim, Chaim Silberstein und Henry Waserlauf am 31.12.1994 in Quyriat Ono bei Tel Aviv.

14 Allein über die Leichenstapel an der Wand des Krematoriums aufgehängte Kränze aus Tannenzweigen oder über die Leichname auf dem Wagen ausgelegtes Tannengeäst verweisen darauf, daß die Rekonstruktion zugleich eine Art Aufbahrung ist. Markiert wird so auch der Unterschied zwischen dem Tun der Häftlinge und dem Wegwerfen von Menschen durch die SS.

[5] Nach dem 11.4.1945. Häftlinge stapeln Leichen auf einem Wagen im Hof des Krematoriums des KZ-Buchenwald. »U.S. Army Photograph«. Quelle: National Archives, Washington.

[6] 14.4.1945. Wagen mit Leichenstapel. Text zum Photo: »A truck load of bodies of prisoners of the Nazis, in the German concentration camp of Weimar, Germany. The bodies were about to be disposed of by burning, when the camp was captured by troops of the U. S. Third Army.« »U.S. Army Photograph«. Quelle: National Archives, Washington.

[7] Nach dem 11.4.1945. Leichenstapel auf einem Wagen im Hof des Krematoriums. US-Soldaten. Befreite Häftlinge.
Quelle: Les Belges à Buchenwald et dans ses commandos éxtèrieurs. Brüssel 1976.

[8] 23.4.1945. Leichenstapel im Hof des Krematoriums. Text zum Photo: »Weimar. Germany. These bodies are piled up at the Buchenwald Concentration Camp.« Fotografiert von Sergant Sutler, 167th Signal Photo Corp. »U.S. Army Photograph«. Quelle: National Archives, Washington.

[9] 24 4.1945. Mitglieder des amerikanischen Kongresses vor Leichenstapel im Hof des Krematoriums. Text zum Photo: »Senator Alben W. Barkley of Kentucky, a member of congressional committee investigating Nazi atrocities, views the evidence at first hand at Buchenwald concentration camp. Weimar, Germany.« »U.S. Army Photograph«. Quelle: National Archives, Washington.

beseitigen, und zum Verscharren hatte die SS angesichts des plötzlichen und schnellen Vorrückens der amerikanischen Truppen keine Zeit mehr gefunden.¹⁵ Der rekonstruierte, aus nach der Befreiung an Krankheit und Schwäche gestorbenen Häftlingen neu zusammengelegte Leichenstapel ist am 16. April neben weiteren Beweisen für die im Lager begangenen Verbrechen ca. eintausend Weimarerinnen und Weimarern gezeigt worden, die auf Anordnung des Kommandeurs der III. US-Armee, General Patton, das KZ besichtigen mußten. Ein zweiter Leichenstapel war in der Nähe des ersten auf der offenen Ladefläche eines Anhängers rekonstruiert worden: so hatte man die Toten durch das Lager zum Krematorium oder zum Verscharren in unweit des Häftlingslagers gelegene Erdfälle transportiert.

Beide Leichenstapel werden in den ersten Wochen nach der Befreiung des Lager immer wieder neu aus jeweils gerade gestorbenen Häftlingen zusammengelegt, um internationalen Delegationen und den immer zahlreicher durch das Lager geführten amerikanischen Militärangehörigen eine Vorstellung von den Verhältnissen im Lager zu geben.¹⁶ »Most of the dead bodies which were piled around at the time the camp was uncovered have now been buried, but collections of dead may still be seen as evidence of the conditions that existed«, empfiehlt am 30. April 1945 der Chef des Medizinischen Dienstes der US-Armee dem amerikanischen Oberkommando nach einem Besuch des Lagers am 25. April.¹⁷

Man darf daran zweifeln, daß vor Befreiung der nationalsozialistischen Konzentrations- und Vernichtungslager je versucht worden ist, ein Verbrechen dadurch glaubhaft zu machen und gegenwärtig zu halten, daß man die ihm zum Opfer Gefallenen in großer Zahl nicht sofort begraben, sondern dazu genutzt hat, um eine Ursituation präsent zu halten, die das Verbrechen weniger signifiziert, als vielmehr Teil des Verbrechens ist. In dieser Extrempraktik ist zwar die Vorstellung noch artikuliert, daß einzig das originale Geschichtsdokument oder Kunstwerk nachhaltig auf den Betrachter wirkt – und insofern ist sie trotz des ihr anhaftenden Schrecklichen ganz traditionell – andererseits

15 »Buchenwald besitzt ein großes modernes Krematorium mit sechs Öfen, einem gefließten Fußboden und einem Aufzug, der lebende Menschen in die Folterkammer im Keller brachte und ihre Leichen später nach oben beförderte, wo sie verbrannt wurden. Die Folterkammer wurde von der SS gereinigt, bevor die Amerikaner eintrafen. Die Wände wurden frisch gestrichen, um Blutflecken zu überdecken, und die Fleischerhaken, die an der Decke hingen und an denen die Opfer lebend aufgehängt wurden, waren entfernt. Die Löcher, in denen die Haken befestigt waren, wurden zugegipst. Aber die Beweise für den Zweck dieser Fabrik (gemeint ist Todesfabrik, V.K.) konnten nicht vollständig beseitigt werden. *Große Haufen Knochen und Asche täuschen nicht über den eigentlichen Zweck hinweg. Und draußen im Hof liegen etwa dreißig und mehr Leichen, die nicht verbrannt werden konnten. Es sind typische Konzentrationslagerleichen, unglaublich mager, von Narben und Schlägen gezeichnet.*« Egon W. Fleck (Civ. und 1. Lt.) und Edward A. Tenenbaum (Abt. für Psychologische Kriegsführung der 12. US-Armeegruppe). »Buchenwald. Ein vorläufiger Bericht«, 24.4.1945. National Archives Washington, Record Group 331 »Records of Alliied Operational and Occupation Headquarters, WWII«, G-5 / DP 2711 / 7.21, Bl 47.618-636. Eine Rohübertragung von unbekannter Hand befindet sich im Archiv der Gedenkstätte Buchenwald. BwA 76 7-17.

16 Das Lager wird bereits am 15.4.1945 von General Patton besucht. Am 21.4.1945 besichtigt eine zehnköpfige Delegation britischer Unterhausabgeordneter auf Bitte General Eisenhowers bei Winston Churchill das Lager. Am 24.4. folgt eine Delegation von sechs US-amerikanischen Senatoren und sechs Kongreßabgeordneten und am 25.4. eine Gruppe von achtzig amerikanischen Zeitungsherausgebern und Redakteuren. Am 26.4. und den darauffolgenden Tagen wird das befreite KZ von Mitgliedern eines alliierten Untersuchungsausschusses für Kriegsverbrechen in Augenschein genommen.

17 »Viele der Toten, die über das gesamte Lagergelände verstreut waren, wurden begraben, man sollte jedoch Ansammlungen von Leichen als Beweis für die früheren Bedingungen belassen.« National Archives Washington, Record Group 331 / SHAEF / G-5 / DP 2711 / 7.1 Report of General Drapa to SHAEF (30.4.1945).
Ich danke Carolsue Holland und Thomas Rothbart für die Hinweise auf diesen und den weiter unten zitierten Bericht General Omar Bradleys, die sie mir im Zusammenhang mit Recherchen für ihre Publikation »The Merkers and Buchenwald Treasure Troves« gegeben haben. Carolsue Holland, Thomas Rothbart: The Merkers and Buchenwald Treasure Troves, in: After the Battle, Nr. 93, 1996 S. 1-25.

[10] 26.4.1945. Text zum Photo: »Members of Allied War Crimes Commission gather evidence at Buchenwald Concentration Camp.« »U.S. Army Photograph«. Quelle: National Archives, Washington.

[11] Datiert 27.5.1945. (Die Datierung ist wenig plausibel. Vermutlich ist der 27.4.1945 gemeint.) Text zum Photo: »Man of the 46th Armored Infantary Bn., 5th Armored Division, U.S. Ninth Army, look at pills and drugs which the Nazis used to care for the prisoners in the camp, in the hospital ward. In spite of this 40 to 60 died each day. The soldiers are, L to R: Tec 5 Jack Levin, Pfc. Miles, and Pfc. Bienz. Weimar, Germany.« »U.S. Army Photograph«. Quelle: National Archives, Washington.

[12] 27.4.1945. Text zum Photo: »Bishop G. Bromley Oxnam, Methodist bishop of New York and president of the Federated Council of Churches of Christ in America, and a party of U.S. Army chaplains, tour the infamous Buchenwald Concentration Camp, on the outskirts of Weimar, Germany. (...) Here part of the group examines the former operating room. (...) »U.S. Army Photograph«. Quelle: National Archives, Washington.

verliert aber gerade dadurch jede Vorstellung von Repräsentanz und Repräsentierbarkeit ihren Sinn. Als Teil und konkretes Resultat der nationalsozialistischen Verbrechen halten die »unglaublich mager(en), von Narben und Schlägen gezeichnet(en) typische(n) Konzentrationslagerleichen«[18] als Teil und konkretes Resultat der nationalsozialistischen Verbrechen fest, was geschehen ist und bezeichnen es – aber in einer Weise, in der Repräsentiertes und Repräsentanz zusammenfallen. Auch wenn die Leichen als pars pro toto die nationalsozialistischen Verbrechen vergegenwärtigen und anklagend gegenwärtig halten sollen, bleiben sie doch immer sie selbst, sind kein Zeichen oder Symbol, sondern stumme Identität der Toten mit sich und ihrem Sterben. Dies gilt auch für die überlebenden Häftlinge, die – Relikten gleich – den Besuchern unter die Augen treten und deren Existenz zunehmend in einen Textkorpus eingesponnen wird, der Besuchern erklärt, was sie sehen: »PLACE FOR CHILDREN. 5–15 YEARS.«, »6 men in each box«, »ONE BLANKET FOR EACH«, »Place for children and french Generals« ist zum Beispiel mit weißer Farbe an Schlafstellen vor allem der Baracken des Kleinen Lagers geschrieben, aber auch »PLEASE CLOSE THE DOOR«. [10, 11, 12]

Mit der Rekonstruktion von Leichenstapeln, wie auch der Praxis der Selbstausstellung und erklärenden Bezeichnung, stemmen sich Häftlinge wie amerikanische Lagerleitung zugleich gegen das Vergehen von Zeit an, ein Vergehen, das die nicht vorstellbare Wirklichkeit des Lagers von Tag zu Tag mehr aufzuzehren droht. Um dem drohenden Verschwinden einer Wirklichkeit entgegenzuarbeiten, die am ehesten nur durch sich selbst repräsentiert werden kann, reinszenieren Häftlinge im Lager in drastischer Weise an den originalen Schauplätzen und mit den originalen Mitteln – Galgen, Prügelbock, Hängebaum, Peitschen, Keulen – die Torturen, die sie erleiden mußten, an aus Stroh oder Lumpen gefertigten menschengroßen Puppen, die zuvor mit blau-weiß gestreiften Häftlingskitteln unmißverständlich eingekleidet worden sind. [13, 14, 15]

Aber auch diese Praktik mußte, wie die Rekonstruktion der Leichenstapel, an ihre Grenze stoßen, wenn man das

Lager und auch die Häftlinge nicht in einem Zustand belassen wollte, wie er vor der Befreiung des Lagers alltäglich gewesen war. Am 9. Mai empfiehlt General Omar Bradley dem Oberkommandierenden der alliierten Streitkräfte in Westeuropa, General Eisenhower, die Schließung des KZ Buchenwald für Besucher mit dem Argument, das in Ordnung gebrachte und deshalb nicht mehr wirklichkeitsgetreu vorstellbare Lager könne den Eindruck erwecken, daß die Darstellungen der deutschen Greueltaten nicht der Wahrheit entsprächen: »Buchenwald Concentration Camp has been cleaned up, the sick segregated and burials completed to such an extend that very little evidence of atrociation remain. This negates any educational value of having various groups visit this camp to secure first hand information of German atrocities. In fact, many feel quite skeptical that previous conditions actually existed. Suggest that further visists to this camp be discontinued.«[19] Gleichwohl fordert der ehemalige politische Häftling jüdischer Herkunft Werner A. Beckert[20] im Namen der überlebenden Häftlinge, das KZ Buchenwald vollständig zu erhalten.

18   Siehe Anmerkung 15.

19   »Das Konzentrationslager Buchenwald wurde gesäubert, die Kranken und die Leichen wurden soweit entfernt, daß nur wenige Beweise für das Grauen geblieben sind. Dies verringert den erzieherischen Wert von Besuchen verschiedener Gruppen, die sich im Lager aus erster Hand über die deutschen Greueltaten informieren wollen. Tatsächlich äußern viele Besucher Skepsis, daß die vorhergehenden Bedingungen überhaupt existierten. Empfehle deshalb, von weiteren Besuchen im Lager abzusehen.« National Archives, Washington, Record Group 331 / SHAEF / G-5 / DP 2711 / 7.21 Message from General Omar Bradley (XII. Corps) to ETUSA (9.5.1945).
Das Lager ist offiziell am 14.5.1945 durch die amerikanische Militärverwaltung aufgelöst worden. Am 20.6. findet eine letzte große Beerdigung – von 1286 nach der Befreiung des Lagers aufgefundenen Urnen – auf dem Ettersberg statt. Am 4.7. wird das Lager von der amerikanischen Militärverwaltung der neuen Besatzungsmacht übergeben.

20   Werner A. Becker (1900-?). Deutsch-jüdische Herkunft. 1936 in Nürnberg verhaftet. 1937/38 KZ Dachau, 1938-1945 KZ Buchenwald. Nach der Befreiung Selbstverlag und Buchhandlung in Weimar, Wildenbruchstraße 24, I. Anfang der fünfziger Jahre Flucht in den Westen.

[13] 24.4.1945. Leichenkeller unter dem Verbrennungsraum des Krematoriums. Der tschechische Häftling Charles Blumenstein, geb. 22.11.1905, Häftlingsnummer 38210, als »politischer Tscheche« am 16.12.1943 in das KZ Buchenwald eingeliefert, demonstriert der Delegation amerikanischer Kongreßmitglieder Mordmethoden der SS. Text zum Photo: »A former prisoner at Buchenwald concentration camp demonstrates to American congressmen investigating Nazi atrocities one of the methods of murder favored by guards at the camp. Victims were hung on hooks and clubbed to death.« »U.S. Army Photograph«. Quellen: National Archives, Washington und Gedenkstätte Buchenwald.

[14] 16.4.1945. Zur Besichtigung des KZ befohlene Weimarerinnen und Weimarer im Hof des Krematoriums. Galgen mit aufgehängter Häftlingspuppe, Tisch mit Urnen. Text zum Photo: »German civilians from Weimar were brought by U.S. military police to nearby Camp Buchenwald, Nazi horror prison, to view evidence of atrocities. When Gen. Patton's U.S. Third Army seized the camp, this body of a prisoner was found dangling from a hook in the yard.« »U.S. Army Photograph«. Quelle: National Archives, Washington.

[15] Nach dem 11.4.1945. Prügelbock mit Häftlingspuppe. Quelle: Gedenkstätte Buchenwald.

[16] Beispiel für ein Urnengrabdenkmal für ermordete KZ-Häftlinge. Güterfelde, Willmersdorfer Waldfriedhof. Beigesetzt sind die Urnen von 383 polnischen und 720 deutschen Häftlingen aus den KZ Sachsenhausen und Wewelsburg, die im Krematorium des Friedhofes verbrannt worden sind. Quelle: Institut für Denkmalpflege der DDR (Hg.): Gedenkstätten. Arbeiterbewegung. Antifaschistischer Widerstand. Aufbau des Sozialismus. Leipzig, Jena, Berlin 1974.

21   Werner A. Beckert: Die Wahrheit über das Konzentrationslager Buchenwald. Weimar 1945, unpaginiert.

22   Mit der Ökonomisierung der Häftlingsarbeitskraft stieg der Anteil der ausländischen Häftlinge ab 1942/43 sprunghaft an. Als das Lager im April 1945 befreit wurde, waren weit mehr als 90% Prozent der Häftlinge des KZ Buchenwald keine Deutschen.

23   Zur Finanzierung des Denkmals wollte Beckert die Einnahmen aus dem Verkauf seiner in mehreren Auflagen erschienenen Broschüre »Die Wahrheit über das Konzentrationslager Buchenwald« zur Verfügung stellen. Im Dezember 1945 hatte er bereits 10 000 RM an das städtische Bauamt überwiesen und auf dem Konto Nr. 8415 – »Ehrenmal Buchenwald« – der Städtischen Sparbank in Weimar 30 000 RM bereit gestellt. Stadtarchiv Weimar, Hauptamt nach 1945, 008/ 02/ 6.

24   »Die Sowjet-Militär-Kommandantur Weimar hat mit Genehmigung vom 12.12.1945 die Anordnung erlassen, daß mir in dieser Sache durch die Behörden der deutschen Verwaltung Unterstützung zuteil werden soll.« Werner A. Beckert in einem Schreiben vom 25.6.1946 an die »Sowjet-Militär-Administration Weimar«, Stadtarchiv Weimar, Hauptamt nach 1945, 008/ 02/ 6.

25   Ernst Busse (1897-1952). Seit 1920 Mitglied der KPD, seit 1925 hauptamtlicher Gewerkschafts- und Parteifunktionär. 1932 Mitglied des Reichstags. Von 1933-1945 in Haft. 1934

»Das Lager Buchenwald soll auf Wunsch der Häftlinge nicht vernichtet werden. Dieses Lager soll allen Nationen ein Mahnmal für ihre kommenden Geschlechter sein.«[21] Wenn sich die vergangene Wirklichkeit als solche schon nicht konservieren ließ, so schienen die Relikte des Lagers selbst als »Denkmale aus der Zeit« (Johann Gustav Droysen) die Geschichte des Lagers am getreuesten, eindrücklichsten und nachhaltigsten zu repräsentieren.

Der Vorschlag Beckerts, das Lager als Mahnmal zu erhalten, trägt ganz selbstverständlich dem internationalen Charakter dieses Denkmals Rechnung,[22] und er beinhaltet die Scheidung von Grabdenkmal und historischem Dokument, von Totenklage und Erziehung. Denn der Forderung, das Lager als Mahnmal für zukünftige Generationen zu erhalten, korrespondiert der Vorschlag, auf dem alten Teil des Weimarer Stadtfriedhofes, in der Nähe der Fürstengruft, ein »Ehrenmal Buchenwald« in Gestalt eines plastisch ausgeführten großen Urnengrabmals zu errichten, das von Beckert aufbewahrte Asche aus dem Lagerkrematorium – auch diese hatte man, zu einem Haufen aufgeschüttet, in den ersten Wochen nach der Befreiung im Krematoriumshof gezeigt und dann auf dem Ettersberg beigesetzt – aufnehmen sollte.[23] [16] Wäre das Grabmal ausgeführt worden, es hätte sich bruchlos in die Reihe der KZ-Denkmäler eingefügt, die – wie der Obelisk – durch inhaltlich arbiträre, aber durch Tradition nobilitierte Form die Entwürdigung der Toten nachträglich außer Kraft setzen wollten; ja, es hätte durch die Wahl seines Standortes in unmittelbarer Nähe zur Fürstengruft, das heißt zu den Sarkophagen Goethes und Schillers, die Ermordeten und Verbrannten zusätzlich nobilitiert, indem es sie in die Tradition der deutschen Klassik eingestellt hätte.

Am 12. Dezember 1945 hat Beckert seitens der Sowjetischen Militärkommandantur Weimar die Genehmigung zur Errichtung des Ehrenmals erhalten, nachdem er zuvor die Pläne dafür vorgelegt hatte.[24] In einer am 30. Dezember 1945 verfaßten und am 11. Januar 1946 von der Bezirksleitung Thüringen der KPD dem Oberbürgermeister Weimars übersandten Erklärung stellen sich ehemalige politische Häftlinge des KZ Buchenwald – darunter Ernst Busse[25] und Stefan Heymann[26] – nachdrücklich gegen das Vorhaben. Als Begründung führen sie an, Beckert handele nicht aus idealistischen Gründen, sondern wolle »unter dieser Firmierung nur seine privaten Bereicherungs- und Gewinnabsichten verstecken«, ein Vorwurf, dem später verschärfend – aber ohne jeden Beleg – hinzugefügt wird, Beckert habe als Kapo mit der SS gegen die unterzeichnenden Häftlinge gearbeitet, seine »Person sei nicht würdig, die Ehrung vorzunehmen.«[27] Am 13. Juli 1946 teilt der Oberbürgermeister der Stadt Weimar Beckert mit: »Am 10.7.46 erhielt ich nach einem Anruf der Administration (gemeint ist die Sowjetische Militäradministration, V.K.) den beiliegenden Entscheid des Oberst Warachin. Damit ist diese Angelegenheit zur abermaligen Entscheidung in meine Hand zurückgegeben worden. Ich habe Herrn Oberst Warachin heute mitgeteilt, daß ich unter Bezugnahme auf die Stellungnahme der Buchenwald-Häftlinge und der Parteiführung der KPD. bzw. SED. bei meinem Entschluß bleiben werde, ein Ehrenmal für die ermordeten Häftlinge durch eine gemeinsame Aktion der Stadtverwaltung, der politischen Parteien, der Gewerkschaften und unter Anteilnahme der ganzen Bevölkerung zu errichten. Ich darf der Hoffnung Ausdruck geben, daß Sie sich an dieser Aktion beteiligen werden. Die mir gleichzeitig von der Administration zugesandte Zeichnungsrolle bitte ich, gelegentlich in meinem Hauptamt in Empfang zu nehmen«[28]

Beckerts Projekt, ein »Buchenwald Ehrenmal« auf dem alten Teil des Weimarer Stadtfriedhofes zu errichten, und mehr noch dessen Verhinderung ist der Anstoß für die führenden kommunistischen ehemaligen Buchenwalder, selbst initiativ zu werden. Das Denkmal soll nicht nur politisch verhindert, es soll ihm auch eine eigene, möglichst schnell zu verwirklichende Alternative entgegengestellt werden. Diese wird im Auftrag der KPD von Hermann Henselmann[29], dem kurz zuvor bestellten Rektor der Staatlichen Hochschule für Baukunst und Bildende Kunst in Weimar, formuliert. Henselmann ist selbst KPD-Mitglied und mit dem Vorsitzenden der Bezirksleitung Thüringen

Zuchthaus Kassel, 1936 KZ Lichtenburg, seit 1937 KZ Buchenwald. Kurze Zeit Lagerältester, seit 1942 Kapo im Krankenbau. Mitglied der dreiköpfigen KPD-Leitung im Lager. Mitglied des illegalen internationalen Lagerkomitees. Nach der Befreiung Mitglied der KPD Bezirksleitung in Thüringen, Leiter des Arbeitsamtes, Innenminister und stellvertretender Ministerpräsident. 1947 abberufen. Stellvertretender Präsident der Deutschen Verwaltung für Land- und Forstwirtschaft in der SBZ. 1950 von sowjetischen Organen verhaftet, in Moskau als Kriegsverbrecher zu lebenslanger Haft verurteilt und nach Workuta deportiert. 1952 im GULAG gestorben.

26 Stefan Heymann (1896-1967). Deutsch-jüdischer Herkunft. Kriegsfreiwilliger im 1. Weltkrieg. Leutnant. 1913-1933 Allg. Verband der Bankangestellten. 1919 Anschluß an Anarchisten im Umfeld Ernst Tollers und Erich Mühsams. Beteiligung an der Räterepublik Kurpfalz, danach KPD. 1924 Verurteilung zu 3 1/2 Jahren Gefängnis wegen Fortführung der verbotenen KPD. 1926 amnestiert. Redakteur der »Roten Fahne«. 1933 verhaftet, KZ Dachau, 1938-1942 KZ Buchenwald, Blockältester in Block 3 (junge jüdische Häftlinge). 1942 KZ Auschwitz. Schreiber im Krankenbau in Auschwitz-Monowitz. Januar 1945 Rückevakuierung in das KZ Buchenwald. Beschäftigung in der Arbeitsstatistik des »Kleinen Lagers«. Nach der Befreiung Mitglied der Bezirksleitung der KPD in Thüringen, Gründer des Antifa-Komitees, Leitungsfunktion im ZK der SED, Abteilung Kultur. 1950-1953 Botschafter in Ungarn, 1953-1957 Botschafter in Polen. 1960 Professur an der Akademie für Staats- und Rechtswissenschaft »Walter Ulbricht«.

27 Stadtarchiv Weimar, Hauptamt nach 1945, 008/02/6.

28 Ebenda.

29 Hermann Henselmann (1905-1995). Architekt. 1919-1922 Tischlerlehre in Berlin. 1922-1925 Handwerker- und Kunstschule in Berlin, ohne Abschluß. Ab 1927 Architekt in Kiel. 1929 im Büro Leo Nachtlicht in Berlin, danach freischaffend. 1941 Einschränkung der Berufserlaubnis. Bauernhäuser für Neusiedler im Warthegau. 1945 Kreisbaurat in Gotha. Mitglied der KPD, 1946 SED. 1945-1949 Direktor der Staatlichen Hochschule für Baukunst und Bildende Kunst in Weimar. Bauten an der Stalinallee Berlin (Straußberger Platz, Frankfurter Tor), 1951 Hochhaus an der Weberwiese als architektonisches Leitbild für die Stilphase der »nationalen Traditionen«. 1951 Direktor des Instituts für Theorie und Geschichte der Baukunst an der Deutschen Bauakademie. 1952 Goethepreis und Nationalpreis. 1954-1959 Chefarchitekt von Ost-Berlin. 1958 Abteilungsleiter im Ostberliner Stadtbauamt. 1964-1966 Chefarchitekt VEB Typenprojektierung. 1966-1970 Chefarchitekt im Institut für Städtebau und Architektur der Deutschen Bauakademie. 1970 Dr. h.c. der Hochschule für Architektur und Bauwesen, Weimar. 1972 Emeritierung. Zahlreiche Großbauten auf dem Gebiet der DDR.

30 Werner Eggerath (1900-1977). 1924 KPD. Arbeiterkorrespondent. 1932 Parteisekretär in Wuppertal. 1935 verhaftet und Verurteilung zu 15 Jahren Zuchthaus. 1945 1. Sekretär der Bezirksleitung der KPD in Thüringen. Ab 1946 Mitglied des Thüringer Landtags. 1946/47 Vorsitzender der SED, 1947-1952 Ministerpräsident des Landes Thüringen. 1948/49 Mitglied des Deutschen Volksrates. 1949-1954 Mitglied der provisorischen Volkskammer der DDR. 1952-1954 Staatssekretär beim Ministerpräsidenten der DDR und Leiter der Koordinierungs- und Kontrollstelle für die örtlichen Organe. 1954-1957 Botschafter in Rumänien. Ab 1957 Mitglied des Friedensrates und dessen Präsidiums. Ab 1957 Staatssekretär für Kirchenfragen. Ab 1961 freischaffender Schriftsteller in Berlin.

31 BwA 06 2-28.

32 Der Karl-Marx-Platz lag an der zentralen Verbindungsstraße vom Weimarer Bahnhof in die Innenstadt, der ehemaligen Adolf-Hitler-, nach Kriegsende Leninstraße. Unter der Bezeichnung Adolf-Hitler-Platz als essentieller Bestandteil des nationalsozialistischen Gauforums in Weimar gebaut, war er noch unter amerikanischer Besatzungshoheit am 4.5.1945 nebst 39 weiteren Straßen und Plätzen der Stadt umbenannt worden.

33 Stadtarchiv Weimar, Hauptamt nach 1945, 008/ 02/ 6.

34 BwA 06 2-28.

35 Offen bleibt, ob Henselmanns Argument gegen den Standort nicht auch von dem (bildungsbürgerlichen) Impuls inspiriert war, Nationalsozialismus einerseits und klassische Tradition andererseits als zwei grundsätzlich von einander abgekoppelte Welten sehen zu wollen. In seinen Erinnerungen heißt es: »Wir genossen (…), trotz der punktuellen Zerstörungen Weimars und trotz Beschädigungen und Schändungen, die in dem Namen ›Buchenwald‹ gipfelten, diese Stadt als ein Kulturzentrum geschichtlicher Eigenwürde. Die schwer wiederzugebende und im Grunde unbestimmte Disposition dieses Gebietes vom Frauenplan bis Tiefurt, vom Liszt-Haus bis zum Schloß und das merkwürdige konturengefällige, fast pariserische Himmelsgrau schenkten dem schlendernden Betrachter ein geistfreundliches Geborgensein innerhalb einer Kontinuität unserer deutschen Kultur.« Hermann Henselmann: Drei Reisen nach Berlin. Der Lebenslauf und Lebenswandel eines deutschen Architekten im letzten Jahrhundert des zweiten Jahrtausends, Berlin (Ost) 1981, S. 233f.

36 Zur Geschichte des Gauforums siehe: Bauhaus-Universität Weimar (Hg.): Vergegenständlichte Erinnerung. Perspektiven einer janusköpfigen Stadt, Weimar 1996. Hier insbesondere die Beiträge von Karina Loos: Das Weimarer Gauforum – ein Symbol der nationalsozialistischen Geschichte Weimars, Versuch einer Wertung (S. 15-24) und Norbert Korrek: Das ehemalige Gauforum Weimar – Chronologie (S. 25-51).

Werner Eggerath[30] und dem für die Kulturarbeit zuständigen Bezirksleitungsmitglied Stefan Heymann befreundet. Henselmanns Gegenvorschlag geht eine Kritik an Beckerts Vorschlägen voraus, die nicht allein politisch-taktischen Gesichtspunkten folgt. Henselmann wirft Beckert vor, daß das Urnengrabmal unter Formgesichtspunkten völlig unzureichend sei, weil es »über die Haltung eines rein gewerbsmäßig hergestellten Grabmals nicht wesentlich hinausreicht.«[31] Dann verweist er darauf, daß Beckert zwischen dem »Bestattungsgedanken« und dem »Erinnerungsgedanken« nicht unterscheidet, vielmehr beide in diesem Denkmal verwischt seien. Und schließlich lehnt er den vorgeschlagenen Standort des Denkmals ab. Dieser war schon in der Erklärung der ehemaligen Buchenwald-Häftlinge mit dem Argument scharf zurückgewiesen worden, »daß ein Mahnmal für die Opfer des KZ Buchenwald nicht in einer stillen Ecke des Friedhofs stehen soll, sondern Mitten in der Stadt als lebendige und warnende Erinnerung und Mahnung an alle Menschen, nie wieder faschistische Zustände in Deutschland einreißen zu lassen.« Deshalb solle »ein großes Mahnmal auf dem Karl-Marx-Platz[32]« errichtet werden, »das am Tage der Befreiung Buchenwalds am 11. April 1946 der Öffentlichkeit übergeben werden soll.«[33] Henselmann ergänzt diese Argumentation: »Es ist unter allen Umständen abzulehnen, daß dieses Ehrenmal unmittelbar neben der Fürstengruft aufgestellt wird im historischen Teil des weltbekannten Friedhofs von Weimar. Die in der Fürstengruft bestatteten Toten sind im wesentlichen Goethe, Schiller und Karl-August, also Menschen, mit denen sich die Erinnerung an ein ungeheures Traditionsgut verbindet. Die in der Urne bestatteten Toten gehören einer ganz anderen Zeit an, sie gehören infolgedessen an eine andere Stelle. Die Reaktion würde die unmittelbare Nachbarschaft des Buchenwaldmals als einen Angriff auf die humanistische Tradition auswerten. Der politisch entwickelte Mensch würde die bewußte Beziehung zu einer Fürstengruft lediglich als kleinbürgerliche Reminiszenz betrachten.«[34]

Die Argumentation Henselmanns zum Denkmalsstandort ist insofern von Bedeutung, als sie zu den wenigen

Zeugnissen gehört, in denen angedeutet ist, mit welcher Ablehnung in Bezug auf jedwedes Buchenwald-Denkmal seitens breiter Kreise der Bevölkerung – nicht nur, aber gerade auch – in der ehemaligen Gauhauptstadt Weimar zu rechnen war, und es ist insofern einzigartig, als in der Unterscheidung der Zeiten, der die jeweiligen Toten angehören, nicht – wie später üblich – eine Kontinuitätslinie von der deutschen Klassik zu den Häftlingen Buchenwalds gezogen wird, sondern die Diskontinuität – der Anbruch einer völlig neuen Zeit – betont ist.[35]

Die Vorstellung vom Anbruch einer völlig neuen Zeit, die die alte überwunden hat, prägt Henselmanns Gegenentwurf. Der mitten in der Stadt gelegene Großkomplex von NSDAP-Parteibauten, das 1936 begonnene und bis auf die »Halle der Volksgemeinschaft« weitgehend fertiggestellte »Gauforum«[36], soll zu einem monumentalen Buchenwald-Denkmal umgestaltet werden. [17]

Henselmann laut Protokoll einer Besprechung im Stadtbauamt am 16. Januar 1946: »Wie der Name Goethes mit Weimar verbunden ist, so müsse auch der Name Buchenwald damit verbunden sein, und zwar im positiven Sinn: Im Leid des Terrors schweißt sich unter den Häftlingen von 36 Nationen die Solidarität des neuen Europas. (…) Als Ort schlägt er den Karl-Marx-Platz vor. Die Südfassade der Halle ohne Öffnung in schwarz (Glas oder Schiefer). Da Wasser das Sinnbild des Lebens ist, sollen 36 Wasserstrahlen (Symbol der 36 Nationen) sich zu einem Strahl (Symbol des vereinten Europas) vereinen. Ebenso soll aus 36 Ländern Erde gebracht werden, die unter großen Steinplatten feierlich beigesetzt wird. Eine Treppe soll zu einer Rednertribüne führen.«[37] In den sich anschließenden Diskussionen wird der Vorschlag dahingehend erweitert, daß aus dem ehemaligen »Gauforum« mit seiner Umkonstruktion zum Buchenwald-Denkmal zugleich das Kulturzentrum Deutschlands entstehen soll: »Lebhaft wurde die Verwendung der Halle (die im Rohbau fertiggestellte »Halle der Volksgemeinschaft«, V. K.) diskutiert. Abgelehnt wird die Halle als Massendemonstrationsraum. Die Halle soll kulturellen Zwecken zugeführt werden. Es sollen Räume geschaffen werden, die in Verbindung mit dem Goethe- und Schillerarchiv, der Musik- und Kunsthochschule Weimar die Möglichkeit geben, Kulturzentrum Deutschlands zu werden.«[38] Obwohl die planerischen Vorarbeiten zum Denkmal sofort in Angriff genommen werden[39], war sein Scheitern schon vorprogrammiert. Im Frühjahr 1946 übernimmt die Sowjetische Militäradministration Thüringen die Gebäude des »Gauforums«, riegelt den Karl-Marx-Platz mit einem drei Meter hohen Bretter-

[17] 1936. »Gauforum« in Weimar. Korrigierter Entwurf von Hermann Giesler nach der zweiten Wettbewerbsrunde. Quelle: Thüringisches Hauptstaatsarchiv, Weimar.

37 BwA 06 2-28.

38 Ebenda.

39 Henselmann hatte sich verpflichtet, bis zum ersten Jahrestag der Befreiung, dem 11. April 1946, einen Vorentwurf anzufertigen. Damit im Zusammenhang stehende Arbeiten hat er am 19.2.1946 an Studenten und Mitarbeiter der Hochschule für Architektur und Bauwesen delegiert. Delegiert wurde auch die Anfertigung von Transparenten und Beschriftungen, die für die Befreiungsfeier am Turm des »Gauforums« angebracht werden sollten. Archiv der Hochschule für Architektur und Bauwesen, Weimar (jetzt Bauhaus-Universität) I / 01 / 843.

40   Siehe dazu den unbezeichneten Erinnerungsbericht eines tschechischen Teilnehmers »Trauerfeier für die Opfer von Buchenwald«. BwA Nachlaß Straub 3/13.
Die Unrealisierbarkeit des Gegenentwurfs wie die damit verbundene Tatsache, daß am 11. 4.1946 ein Buchenwald gewidmetes Denkmal nicht einmal in einer Vorform zur Verfügung stand, scheint Beckert veranlaßt zu haben, weiter um seinen Entwurf zu kämpfen. Immerhin ist ihm – wie weiter oben schon vermerkt – erst im Juli 1946 abschließend mitgeteilt worden, daß sein Denkmal in keinem Fall gebaut werden würde. Daß die Auseinandersetzung über ein halbes Jahr gedauert hat, hängt auch damit zusammen, daß die Sowjetische Militäradministration nicht ohne weiteres und von Anfang an gegen Beckert stand. In einer nochmaligen Begründung seiner Ablehnung vom 8.4.1946 stellt Henselmann fest: »Kapitän Osarewski von der SMA hat allerdings mir gegenüber erklärt, daß er zwar auch den Standort wechseln würde, im übrigen aber auf dem Standpunkt stände, daß man im demokratischen Staat einem Bürger nicht gut verbieten könne, ein Denkmal zu errichten, wenn er es wünscht«. BwA 06 2-28.
Das Argument, Beckert habe mit der SS kollaboriert und sei »als Person nicht würdig, die Ehrung vorzunehmen«, wird erst in dieser Situation nachgeschoben und dient ganz offenbar dazu, es der SMA unmöglich zu machen, nicht gegen Beckert Partei zu ergreifen oder sich neutral zu verhalten.

41   Willy Gebhardt (1901-1973). Geb. in Niedersynderstedt bei Weimar. 1918 Eintritt in die Sozialistische Arbeiterjugend. 1923 KPD. Volkskorrespondent für die »Neue Zeitung«, Jena. 1930 Lokalredakteur. Verhaftung. Nach der Entlassung Parteiinstrukteur. 1933 erneut verhaftet. Entlassung im Sommer 1934. Danach für drei Jahre unter strenger Polizeiaufsicht in Jena. Illegale Arbeit. 1944 KZ Buchenwald. Nach der Befreiung Organisationssekretär der KPD in Jena. Später Landrat. Ab 1947 Innenminister des Landes Thüringen. 10 Jahre Vorsitzender des Rates des Bezirkes Erfurt.

42   Willy Kalinke (1904-1986). 1910-1918 Volksschule in Breslau. 1918-1923 Lehre als Schriftsetzer. Seit 1918 gewerkschaftlich organisiert. Mitglied der Sozialistischen Arbeiterjugend. 1920 SPD. 1931 Eintritt in die Sozialistische Arbeiterpartei (SAP). 1932 KPD. 1936 verhaftet und im November vom Volksgerichtshof wegen »Hochverrat« zu 12 Jahren Zuchthaus verurteilt. Bis 7.5.1945 in den Zuchthäusern Brandenburg/Görden, Westenburg/Ostpreußen und Waldheim. 1945 Rückkehr nach Breslau, KPD. Später Übersiedelung nach Erfurt. 1946 SED, ab Herbst Mitglied des Thüringer Landtages. 1947 Leiter des Amtes für Neubürger beim thüringischen Ministerium des Innern. 1949 Abteilungsleiter »Schulung« der Hauptabteilung Schulung des Ministeriums des Innern. Seit 1947 im engeren Vorstand der VVN. Bis 1949 Vorsitzender des Landesvorstandes der VVN Thüringen. Im Oktober 1952 Ausschluß aus der SED. Mai 1953 Aberkennung des Status eines Verfolgten des Naziregimes, Verlust des Anspruchs auf

zaun ab und verwandelt ihn in einen Parkplatz für 300 PKW. Die Befreiungsfeierlichkeiten werden in der Weimarhalle und am 1935 geschliffenen, nach Kriegsende rekonstruierten und am 23. März 1946 wieder eingeweihten Denkmal Walter Gropius' für die Märzgefallenen – dem sogenannten »Blitz-Denkmal« – auf dem neuen Teil des Weimarer Stadtfriedhofes abgehalten.[40]

Obwohl die Auseinandersetzung um das von Beckert projektierte »Buchenwald Ehrenmal« insofern leer läuft, als die von Henselmann konzipierte Alternative nicht einmal im Ansatz realisiert werden kann, wird an ihr doch deutlich, daß die führenden deutschen kommunistischen Mitglieder des ehemaligen Häftlingslagerkomitees für sich in Anspruch nehmen, das Buchenwald-Gedächtnis verbindlich zu formulieren – sowohl für die Gesamtheit der ehemaligen Häftlinge, wie auch für die nationale und internationale Öffentlichkeit. Zur Verwirklichung dieser Absicht können sie sich auf Ämter und Positionen stützen, die sie in öffentlichen Verwaltungen, in der politischen Administration bis hinauf in die Thüringische Landesregierung und in der KPD/SED einnehmen. Zu organisatorischen Kernen der Realisierung dieses Vorhabens, die zugleich, wenn auch nur vorübergehend, die Dominanz der kommunistischen Buchenwalder verdecken, werden – bis zur Auflösung der VVN im Februar 1953 – die in der SBZ/DDR geschaffenen Verbände für die NS-Verfolgten. Zunächst der »Landesausschuß ›Opfer des Faschismus‹« beim Landesamt für Arbeit und Sozialfürsorge des Landes Thüringen, eine Folgeeinrichtung des bereits im Mai 1945 in Berlin von ehemaligen KZ-Häftlingen gegründeten »Hauptausschusses für die Opfer des Faschismus (OdF)«, dann das Buchenwald-Komitee der im März 1947 gegründeten Vereinigung der Verfolgten des Nazi-Regimes in Verbindung mit den Gliederungen der VVN Thüringen.

Zum engsten Kreis der ehemaligen kommunistischen Häftlinge, die unter diesen politisch-organisatorischen Voraussetzungen das Buchenwald-Denkmal propagieren und seinen Bau vorantreiben, gehören Ernst Busse, der thüringische Minister des Innern Willy Gebhardt[41], Stefan Heymann, der Landesvorsitzende der VVN Willy Kalinke[42],

Harry Kuhn[43], Erich Reschke[44] und Robert Siewert[45]. Im Zentrum dieser Gruppe steht Walter Bartel. Unterstützt wird sie durch den Präsidenten des Thüringer Landtages August Frölich und Werner Eggerath, von 1947 bis zur Auflösung des Landes Ministerpräsident von Thüringen. Als Sachwalter vor Ort fungieren in Weimar und Umgebung ansässige ehemalige kommunistische Häftlinge des KZ Buchenwald, vor allem der Leiter der Abteilung »Opfer des Faschismus« des Landesamtes für Arbeit und Sozialfürsorge in Weimar Karl Straub[46] sowie Richard Kucharczyk[47], der Anfang Juli 1949 förmlich beauftragt wird, die Arbeiten am »Ehrenhain Buchenwald« auf dem Ettersberg zu beaufsichtigen und für ihren schnellen Fortgang zu sorgen[43].

Mit der Hegemonialisierung der Erinnerung an die Geschichte des Lagers durch die führenden kommunistischen Mitglieder des ehemaligen Lagerkomitees geht die Auffassung von Erinnern und Gedenken, die die Geschichte des KZ Buchenwald und das Schicksal seiner Häftlinge in keinem Symbol angemessen repräsentierbar sieht, unter. Bereits das Henselmannsche Buchenwald-Denkmal – das umgestaltete »Gauforum« – beansprucht, obwohl es in der Tradition des von Walter Gropius 1923 auf dem Weimarer Stadtfriedhof errichteten Märzgefallenen-Denkmals formsprachlich abstrakt argumentiert, das Wesen des KZ Buchenwald mit symbolischen Mitteln schlüssig und vollständig wiederzugeben. Nicht allein den Beginn einer völlig neuen Welt verkündet es, sondern es will auch vermitteln, wie es zu dieser neuen Welt gekommen ist. Aus der Nacht des Faschismus – schwarzes Glas, schwarzer Marmor – gebiert sich neues Leben – aufschießende Wasserfontänen – durch den Märtyrertod und die Solidarität der KZ-Häftlinge. Das KZ ist nicht nur die Keimzelle des neuen Deutschland, sondern eines neuen Europa. Geehrt werden Vorkämpfer. Gefeiert wird ein Sieg. Das Problem, die Wirklichkeit des Konzentrationslagers zu repräsentieren, stellt sich nicht mehr.

Kämpfer – Opfer – Sieg, dieser Dreiklang kommt der eingangs referierten Struktur des ersten Totengedenkens

eine VdN-Rente. Offizieller Vorwurf: Kalinke soll 1936 Genossen in Breslau an die Gestapo verraten haben. Hingewiesen wird aber auch auf seine ehemalige Mitgliedschaft in der Sozialistischen Arbeiterpartei und die »Slansky-Affaire«. August 1953 Schreiben an den thüringischen Innenminister Gebhardt, ohne Anhörung Bestätigung der Aberkennung. Ab 1954 Arbeit in verschiedenen Erfurter Druckereien. 1956 Wiederaufnahme in die SED. 1959 Funktionär der SED. Bis 1974 Versuche, die Aberkennung als Verfolgter des Naziregimes aufheben zu lassen. 1974 Wiederanerkennung.

43 Harry Kuhn (1900-1973). 1915 Sozialistische Arbeiterjugend, Schneidergewerkschaft. 1922 Kommunistischer Jugendverband Deutschlands, Mitglied des ZK. 1923 KPD. 1927-1933 Redakteur von Parteizeitungen. 1933 verhaftet, 1924 Verurteilung wegen Hochverrats zu drei Jahren Zuchthaus. 1936-1939 illegale Arbeit in Leipzig. Verhaftung der ganzen Familie. Einlieferung ins KZ Buchenwald. Dort seit 1939 Mitglied der illegalen Parteileitung der KPD und Leiter ihres Abwehrapparates. 1943/44 Mitglied des illegalen Internationalen Lagerkomitees. 1945 Bezirksleiter der KPD in Leipzig. 1945-1948 Mitglied des Präsidiums und Abteilungsleiter für politische Massenarbeit in der Zentralverwaltung Arbeit und Sozialfürsorge der SBZ. 1948/49 Besuch der Parteihochschule. Danach bis 1951 Generalsekretär der VVN. 1951 wegen »mangelnder Wachsamkeit« Verlust aller leitenden Funktionen. 1951-1953 Redakteur in der Sozialversicherung. 1954-1962 Sekretär für nationale und internationale Arbeit im Zentralvorstand der Gewerkschaft Wissenschaft, danach Cheflektor der »Außenpolitischen Korrespondenz« im Außenministerium der DDR.

44 Erich Reschke (1902-1980). KPD Mitglied seit 1922. 1923 Teilnehmer am sogenannten Hamburger Aufstand. 1930 wegen Verbreitung von Flugblättern der Roten Gewerkschaftsopposition aus dem Deutschen Metallarbeiterverband ausgeschlossen. 1930-1933 arbeitslos. 1933 Verhaftung, Zuchthaus, KZ Lichtenburg. 1938-1945 KZ Buchenwald, Kapo im Baukommando, erster Lagerältester. 1945 Polizeichef in Thüringen. 1946-1948 Präsident der Deutschen Verwaltung des Innern. 1948 abberufen in die Zentrale Kommission für Staatliche Kontrolle. 1950 Leiter des Zuchthauses Bautzen. 1950 von sowjetischen Organen verhaftet und in Moskau als Kriegsverbrecher zu lebenslanger Haft verurteilt. 1951-1955 Haft in Workuta. 1955 Repatriierung in die DDR. 1956 rehabilitiert. Major in der Strafvollzugsverwaltung.

45 Robert Siewert (1887-1973). 1906-1919 SPD-Mitglied. 1915-1918 Kriegsdienst. 1918/19 Spartakusbund/KPD. Mitglied eines Soldatenrates. 1920-1929 Mitglied des sächsischen Landtags und führender Funktionär des KPD-Bezirks Erzgebirge/Vogtland. 1920-1924 Mitglied des Zentralausschusses der KPD. 1922 Delegierter zum IV. Weltkongress der Kommunistischen Internationale in Moskau 1929 wegen Zugehörigkeit zur KP-

Opposition um Brandler und Thalheimer aus der KPD ausgeschlossen. Mitglied der Bezirksleitung Westsachsen der Kommunistischen Partei (Opposition). 1933 Organisationsleiter der illegalen Reichsleitung der KPO. 1935 Verhaftung und Verurteilung zu 3 Jahren Zuchthaus. 1938-1945 KZ Buchenwald. Kapo eines Baukommandos. Mitglied des illegalen Internationalen Lagerkomitees. 1945 Mitglied der Bezirks- bzw. Landesleitung der KPD/SED in Sachsen-Anhalt. Nach 1950 Amtsenthebung, angeblich wegen seiner früheren KPO-Zugehörigkeit. Abteilungsleiter im Ministerium für Aufbau, dann Ministerium für Bauwesen der DDR. Seit 1947 Mitglied des Präsidiums der VVN, später der Zentralleitung des Komitees der Antifaschistischen Widerstandskämpfer, des Buchenwald-Komitees und der Fédération Internationale des Résistants, des Victimes et du Prisonniers du Facisme (FIR).

46   Karl Straub (1898-1966). Geboren in Weilbach, Unterfranken. Hilfsarbeiter. 1912 Beginn einer Schlosserlehre. 1915 Eintritt in den Metallarbeiterverband. 1917 Arbeiter in den Eisenbahnwerkstätten in Frankfurt/M. 1918 sechs Wochen Kriegsdienst. 1927 Mitglied der KPD und der Roten Gewerkschaftsopposition. 1930-1933 arbeitslos. 1933-1937 mehrmals wegen illegaler Tätigkeiten verhaftet. Verurteilung wegen »Hochverrats« zu 2 Jahren Zuchthaus. 1938-1945 Häftling im KZ Buchenwald. Mitglied der illegalen KPD im Lager. Nach der Befreiung bis September 1945 im ehemaligen KZ zuständig für die Sicherung der Wasser- und Dampfversorgung. Seit Dezember 1945 Leiter der Abteilung »Opfer des Faschismus« beim Landesamt für Arbeit und Sozialfürsorge in Weimar. 1953 stellvertretender Vorsitzender der Kreiskommission der

[18] 1947. »2. Buchenwaldtag am 12. und 13. April in Weimar.« Denkmal auf dem Goetheplatz. Photo: Ernst Schäfer, Weimar. Quelle: Gedenkstätte Buchenwald.

durch Walter Bartel in der Sitzung des kommunistischen Parteiaktivs am 12. April 1945 sehr nah. Das zweite, von Hermann Henselmann entworfene Buchenwald-Denkmal präzisiert, was unter Kämpfern zu verstehen ist. Als Provisorium bis zur Errichtung des eigentlichen Denkmals gedacht, wird auf dem Goethe-Platz – einem der zentralen Plätze in Weimar – ein von ihm entworfenes aufgesockeltes, mehrere Meter hohes rotes Dreieck zum zweiten Befreiungstag, dem 11. April 1947, errichtet. [18] Das aus einem Holzgerüst mit Tuchbespannung montierte Denkmal – es wird bis Anfang der fünfziger Jahre dort immer wieder jährlich aufgestellt – zitiert in monumentalisierter Form den roten Winkel, mit dem die Lagergestapo die politischen Häftlinge gekennzeichnet hat. Zwar war die Gruppe der Politischen unter den Häftlingen, die das Lager im Sommer 1937 errichten mußten, besonders groß, und sie bestand mehrheitlich aus oft Jahre zuvor verhafteten Mitgliedern der KPD; aber spätestens seit 1938 erfüllte das Lager in zunehmendem Maße sozialrassistische Funktionen, und es war ab 1942 durch die Aussonderung von Häftlingen in die Vernichtungslager des Ostens Teil des rassenbiologischen Verfolgungs- und Ausrottungskosmos des nationalsozialistischen Deutschland geworden, eine Einbindung, die durch die schon erwähnten, ab dem Jahreswechsel 1944/45 im Lager eintreffenden Evakuierungstransporte aus Auschwitz noch einmal unterstrichen wurde.

Mit der Wahl des roten Winkels als Symbol für alle Häftlinge des KZ Buchenwald bekommen die Hegemonialisierungsbestrebungen der kommunistischen Denkmalsetzer deutlichere, wenn auch noch nicht vollends eindeutige Kontur.[49] Ungeachtet ihrer Verschiedenheit und ungeachtet der unterschiedlichen Gründe ihrer Verfolgung werden die Häftlinge nunmehr einheitlich als »antifaschistische Widerstandskämpfer«, gelegentlich auch als »antifaschistische Widerstandskämpfer und Patrioten« bezeichnet, Kollektivbegriffe, in denen die Vielzahl derjenigen überformend ausgeblendet ist, deren Schicksal sich – in der Terminologie Henselmanns – möglicherweise in einen

»Bestattungsgedanken«, nicht aber in den sich mehr und mehr abzeichnenden »Erinnerungsgedanken« einfügen ließ.

Auf höchster politischer Ebene hatte sich die Engführung des »Erinnerungsgedankens« spätestens im Vorfeld der Entstehung der VVN vorweggenommen. Im Kontext der Befürwortung ihrer Gründung stellt die Parteiführung der SED fest: »Es ist dafür Sorge zu tragen, daß die enge Verbindung zwischen der Organisation der OdF (gemeint ist hier die VVN, V.K.) und der Partei sichergestellt wird.«[50] Die Unterordnung der VVN unter die SED entsprach dem Führungsanspruch der kommunistischen KZ-Häftlinge, die sich – wie es bereits in der Unterscheidung zwischen »Kämpfern gegen den Faschismus« und »Opfern des Faschismus« in der Rede Walter Bartels vor dem KPD-Parteiaktiv am Tag nach der Befreiung des KZ Buchenwald angeklungen war – als die entschiedensten Widerstandskämpfer gegen den Nationalsozialismus begriffen. Folgerichtig entbrannte im Zusammenhang mit der Gründung der VVN eine Diskussion, wer ein Anrecht auf Mitgliedschaft – und damit ein Anrecht auf entsprechende Entschädigungen – haben sollte, nur Kämpfer oder auch Verfolgte? Im Protokoll einer Arbeitstagung der OdF Mecklenburg-Vorpommern vom November 1946 liest sich das so: »Die Diskussion drehte sich um die Frage, wer Mitglied dieser Organisation werden soll. Es wurde festgestellt, daß gewisse Kategorien, die während der Hitlerzeit nur als Verfolgte galten, wie z. B. Bibelforscher, Zigeuner, jüdische Leute, sehr wenig oder gar nicht an unserem politischen und demokratischen Aufbau teilnehmen. Für die sei in erster Linie ihre materielle Betreuung maßgebend. Wogegen die politischen Kämpfer fast durchweg alle, soweit sie nicht durch Krankheit und dergleichen gehindert sind, äußerst rege und aktiv sich betätigen.«[51] Die Hierarchisierung der Opfer fand 1947 ihren Ausdruck in drei verschiedenen Ausweisen, die NS-Verfolgten zuerteilt werden konnten, den Ausweisen für Kämpfer, für Verfolgte und für Teilverfolgte. Mit dem Übergang der SED zur Partei neuen Typs ab 1948 wurden Anerkennung und Klassifizierung als Verfolgter des NS-Regimes neben der VVN. Seit 1946/47 als Sachwalter des Buchenwald-Komitees der VVN in den Aufbau des »Ehrenhains Buchenwald«, später auch der »Gedenkstätte K. L. Buchenwald« einbezogen. Betreuung von ausländischen Delegationen, Führungen durch das ehemalige Lager. 1953-1961 hauptamtlicher Publikumsführer in der Mahn- und Gedenkstätte Buchenwald. Scharfe Proteste gegen den Abbriß des ehemaligen KZ. Seit Mitte der fünfziger Jahre Versuche des Museums für deutsche Geschichte, Abteilung Gedenkstätten, ihn zu entlassen.

47 Richard Kucharczyk (1908-1985). 1915-1923 Volksschule in Gleiwitz. 1923-1926 Lehre als Klempner. Bis 1935 verschiedene Anstellungen in Gleiwitz. 1924 Kommunistischer Jugendverband Deutschlands. 1930 KPD. März/April 1933 Schutzhaft u.a. im KZ Esterwegen. 1935 erneute Verhaftung und Anklage wegen »Hochverrat«. April/Juli 1937 KZ Lichtenburg. Danach bis 1945 KZ Buchenwald. Mitglied des illegalen Parteiaktivs der KPD. 1945-1949 Kommissar bei der Kriminalpolizei Weimar. Ab Juli 1949 Polier im Bauamt Weimar, Beauftragter des »Ettersberg-Ausschusses« zur Fertigstellung des »Ehrenhains Buchenwald«. 1952 in die Friedhofsverwaltung Weimar übernommen. 1954 Publikumsführer in der Gedenkstätte »Ehrenhain« und »K.L. Buchenwald«. 1958-1971 Leiter der pädagogischen Abteilung in der Nationalen Mahn- und Gedenkstätte Buchenwald. Nach der Pensionierung Weiterbeschäftigung als wissenschaftlicher Mitarbeiter bis 1977.

48 Die Beauftragung erfolgt durch den Landesvorsitzenden der VVN Thüringen und Vorsitzenden des zum selben Zeitpunkt gegründeten Ettersberg-Ausschusses Willy Kalinke am 8.7.1949. BwA 06 2-28.

49 Trotz der Unterscheidungsbestrebungen der Lagergestapo ist die Mehrheit der Häftlinge des KZ Buchenwald mit dem roten Winkel gekennzeichnet worden, was nicht heißt, daß sie der illegalen kommunistischen Häftlingslagerleitung auch als politische Widerstandskämpfer galten. Analog zur uneindeutig-eindeutigen Schwurformel konnten sich die Überlebenden des Lagers ungeachtet ihrer politischen, kulturellen oder religiösen Unterschiede vordergründig durch den roten Winkel repräsentiert sehen, ohne deshalb dessen spezifische geschichtsdeutende und einschließend-ausschließende Bedeutung – auf sie selber hin – begreifen zu müssen.

50 Zitiert nach: Susanne zur Nieden: Antifaschismus und Kalter Krieg. Vom Hauptausschuß für die Opfer des Faschismus zur Vereinigung der Verfolgten des Nazi-Regimes, in: Günter Morsch (Hg.): Von der Erinnerung zum Monument. Die Entstehungsgeschichte der Nationalen Mahn- und Gedenkstätte Sachsenhausen, Schriftenreihe der Stiftung Brandenburgische Gedenkstätten Bd. 8, Berlin 1996, S. 80.

51 Ebenda S. 79.

52 Olaf Groehler: Integration und Ausgrenzung von NS-Opfern in der Sowjetischen Besatzungszone Deutschlands bis 1949, in: Günter Morsch (Hg.): Von der Erinnerung zum Monument, S. 87-92.

53 Der Platz ist zu diesem Zweck am 14.9.1947 urkundlich der VVN übergeben und auf Beschluß der Stadtverordneten-Versammlung in »Platz der 51 000« umbenannt worden. BwA, Nachlaß Straub 2/3.

54 BwA 06 2-28.

55 Gustav Seitz (1906-1969). Bildhauer. 1949 Nationalpreis der DDR. Seit 1950 Mitglied der Akademie der Künste, Ostberlin. 1951/52 Studienreisen nach China und in die Sowjetunion. 1951 für die Teilnahme am beschränkten Wettbewerb für die Gestaltung des Ehrenhains Buchenwald vorgesehen. Nimmt nicht teil, arbeitet aber eine zeitlang als Berater in mit dem Projekt verbundenen Kommissionen. 1958 Wechsel in die Bundesrepublik. Professor an der Hamburger Kunstakademie.

56 Gerhard Marcks (1889-1981). Bildhauer und Graphiker. 1919-1925 Lehrer am Bauhaus in Weimar, danach – bis zu seiner Entlassung 1933 – an der Kunstgewerbeschule in Halle. 1946 Professor an der Landeskunstschule in Hamburg. Denkmal für die Bombenopfer der Stadt. Ab 1950 Professor in Köln.

57 BwA 06 2-28. In dem letzten mir bekannten Dokument zu diesem Wettbewerb vom 8.6.1948 wird zwar Bezug genommen auf die zunehmenden politischen Spannungen zwischen West und Ost und die Schwierigkeiten, die sich vermutlich aus der bevorstehenden Währungsreform in Westdeutschland ergeben werden. Festgestellt wird aber, daß zumindest die damit verbundenen finanziellen Schwierigkeiten als überwunden gelten können.

58 Walter Arnold (1909-1979). Bildhauer. 1924-1928 Lehre als Holz-/Steinbildhauer. 1928-1932 Studium an der Kunstgewerbeschule Leipzig. 1932/1933 dort Assistent. 1933-1940 als freischaffender Künstler in Leipzig. 1939 1. und 2. Preis für eine Plastik im Richard-Wagner-Hain, Leipzig. 1940-1945 Kriegsdienst u. Gefangenschaft. 1946 Eintritt in die SED. 1946-1949 Professor für Graphik und Buchkunst in Leipzig. 1949-1970 Leiter der Abteilung Plastik an der Hochschule für Bildende Künste Dresden. 1952 Mitglied der Deutschen Akademie der Künste. 1952 Gewinner des eingeschränkten Wettbewerbes zur Ausgestaltung des Krematoriums im ehemaligen KZ Buchenwald zu einer »Gedächtnisstätte für Ernst Thälmann und die zahllosen Widerstandskämpfer vieler Nationen«. 1952 Nationalpreis. 1954-1963 Kandidat des ZK der SED. 1959-1964 Präsident des Verbandes Bildender Künstler. 1974 Emeritierung.

Bewertung des geleisteten Widerstandes zunehmend abhängig von der Beurteilung der Systemloyalität.[52] Auch diese Verkopplung ist in der oben zitierten OdF-Debatte von 1946 schon vorweggenommen.

Die schleichende Hierarchisierung der Verfolgten des NS-Regimes findet nicht allein Ausdruck in der entdifferenzierenden Zusammenfassung der Häftlinge unter dem Symbol des roten Winkels, sie wird auch manifest in einem von der Kreisleitung der VVN-Weimar projektierten Denkmal, dessen Grundsteinlegung am 14. September, dem Tag der Opfer des Faschismus, in Weimar auf dem ehemaligen Watzdorf-Platz erfolgt ist. Auf diesem Platz, ehemals Standort eines Kriegerdenkmals in Erinnerung an den Sieg im Deutsch-Französischen-Krieg von 1870/71 und nicht weit vom Karl-Marx-Platz beidseitig an der zentralen Verbindungsachse vom Bahnhof zur Innenstadt – der Leninstraße – gelegen, soll ein »Völkerdenkmal der Widerstandsbewegung« entstehen[53]. In einem Aufruf der Kreisleitung heißt es dazu, den Führungsanspruch der Kämpfer pathetisch bekräftigend: »Die sich im Kampf gegen den gemeinsamen Würger fanden, hatten nie das Vertrauen zueinander verloren. Füreinander sind sie eingestanden und haben ihre Solidarität im Widerstand bekundet und gehärtet. Ihnen haftet unvergänglicher Tatenruhm an, auch in dunkelster Schicksalsstunde dem Gleichgültigen die Gasse gewiesen und die Zaudernden mit sich gerissen zu haben. Sie alle, die Männer und Frauen des antifaschistischen Widerstandes aller Nationen und aller Rassen, stehen Stunde um Stunde zusammen, um eine neue Generation Friedensgläubiger und aufbauender Menschen heraufzuführen. Schon ihretwegen darf des Elends Rinnsal aus deutschen Konzentrationslagern nicht versickern und in Vergessenheit geraten, denn dieses Rinnsal ist eine durch Leid und Kampf geläuterte Quelle der Menschlichkeit geworden.« Das Denkmal soll aus »zwei gewaltigen« an die den Platz durchschneidende »Straße heranführenden Gruppendarstellungen« bestehen, die »in innerer Verbundenheit zueinander die durch L e i d und K a m p f gewordene Menschlichkeit zum Ausdruck bringen.«[54]

Nimmt man die Denkmalsidee buchstäblich, dann fügt sich die in Opfer (Leid) und Kämpfer (Kampf) gegliederte Häftlingsgesellschaft zu einem Einheitsstrom unter Führung der Kämpfer, der den Weg Lenins geht – vom KZ Buchenwald durch die Hauptstadt des deutschen Geistes hinaus in alle Welt. Die Hierarchisierung der Opfer ist dabei die Voraussetzung dafür, daß auf der symbolischen Ebene Leid und Kampf als läuternde Quelle der Menschlichkeit vorgestellt werden können. Anders gesagt, die Existenz der Elenden ist Voraussetzung für die Vorstellung einer allumfassenden Erlösung, und ohne sie verliert der Tatenruhm jenen düsteren Hintergrund, der ihn erst leuchtend hell erstrahlen läßt.

Das Denkmal auf dem Platz der 51 000, das im Jahr des zweihundertsten Geburtstags Goethes 1949 eingeweiht werden sollte, ist nicht errichtet worden. Die Spuren eines Wettbewerbs, zu dessen Teilnahme u. a. Hermann Henselmann, Gustav Seitz[55] und Gerhard Marcks[56] eingeladen werden sollten, verlieren sich in der Mitte des Jahres 1948.[57] Statt seiner hat man dort 1958 ein von Walter Arnold[58] geschaffenes Thälmann-Denkmal enthüllt, das von einer Mauer mit der Inschrift hinterfangen wird: »Durch Euren Opfertod wächst unsere sozialistische Tat«.

Dazu, daß das Buchenwald-Denkmal auf dem »Platz der 51000« nicht errichtet worden ist, mag beigetragen haben, daß bereits am 9. November 1946 ein Befehl des Militärkommandanten des Kreises Weimar den unmittelbar nach der Befreiung des Lagers entstandenen Häftlingsfriedhof auf dem Ettersberg in die Erinnerung zurückgerufen hatte. [19, 20] »Die Friedhöfe im Bereich des Bismarckdenkmals sind in Ordnung zu bringen. 1. Der Friedhof ist einzuzäunen. Die Gräber sind zu säubern, mit Sand zu bestreuen, mit Blumen zu bepflanzen, die Kreuze herzurichten mit entsprechenden Aufschriften. Die verstreuten Urnen sind zu sammeln und in die Wand des Bismarckdenkmals zusammenzulegen, welche zuzumauern ist und eine entsprechende Aufschrift anzufertigen. Die Arbeit ist sofort in Angriff zu nehmen. (...) Des weiteren ist bis zum Ende des Dezember ein allgemeines

[19] Um 1910. Bismarckturm auf dem Ettersberg. Photo: Atelier Louis Held.

[20] 20.6.1945. Bestattung am Bismarckturm. Text zum Photo: »Burried in the Bismark Monument at the camp of Buchenwald prison were 1286 urns containing the ashes of persons killed at Buchenwald. A Hebrew, Catholic, and Protestant Chaplain officiated at the services. People look at a freshly dug grave before the monument.« »U.S. Army Photograph«. Das Kreuz bezeichnet das Grab des kroatischen Häftlings Pavar Popinjac. Geb. am 10.5.1904. Gest. am 7.6.1945. Quellen: National Archives, Washington und Gedenkstätte Buchenwald.

59 BwA VA 85, Handakte Straub.

60 Das »Kleine Lager« oder »Lager II« war 1942 auf zentrale Weisung als an die Baracken und Blocks des Hauptlagers angrenzendes Quarantänelager errichtet worden. Zunächst aus zwölf fensterlosen Wehrmachtspferdeställen des Typs 260/9 bestehend, entwickelte es sich unter dem Druck der immer zahlreicher in Buchenwald eintreffenden Häftlingstransporte schnell zu einer vom Hauptlager mit Stacheldraht abgetrennten Sonderzone, in der ungleich schlechtere Erhaltungs- und Überlebensbedingungen herrschten, als in diesem. Spätestens ab Ende 1944 hatte das »Kleine Lager« den Charakter eines Siechen- und Sterbelagers.

61 Zur Herausbildung von Häftlingshierarchien unter den von der SS geschaffenen Terrorbedingungen des KZ-Systems siehe folgende Berichte von ehemaligen Buchenwald-Häftlingen: Karl Barthel: Die Welt ohne Erbarmen, Rudolstadt 1946, insbesondere S. 91-95. Eugen Kogon: Der SS-Staat. Das System der deutschen Konzentrationslager, München 1946, insbesondere S. 313 ff. Benedikt Kautsky: Teufel und Verdammte. Erfahrungen und Erkenntnisse aus sieben Jahren in deutschen Konzentrationslagern, Zürich 1946, insbesondere S. 159 ff. Darüberhinaus in analytischer Perspektive: Lutz Niethammer (Hg.): Der »gesäuberte« Antifaschismus. Die SED und die roten Kapos von Buchenwald. Berlin 1994, insbesondere S. 27-63; Wolfgang Sofsky: Die Ordnung des Terrors. Das Konzentrationsager, Frankfurt/M 1993.

62 Bruno Apitz (1900-1979). 1914 Arbeiterjugendbewegung. 1917 Verhaftung wegen Antikriegspropaganda. Schauspieler in Leipzig. 1927 Eintritt in die KPD. U.a. Leiter des Zentralverlags der Roten Hilfe. 1930 Mitglied des Bundes proletarisch-revolutionärer Schriftsteller, Vorsitzender der Bezirksgruppe Leipzig. 1933 für drei Monate in den Konzentrationslagern Colditz und Sachsenburg. 1934 Verurteilung zu knapp drei Jahren Zuchthaus, danach bis 1945 Häftling im KZ Buchenwald. 1944/45 schnitzt er im Lager heimlich die Plastik »Das letzte Gesicht« aus einem Holzstück der sogenannten »Goethe-Eiche«. Nach der Befreiung u.a. Redakteur der Leipziger Volkszeitung, Verwaltungsdirektor der Städtischen Bühnen in Leipzig, Dramaturg bei der DEFA. Berufliche Schwierigkeiten im Zuge der Parteikontrollverfahren. Ab 1955 freischaffender Schriftsteller. Autor des Romans »Nackt unter Wölfen« (1. Aufl. 1958), der das populäre Bild vom KZ Buchenwald – über die Grenzen der DDR hinaus – bestimmen wird. 1958 Nationalpreis der DDR. 1963 Uraufführung der Verfilmung des Romans.

63 Kommunistische Partei Deutschlands Stadt und Kreis Leipzig (Hg.): Das war Buchenwald! Ein Tatsachenbericht, Leipzig o.J. (1945), S. 63.

Denkmal mit entsprechender Aufschrift aufzustellen – russische, französische, tschechische, englische, amerikanische, polnische u.a. Nationen, die von der Gestapo zu Tode gequält worden sind. Die Aufschriften werden im weiteren Verlauf gegeben werden, d.h. der Text.«[59]

Die kaum vorstellbare Verwahrlosung der authentischen Gräber im Areal des ehemaligen KZ Buchenwald muß als Kehrseite der Zweiteilung der Häftlinge in Opfer und Kämpfer gelesen werden. Sie ist die Konsequenz der sich abzeichnenden Heroisierung des kommunistischen Widerstands im Lager. Auf dem Friedhof am Bismarckturm waren von Ende April bis Ende Juni 1945 die nach der Befreiung des Lagers noch sterbenden Häftlinge, die Asche aus den Krematoriumsöfen, wie man sie am 11. April 1945 gefunden hatte, sowie 1286 zunächst im Gewölbe des Bismarckturms abgelegte Urnen begraben worden. So standen die hier Bestatteten für namenloses Elend bzw. waren Häftlinge des »Kleinen Lagers[60]«, die in der Häftlingshierarchie auf unterster Stufe standen.[61] In der Lagersprache »Kretiner«, »Tonnenadler« oder »Muselmänner« genannt, galten letztere als Menschen, deren Willen und Widerstandskraft gebrochen worden waren und die sich aufgegeben hatten. »Das erschütterndste Bild aber boten die Insassen des ›Kleinen Lagers‹ am Tage unserer Befreiung (...)« – hatte Bruno Apitz[62] 1945 geschrieben[63] – »Während das ganze Lager aufjubelte im Rausch der wiedergewonnenen Freiheit, während die Kolonnen der antifaschistischen Kämpfer marschierten, die Knarre in der Hand, die SS gefangen nahmen und vom Lager Besitz ergriffen, standen die Insassen des ›Kleinen Lagers‹ noch lange nach dem Einmarsch der Amerikaner am Drahtzaun und bettelten um etwas Rauchbares. Keine Auflockerung ihrer Züge zeigte an, daß sie freie Menschen geworden waren. Keine Freude und keine Erregung hatte sie erschüttert, so tief waren sie in den Pfuhl ihres erbärmlichen Daseins gesunken. Durch den faschistischen Terror, durch die Schrecken und Qualen ihrer Gefangenschaft völlig entmenscht, hatten sie die Größe des Geschehens überhaupt nicht begriffen. Sie blieben das, zu dem sie das ›Kleine Lager‹ gemacht hatte.« Die Häftlinge des »Kleinen Lagers«, die in der Asche und den Urnen repräsentierten anonymen Elenden, waren Prototypen der »Opfer«. Ihnen haftete kein »Tatenruhm« an. Sie waren bestenfalls zu bedauern, nicht aber zu feiern. Sie waren Indiz für das unmenschliche Wesen des Nationalsozialismus, nicht aber Vorbild. In ihrem Schicksal kündigte sich keine neue Welt an, es stand für Ohnmacht und Ausgeliefertsein – und deshalb taugten sie für den »Erinnerungsgedanken« nicht.[64]

Die einzige Ausnahme vom sich abzeichnenden Denkmalskonzept formuliert Ernst Thape[65], der 1944 als Sozialdemokrat das Volksfrontkomitee im KZ Buchenwald mitgegründet hatte und der 1947 Kultusminister von Sachsen-Anhalt ist. Im April 1947 schlägt er vor, auf dem Ettersberg ein »Denkmal der unbekannten Opfer des Faschismus«[66] zu errichten. Dabei sieht er den im Oktober 1901 eingeweihten, am Südhang des Ettersberges errichteten Bismarckturm und die in seiner unmittelbaren Nähe entstandenen Häftlingsgräber als zwei aufeinanderbezogene Eckpunkte der deutschen Geschichte. Legten die Bismarcktürme »überall im preußischen Deutschland« Zeugnis ab vom »imperialistischen Machtstreben des deutschen Bürgertums«, so symbolisiert der Bismarckturm auf dem Ettersberg »Anfang und Ende dieser Periode deutscher Geschichte gleichzeitig«. »Es fing an mit dem Siebziger Krieg, als dessen politischer Held Bismarck gefeiert wurde, steigerte sich zum Rüstungsrausch unter Wilhelm dem Zweiten, in dessen Regierungszeit diese Türme überall gebaut wurden von vaterländischen kaisertreuen Vereinen und endet mit Massengräbern in ganz Europa, in denen Kinder aller Völker und die Bekenner aller Religionen zusammengeworfen als namenlose Schädelstätten Zeugnis ablegen vom Ende eines Machtrausches, wie ihn die Welt noch nie zuvor gesehen hatte.« Um das Ende dieser Epoche deutscher Geschichte zu kennzeichnen, soll der Bismarckturm abgerissen und statt seiner »hier auf dem Ettersberg, inmitten Deutschlands und inmitten Europas das große Mahnmal des Friedens und der Menschlichkeit« gebaut werden. Dieses Mahnmal soll pluralen Charakter haben. Seinem Wesen nach ist es ein negatives Denkmal,

64   Diese These ist vor dem Hintergrund der Frage formuliert, warum die ehemaligen Häftlinge, die sich so nachdrücklich für den Bau des Buchenwald-Denkmals einsetzten, den Friedhof am Bismarckturm mit ihrem Denkmalsprojekt nicht in Verbindung gebracht haben und es eines sowjetischen Befehls bedurft hat, ihn gegen die extreme Vernachlässigung wieder in Erinnerung zu rufen. Festzustellen ist aber auch, daß die Einwohner der umliegenden Dörfer und der Stadt Weimar sich um diesen Friedhof nicht gekümmert und ihn nicht in ihre Obhut genommen haben. Man mag dies mit der Existenz des unweit des Friedhofs gelegenen sowjetischen Speziallagers begründen wollen; reicht diese Begründung aber aus und ist sie überhaupt plausibel, wenn man etwa sieht, wie kalt, schroff und ableugnend beispielsweise die protestantische Kirche auf die offensichtlichen Greuel im Konzentrationslager Buchenwald reagiert hat? Am Sonntag Jubilate des Jahres 1945, d.h. am 22. April oder fünf Tage nach der angeordneten Besichtigung des KZ Buchenwald, ist in allen Gottesdiensten der Kirchgemeinde Weimar eine vom Propst und Superintendenten Kade verfaßte Kanzelabkündigung folgenden Inhalts verlesen worden: »Am vergangenen Montag sind hunderte von Bewohnern unserer Stadt zu einer Besichtigung des Konzentrationslagers Buchenwald aufgefordert worden. Dort sind Vorgänge ans Licht gekommen, die uns bisher **völlig unbekannt** waren. Wir verurteilen die Grausamkeit und den Sadismus, mit denen Menschen behandelt und vielfach zu Tode gequält worden sind. Das alles ist nur möglich gewesen auf dem Boden einer Geisteshaltung, die mit dem Christentum völlig gebrochen hat und unter der wir als Kirche auch sonst oft schmerzlich gelitten haben. **So dürfen wir vor Gott bekennen, daß wir keinerlei Mitschuld an diesen Greueln haben.** Unser ganzes Volk aber rufen wir zu dem Gott, der der heilige Gott ist und vor dem es gilt: ›Irret euch nicht! Gott läßt sich nicht spotten.‹« Stadtarchiv Weimar, Hauptamt nach 1945, 008/ 02/ 3.

65   Ernst Thape (1892-1985). Ausbildung als Maschinenschlosser, SPD, bis 1932 Redakteur der sozialdemokratischen Parteipresse in Magdeburg. 1939-1945 Haft im KZ Buchenwald. 1944 Mitbegründer des Volksfrontkomitees im Lager. Nach der Befreiung Vorsitzender der SPD in Sachsen-Anhalt. 1946 SED. Mitglied der Provinzialkommission zur Durchführung der Bodenreform. Anfang 1946 Vizepräsident der Provinz Sachsen. 1946-1948 Kultusminister in Sachsen-Anhalt. 1948 Flucht in den Westen.

66   Ernst Thape: Das Denkmal der unbekannten Opfer des Faschismus, 4 S. BwA 06 2-28. Das Typoskript ist auf den 11.4.1947 datiert und von Thape handschriftlich gezeichnet. Die folgenden Zitate entstammen diesem Papier.

[21] 11.4.1948. Gedenkfeier am Bismarckturm zum dritten Jahrestag der Befreiung des KZ Buchenwald. Quelle: Gedenkstätte Buchenwald.

67 Vermutlich bezieht sich Thape hier auf Paul Göhres Buch »Der unbekannte Gott. Versuch einer Religion des modernen Menschen«, Leipzig 1919. Die Akzeptanz der Entzauberung Gottes durch die Moderne und den modernen Menschen, die damit verbundene notorische Gottesungewißheit, die gleichwohl nicht in Nihilismus und Zynismus umschlagen soll – Hauptthesen von Göhre – kommen Thapes Vorstellungen sehr nah. Dazu ein Zitat Göhres: »Und neue Religion ist: diese Gewißheit des unbewußten Gottes ganz erleben, ganz ausleben, sich ganz sich und anderen fröhlich zum Ausdruck bringen. Und Religion ist: alsdann nicht träumerisch sein, sondern hingehen, handeln, kämpfen, bluten, Wunden schlagen, bauen; mitbauen helfen, daß diese Erde ein Garten der Menschheit werde, in dem einige des unbekannten Gottes gewiß und darin selig sind. Der Inhalt der neuen Religion ist das Gottesproblem, als dauerndes Prinzip proklamiert.« Paul Göhre, Der unbekannte Gott, Leipzig 1920 (2. Aufl.), S. 145f.
Der »Altar des unbekannten Gottes« ist erwähnt in der Apostelgeschichte des Lukas (Paulus in Athen) 17, 16-34. »Ich bin umhergegangen und habe gesehen eure Heiligtümer und fand einen Altar, darauf war geschrieben: Dem unbekannten Gott.« (Ebenda. 23). Paulus nutzt diesen Altar, um die Griechen zu lehren, was sie eigentlich verehren – »Nun verkündige ich Euch, was ihr unwissend verehrt«: den Christengott. Modernität (Göhre) und KZ-Erfahrung (Thape) nehmen solch selbstgewisse Positivierung wieder zurück.

das auf kein prästabilisiertes Bild einer besseren Welt mehr zurückgreift, zurückgreifen kann. Die Existenz der Konzentrationslager, die Erfahrung der KZ-Wirklichkeit, das Wissen, daß solches nunmehr und hinfort möglich ist, haben die Existenz eines guten Gottes – in welcher Gestalt auch immer – fraglich gemacht. »Bauen wir hier auf diesem Berg inmitten Deutschlands für jede uns bekannte Religion eine Kapelle und dazu in ihrer Mitte eine Stätte für den unbekannten Gott[67], damit alle, die hier ruhen eine Andachtsstätte haben, die ihnen gemäß ist und fassen wir das ganze zusammen in einem hohen Wahrzeichen, das weit hinaus der ganzen Welt kundet: hier sind die anderen Deutschen am Werk, die aus dieser Hölle der Menschenvernichtung den Glauben an die Menschheit gerettet haben und die der Welt beweisen wollen, daß sie gewillt und fähig sind, nicht Herrscher, sondern die Mittler in der Welt zu sein.« Nicht die Geburt eines neuen, anderen Deutschland behauptet dieses Denkmal, sondern es verweist darauf, daß es andere als die machtbesessenen, nationalsozialistischen Deutschen gab, Deutsche, denen nunmehr die Zukunft gehören soll. So gesehen steht in diesem Denkmalskonzept nicht die politische Transformation des Staates an erster Stelle, sondern die Veränderung der Menschen selbst.

Am Sonntag, dem 13. April 1947, findet im Rahmen der Feierlichkeiten zum zweiten Jahrestag der Befreiung des KZ Buchenwald um 15 Uhr eine Totenehrung am »KZ Buchenwald – Bismarckturm« statt. An den Bismarckturm hat man ein großes rotes Dreieck angebracht. »Den unsterblichen Opfern aller Nationen« verkündet das Spruchband darunter. [21]

Ernst Thape ist 1948 aus der SBZ geflohen. Es bleibt der Gedanke, auf dem Ettersberg ein auf Fernsicht angelegtes Monumentaldenkmal zu errichten. Am 22. April 1949 teilt Walter Ulbricht Walter Bartel im Namen des Politbüros der SED mit, daß »der Turm beim früheren Konzentrationslager Buchenwald jetzt gesprengt (wird).« Und er fügt hinzu: »Es ist jetzt notwendig, daß die VVN einen Beschluß faßt und uns eine Vorlage unterbreitet über den Bau eines Denkmals für die Opfer des Faschismus an der Stelle des Turms.«[68]

Fünf Tage später schlägt Walter Bartel den Mitgliedern des Buchenwald-Komitees der VVN vor, auf dem Ettersberg zunächst einen provisorischen Gedenkstein aufzustellen. Die sofortige Errichtung eines »würdigen Mahnmals« erscheint unter den »gegebenen Umständen« – gemeint ist der notorische Mangel an Arbeitskräften und Baustoffen – illusorisch. Später soll dann ein Denkmal entstehen, »das weit ins Land schauend Mahnung und Verpflichtung zugleich ausdrücken soll.«[69]

Dieses Denkmal wird seit Sommer 1949 im Auftrag der Hochschule für Baukunst und bildende Künste, Weimar, und mit Zustimmung des Landes Thüringen, den entsprechenden Gliederungen der VVN und des Buchenwald-Komitees von drei Mitarbeitern der Hochschule, dem Bildhauer Siegfried Tschierschky, dem Architekten Eberhard Schwabe und dem Gartenarchitekten Rudolf Ungewitter, geplant. Sie schlagen vor, die 1944/45 entstandenen Massengräber in den Erdfällen unterhalb des Bismarckturms[70] sowie die nach der Befreiung des Lagers entstandenen Gräber zu einem »Ehrenhain«[71] zusammenzufassen. Die Arbeiten zur Gestaltung des »Ehrenhains« hatten zwar vor dem Hintergrund des sowjetischen Befehls zur Instandsetzung der Gräber am Bismarckturm bereits im Jahr 1947 begonnen, waren aber nur schwerfällig und mit großen Unterbrechungen vorangekommen. »Brennpunkt« des Ehrenhains soll ein von Tschierschky entworfenes, 20 Meter hohes, aus einem mindestens 5 Meter hohen tumulusartigem Hügel herauswachsendes Dreieck in Betonskelettbauweise seien. »Wie ein Grabstein wächst es aus der Erde heraus und mahnt nachfolgende Generationen zu einem Gedenken für ewige Zeiten an die unschuldigen Opfer des Hitlerismus. Die Stirnseite trägt das inzwischen zum Symbol gewordene Dreieck in überdimensionaler Form.« *[22, 23]* Monumentale Form und Häftlingswinkel wiederholen sich im Inneren des Denkmals. Dort soll eine nicht zergliederte »Ehrungsstätte« von dreieckiger Grundfläche

68 BwA 06 2-13.

69 Ebenda.

70 Mit dem Beginn des Massensterbens im KZ Buchenwald 1944/45 reichte die Kapazität des Krematoriums nicht mehr aus, alle Leichen zu verbrennen. Sie wurden deshalb auf Befehl der SS in natürlich entstandenen Erdfällen in unmittelbarer Nähe des Bismarckturms verscharrt. Wegen dieser Massengräber galt das Gelände am Bismarckturm nach der Befreiung als Friedhof, auf dem man nun auch die nach der Befreiung Gestorbenen sowie die gefundene Menschenasche bestattete.

71 Um eine Gefährdung des Vorhabens durch ungeklärte Besitzfragen und private Besitzansprüche sowie die forst- oder landwirtschaftliche Nutzung des Areals auszuschließen, wurde das Gelände mittels einer auf das Reichsnaturschutzgesetz vom 31. Oktober 1935 gestützten »Verordnung zur Sicherstellung des ›Großen Ettersberges‹ bei Weimar« im Sommer 1949 unter Naturschutz gestellt. Bezeichnendes Licht auf die Notwendigkeit dieser Sicherstellung wirft eine Feststellung im Brief des Präsidenten des Thüringer Landtags, August Frölich, an den Ministerpräsidenten Werner Eggerath: »Es ist nicht angängig, daß auf den dort befindlichen Gräbern Schafherden weiden und daß unangenehme Zwiegespräche zwischen Bauleitung und dem Schäfer sich ergeben.« BwA 06 2-28. Siehe auch Anmerkung 64.

[22] 1949. Siegfried Tschierschky: Modell des »Ehrenhain Buchenwald« mit aus dem Grabfeld wachsendem Stahlbetondreieck. Quelle: Gedenkstätte Buchenwald.

[23] 1949. Siegfried Tschierschky: Modell des Denkmals von vorn mit Widmungsinschrift. Quelle: Gedenkstätte Buchenwald.

entstehen, in der eine Unmenge einzelner Lichtpunkte« spielen, die durch das natürliche Licht entstehen, welches durch die Seitenflächen in das Denkmal einfällt. Die Seitenflächen selbst werden von Schriftbändern gebildet, die in verschiedenen Sprachen die auf der Stirnseite des Denkmals in erhabenen Buchstaben angebrachte Widmung wiederholen: »Zum Gedenken an die toten Opfer des Faschismus. Zur Mahnung für uns und die Welt.« Erreicht wird das Denkmal über einen 350 Meter langen, in gerader Linie hangaufwärts führenden »Pilgersteig«, »immer im Hinblick des gegen den Himmel stehenden riesigen Dreiecks.«[72] Nachts soll das Denkmal von Scheinwerfern angestrahlt werden und leuchten.[73] Vor der Größe des Dreiecks soll der Mensch klein sein. »Wie gering die Größe eines Menschen gegenüber diesem Mahnmal ist, empfindet man bei der Betrachtung des Geländemodells«, vermerkt der Architekt Schwabe[74].

Das Konzentrationslager wird in diesem Denkmal zum Altar des Opfers für eine bessere Welt gewandelt. Zugleich ist das Denkmal der Leuchtturm, der den Weg in diese weist. Aus der Nacht des Todes wird das Licht der Zukunft, aus Auslöschung Auferstehung. Der elende Tod im Konzentrationslager ist ins Erhabene verwandelt.

Im Rahmen einer Sitzung des – im Juni 1949 zur rascheren Verwirklichung des Denkmals – gebildeten »Ettersberg-Ausschusses«[75] am 12. November 1949 findet der Denkmalsentwurf Tschierschkys die Zustimmung der führenden ehemaligen Buchenwald-Häftlinge. Harry Kuhn stellt, »um zum Beschluß« zu kommen, fest, »daß der Entwurf im Prinzip des Prof. Tschierschky der richtige ist«. Der thüringische Innenminister Gebhardt erklärt, »daß es für ihn, wenn die Vertreter des Buchenwald-Komitees mit der bisher geleisteten Arbeit sowie mit den Entwürfen über die Entstehung des Mahnmals einverstanden sind (…), es dann keine entscheidende Frage betreffs Kosten gibt.« Walter Bartel erklärt – auch im Namen von Ernst Busse, Stefan Heymann und Robert Siewert, die ebenfalls an der Sitzung teilnehmen –, »daß die Vertreter des Buchenwald-Komitees die Entwürfe für gut heißen und billigen.« Nachdem noch einmal ausdrücklich festge-

---

72   BwA 06 2-28.

73   Dieser Vorschlag wird in Ergänzung Tschierschkys am 12.11.1949 von dessen Kollegen Hämmer gemacht. BwA 06 2-13.

74   Thüringisches Hauptstaatsarchiv Weimar, Kreisrat des Landkreises Weimar 5, Schwabe: Ehrenhain Ettersberg, 3. S., 5.10.1949.

75   Mitglieder waren die Spitzen der VVN auf städtischer, regionaler und Landesebene, der Weimarer Oberbürgermeister Buchterkirchen sowie der Bürgermeister Hellmich, der Landrat des Kreises Weimar Seidenstücker, die Planer von Denkmal und Ehrenhain Schwabe, Tschierschky und Ungewitter sowie ein Vertreter des Buchenwald-Komitees.

stellt worden ist, »daß in der Erstellung des Mahnmales keine gegenteilige Auffassung vorhanden ist«, verpflichten sich die Anwesenden, »alle Kräfte einzusetzen, damit das Mahnmal schnellstens fertiggestellt wird.«[76]

Die einhellige Zustimmung, die der Denkmalsentwurf Tschierschkys erfahren hat, mag in doppelter Hinsicht erstaunen. Zunächst entsprach der Entwurf in formaler Hinsicht nicht den Prinzipien des sozialistischen Realismus, wie er seit 1948 immer nachdrücklicher, sowohl von den Kulturoffizieren der SMAD, wie auch seitens der für die Kulturarbeit der SED zuständigen Kader, eingefordert wurde. Das Denkmal war weder »volkstümlich«, noch explizit »parteilich« und auch nicht »abbildhaft widerspiegelnd«, sondern es wurzelte seiner Form wie seiner Konstruktionsweise nach in den vom Bauhaus propagierten Form- und Bauprinzipien.[77] Ihnen verpflichtet war es mehr abstrakt als realistisch, eher symbolische Abbreviatur denn politische Allegorie und hätte im Blick auf die sich abzeichnende Kunstdoktrin als formalistisch und kosmopolitisch verdammt werden müssen. Zudem erscheint der »Erinnerungsgedanke« in Tschierschkys monumentalem Dreieck durch den »Bestattungsgedanken« überlagert.

Abgesehen davon, daß erst ab Anfang der fünfziger Jahre mit Nachdruck versucht worden ist, die kunstpolitischen Zielsetzungen der SED durchzusetzen – im Juni 1952 wird Tschierschky auf der Kreisparteikonferenz der SED in Weimar tatsächlich von einem Mitglied der Kulturabteilung des Zentralkomitees der SED, Egon Rentzsch, im Blick auf sein gesamtes Schaffen »Formalismus« vorgeworfen[78] – ist die Form des Denkmals für die führenden ehemaligen kommunistischen Häftlinge des KZ Buchenwald zweitrangig. Im Blick auf diese scheint am wichtigsten, daß sie das beanspruchte Deutungsmonopol in Bezug auf die Geschichte des KZ Buchenwald nicht untergräbt. Die Monumentalisierung des Häftlingswinkels, der Auferstehungsgedanke und die mit dem Denkmal verbundene Lichtmetaphorik als Ausdruck für die Überwindung des Faschismus widersprechen den Intentionen der Gruppe um Walter Bartel nicht. Als 1949 der von Bartel,

76   06 2-13. Zur Teilnahme Busses, Heymanns und Siewerts siehe BwA Nachlaß Straub 2/3.

77   Zur Kunst und Kunstpolitik der DDR siehe: Gisela Conermann: Bildende Kunst in der sowjetischen Besatzungszone. Die ersten Schritte bis hin zum sozialistischen Realismus im Spiegel der Zeitschrift »bildende kunst« von 1947-1949, Frankfurt, Berlin, Bern, New York, Paris, Wien 1995; Martin Damus: Malerei der DDR. Funktionen der Kunst im Realen Sozialismus. Reinbek 1991; Günter Feist, Eckhart Gillen, Beatrice Vierneisel: Kunstdokumentation 1945-1990 SBZ/DDR. Aufsätze, Berichte, Materialien, Köln 1996.

78   Archiv der Hochschule für Architektur und Bauwesen, Weimar (jetzt Bauhaus-Universität) II / 01 / 996.

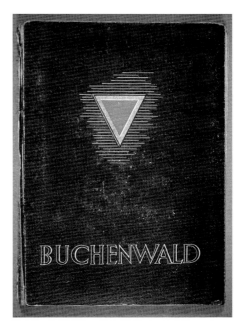

[24] Schwarzer Bucheinband mit rotem Häftlingswinkel: »Buchenwald«, hg. von Walter Bartel, Stefan Heymann, Josef Jenniges, Weimar 1949.

79 Josef Jenniges (1900-?). Geb. in Wiesdorf. 1933-1934 Schutzhaft im Gefängnis Brauweiler. 1934-1936 Häftling in den Zuchthäusern Köln, Hamm, Siegsburg. 1938-1945 KZ Welsheim und Buchenwald. Nach der Befreiung Wohnsitz in Weimar. Mitglied der CDU. Oberregierungsrat. Ende 1948, Anfang 1949 Flucht in den Westen, wahrscheinlich im Zusammenhang mit der sogenannten »Blockkrise«. BwA Nachlaß Straub, 2/7.

80 Walter Bartel, Stefan Heymann, Josef Jenniges (Hg.): Konzentrationslager Buchenwald, Bd. I, Weimar 1949 (Bd. II und III nicht mehr erschienen).
Es existieren zwei Varianten der Ausgabe. In der einen ist Josef Jenniges als Mitherausgeber genannt, in der anderen nicht. Ein Hinweis auf die Existenz zweier Varianten wird ebensowenig gegeben wie auf die Streichung Josef Jenniges als Mitherausgeber aufmerksam gemacht. Es spricht demnach alles dafür, daß das CDU-Mitglied Jenniges als bürgerliches Aushängeschild der ansonsten kommunistischen Herausgeber benutzt werden sollte. Durch seine Flucht in den Westen wurde Jenniges Funktionalisierung obsolet, sogar schädlich. Die entsprechende Seite ist in den Büchern, die noch nicht fertiggestellt waren, offenbar stillschweigend ausgetauscht worden.

81 In einem Brief des Generalsekretariats der VVN vom 23.7.1949 an das ZK der SED heißt es dazu: »In einer Unterredung mit Major O l y m p i e w in der Informationsabteilung der SMAD regte derselbe an, in Buchenwald ein Nationalmuseum zu schaffen. Er gab uns den Rat, einen diesbezüglichen Antrag an den Befehlshaber der Sowjetischen Streitkräfte in Deutschland General S c h u t j k o w (gemeint ist Wassili I. Tschuikow, V. K.) zu richten evtl. auch eine solche an den Deutschen Volksrat. Dabei könnten wir von uns aus darauf verweisen, daß in Polen – Auschwitz – Oesterreich – Mauthausen – in der Tschechoslowakei – Theresienstadt – eben solche Museen eingerichtet sind.« BwA 06 2-13.

82 BwA Nachlaß Straub 2/2.

83 BwA 06 2-13.

84 SAPMO-BArch. NY 4090/551 (NL 90/ 551) Nachlaß Grotewohl, Blatt 1.

85 Der persönliche Referent Grotewohls Hans Tzschorn am 17.1.1950 an Walter Bartel. SAPMO-BArch. NY 4090/551 (NL 90/ 551) Nachlaß Grotewohl, Blatt 4.

86 SAPMO-BArch. NY 4090/ 551 (NL 90/ 551) Nachlaß Grotewohl, Blatt 3.

87 SAPMO-BArch. NY 4090/ 551 (NL 90/ 551) Nachlaß Grotewohl, Blatt 2.

88 BwA 06 2-13.

Stefan Heymann und Josef Jenniges[79] herausgegebene Bericht des Internationalen Lagerkomitees zur Geschichte des KZ Buchenwald erscheint[80], hat das Buch einen nachtschwarzen Einband, aus dessen Dunkel der rote Winkel der politischen Häftlinge nur um so deutlicher und heller hervortritt: Licht in die Nacht des Faschismus brachten allein die politischen Widerstandskämpfer, allen voran die deutschen Kommunisten im KZ Buchenwald. *[24]*

Die Überlagerung des »Erinnerungsgedankens« durch den »Bestattungsgedanken« mußten die Denkmalsetzer im September 1949 nicht fürchten. Zum einen hatte der vierte Jahrestag der Befreiung des KZ Buchenwald unter dem Motto gestanden »Ewiger Ruhm und Ehre den Helden, denen die Völker Europas die Befreiung vom Faschismus verdanken« und damit unmißverständlich klargemacht, daß der entdifferenzierenden Zusammenfassung der Häftlinge zu antifaschistischen Widerstandskämpfern deren Heroisierung entsprach. Zum anderen hatte die Informationsabteilung der SMAD in einem Gespräch mit Vertretern der VVN Ende Juli 1949 vorgeschlagen, im ehemaligen KZ Buchenwald ein Nationalmuseum einzurichten,[81] und bereits am 30. Juli 1949 wurde in einer Zentralvorstandssitzung der VVN mitgeteilt: »Das Zentralsekretariat (der SED, V.K.) hat eine Unterredung mit den zuständigen Stellen gehabt und die Zusicherung erhalten, daß das Projekt der Umgestaltung des KZ Buchenwald in ein Nationalmuseum Gehör gefunden hat und man in Zukunft an diese Arbeiten gehen kann. Dem Buchenwaldkomitee wird entsprechend Mitteilung gemacht.«[82] Als Walter Bartel in der Sitzung des »Ettersberg-Ausschusses« im Namen des Buchenwald-Komitees den Entwurf Tschierschkys billigte, konnte er deshalb zugleich feststellen, daß »aus dem Lager im Laufe der Zeit ein Widerstandsmuseum großen Ausmaßes entstehen (soll)«.[83] Als zukünftiger Träger des »Erinnerungsgedankens« galt vor diesem Hintergrund in erster Linie das in ein Museum umzuwandelnde ehemalige Konzentrationslager, während demgegenüber das Monumentaldenkmal im Ehrenhain den Erinnerungsgedanken weniger zum Ausdruck bringen, als vielmehr bestätigen und überhöhend hinterfangen sollte.

Das von Siegfried Tschierschky konzipierte Denkmal ist nicht gebaut worden. Seine Verwirklichung hat die finanziellen und materiellen Möglichkeiten des Landes Thüringen überstiegen. Am 14. Dezember 1949 wendet sich deshalb der thüringische Ministerpräsident Eggerath an den Ministerpräsidenten der DDR, Otto Grotewohl. Er bittet darum, die für die »endgültige Gestaltung des Ehrenhains und zur Errichtung des Mahnmals« benötigten eineinhalb Millionen DM 1950 in den Haushaltsplan der Deutschen Demokratischen Republik einzustellen. Die Landesregierung, fügt er als Begründung hinzu, »vertritt (…) den Standpunkt, daß es sich hier um eine Angelegenheit handelt, die weit über den Rahmen Thüringens hinaus von internationaler Bedeutung ist und daß diese Frage daher auch von den höchsten Organen der Deutschen Demokratischen Republik zu behandeln und zu entscheiden ist.«[84] Eggeraths Bitte stößt bei Grotewohl auf wenig Gegenliebe. Für ihn hat der Aufbau des Landes Vorrang, und deshalb erscheint es ihm zweckmäßiger, für die gleiche Summe eine »gute Wohnsiedlung für Opfer des Faschismus« zu errichten, die »zu Ehren der Opfer des Faschismus nach einem antifaschistischen Kämpfer benannt werden soll.«[85] Dagegen verteidigt Walter Bartel die Idee eines »weithin sichtbaren Monuments, das Nachts leuchtet«[86], und er findet dabei Unterstützung durch den Finanzminister Loch, der »den Plan wärmstens befürwortet.«[87] Gleichwohl bescheidet der Minister für Planung Heinrich Rau dem Ministerpräsidenten am 11. März 1950, »daß wir auf Grund der Materiallage im Jahre 1950 uns außerstande sehen, dem Bau des Ehrenhains und des Mahnmals in diesem Jahr zuzustimmen.«[88] Mit Schreiben vom 11. April 1950 gibt der persönliche Referent Grotewohls Tzschorn diesen Beschluß an Walter Bartel und Werner Eggerath weiter. Der Bau des Monumentaldenkmals auf dem Ettersberg kommt zum Stillstand. Sein Leitgedanke wird trotzdem realisiert. Bereits zum »Tag der Opfer des Faschismus« im Jahre 1949, dem 11. September 1949, hatte man – dem Vorschlag Tschierschkys für ein Übergangsdenkmal folgend – in den beiden trichterförmigen Massengräbern auf dem Ettersberg betongegossene

[25] 11.9.1949. Tag der Opfer des Faschismus. Grabtrichter mit MEMENTO-Buchstaben. Quelle: Gedenkstätte Buchenwald.

[26] Anfang der fünfziger Jahre. Grabtrichter mit MEMENTO-Buchstaben und Blumen zum roten Häftlingswinkel gepflanzt. Quelle: Gedenkstätte Buchenwald.

89 BwA Nachlaß Straub 2/5.

90 Stadtarchiv Weimar, Hauptamt nach 1945, 008/02/6.
Am 4.4.1945, kurz vor Besetzung der Stadt Weimar durch amerikanische Truppen, hatte die Gestapo 142 Häftlinge des Gestapo-Gefängnisses in Weimar in einem nahe der Stadt gelegenen Waldstück, dem Webicht, liquidiert. Diese waren auf den neuen Teil des Weimarer Stadtfriedhofes, unweit Gropius' »Märzgefallenen Denkmal«, umgebettet worden. Das »Denkmal für die unbekannten Opfer des Lagers Buchenwald« wurde im Areal dieser Grabanlage errichtet.
Zeitgleich ist im Haus des FDGB Weimar eine Gedenktafel »für die ermordeten Weimarer Kameraden« eingeweiht worden. Die Kosten für Tafel und Denkmal sind mit 5000 DM beziffert (VVN Kreisleitung Weimar am 20.10.1948 an den Rat der Stadt Weimar). Stadtarchiv Weimar, Hauptamt nach 1945, 008/ 02/ 6.

91 Ein Monumentaldenkmal in Form einer Weltkugel mit dem aufgesetztem Signum der VVN ist 1948 für (Ost-) Berlin geplant worden. Es liegt nahe, daß das Weimarer VVN-Denkmal auch von diesem Vorhaben her inspiriert worden ist.

[27] 1948.
Ehrenmal für die Verfolgten des Nationalsozialismus auf dem Weimarer Stadtfriedhof. Photo: Naomi Tereza Salmon 1994.

[28] 1777.
Altar der Agathe Tyche im Garten von Goethes Gartenhaus im Park an der Ilm. Photo: Naomi Tereza Salmon 1994.

Buchstaben zu den Worten »MEMENTO« gefügt ausgelegt und Blumen zu großen Dreiecken zusammengepflanzt, die aus den Gräbern hervorwuchsen: der Tod der antifaschistischen Widerstandskämpfer war nicht endgültig, sondern aus ihm erblühte neues Leben. [25, 26]

Obwohl weder das ehemalige »Gauforum« zum Denkmal umgestaltet worden ist und auch das Denkmal auf dem »Platz der 51 000« an der Leninstraße nicht realisiert wurde, hat sich in Weimar eine plastische Spur des Bildes der neuen, besseren Welt, wie sie vor der Gründung der DDR seitens der Denkmalsetzer verstanden wurde, erhalten. Am 17. August 1948 faßt der Rat der Stadt Weimar auf Antrag der Kreisleitung der VVN den Beschluß, auf dem Stadtfriedhof von Weimar ein »Denkmal für die unbekannten Opfer des Faschismus aus dem Lager Buchenwald« zu setzen.[89] Es wird am »Tag der Opfer des Faschismus«, dem 12. September 1948 eingeweiht.[90] Dieses erste auf Dauer errichtete Denkmal zitiert in seiner Grundform fast unverändert den »Altar der Agathe Tyche«, den »Stein des guten Glücks«, den Goethe 1777 im Garten seines Weimarer Gartenhauses im Park an der Ilm nach eigenen Entwürfen hatte errichten lassen. Dessen Kernform – ein Quader mit aufruhender Kugel – ist lediglich durch ein aufgesetztes Häftlingsdreieck und eine entsprechende Inschrift ergänzt worden. [27, 28] Die neue, bessere Welt erscheint so als ein Deutschland, das durch zielgerichtetes Anknüpfen und Vollenden einer geschändeten Kulturvergangenheit geschaffen wird, eine Anknüpfung und Vollendung, die als Krönung der deutschen Klassik erscheint.

Eine im Stadtarchiv Weimar aufbewahrte Skizze für eine weniger abstrakte Monumentalfassung des Denkmals zeigt den Häftlingswinkel auf eine Weltkugel aufgesetzt und darauf die Buchstaben VVN. [29, 30]

Agens der Neuschaffung der Welt sind die antifaschistischen Widerstandskämpfer aus den Konzentrationslagern.[91] Auch wenn das Denkmal ikonographisch in der Tradition des proletarischen Internationalismus steht und den Neubau Deutschlands als Teil eines übernationalen, völkerverbindenden antifaschistischen Umbaus der Welt behauptet, nobilitiert es die deutschen Antifaschisten als Elite der neuen Elite. Ihre Organisation krönt die Welt. Sie stehen für den Ursprung, die Kontinuität und den historischen Erfolg des antifaschistischen Widerstandskampfes. Bereits am ersten Jahrestag der Befreiung des KZ Buchenwald ist dieses Selbstbewußtsein offen angesprochen und bestätigt worden. Ein Mitglied der tschechoslowakischen Häftlingsdelegation hatte in seiner Rede die deutschen politischen Gefangenen nachdrücklich als Vorkämpfer der antifaschistischen Idee gewürdigt, und Walter Bartel nahm in seiner darauf folgenden »programatischen Rede« diesen Gedanken auf, indem er betonte, daß die »politischen Gefangenen Deutschlands« den Kampf gegen »Faschismus und Nationalsozialismus« schon lange vor 1933 begonnen und selbst unter den Terrorbedingungen der Lager nicht eingestellt hätten. »Wir im Konzentrationslager Buchenwald, wir haben bewiesen, daß es möglich war zu kämpfen und unser Widerstand erlahmte nicht für einen Augenblick.«[92] Setzt das Denkmal die VVN als Elite des internationalen Widerstandskampfes, so artikuliert sich in der Rede Walter Bartels und in den Entwürfen für das Buchenwald-Denkmal das Bewußtsein, die Elite der Elite der Elite zu sein. »Von allen Schlachten, die der Antifaschismus geschlagen hat, ist das Kapitel Buchenwald eines der heroischsten«, heißt es 1949 apodiktisch in der von Walter Bartel mitherausgegebenen schon erwähnten Gesamtdarstellung der Geschichte des KZ.[93]

Der Bescheid Heinrich Raus, den Bau des Buchenwald-Denkmals nicht in den zentralen Wirtschaftsplan für das Jahr 1950 einzustellen, führt zwar zum Stillstand der Arbeiten am Monumentaldenkmal auf dem Ettersberg, dieser Stillstand ist aber nichts weniger als endgültig. Vielmehr stützt die von der SED-Spitze bestätigte »Anregung« der Kulturabteilung der Sowjetischen Militäradministration, »im Lager Buchenwald ein Nationalmuseum« einzurichten, die Fortführung des Vorhabens grundsätzlich, ändert aber den Kontext und den Status des Buchenwald-Denkmals nachhaltig. Der Schwerpunkt der

92 BwA Nachlaß Straub 3/13.

93 Walter Bartel, Stefan Heymann, Josef Jenniges: Konzentrationslager Buchenwald, S. 11.

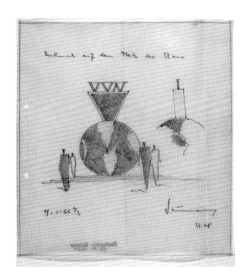

[29]
1948.
Skizze:
»Denkmal auf dem Platz der 51000«.
Quelle:
Stadtarchiv Weimar.

[30]
Rückeneinband der Broschüre »VVN Kämpfer für den Frieden«, Berlin 1948.

Aufmerksamkeit der Denkmalsetzer liegt nun auf der Umgestaltung des ehemaligen KZ. Die Fertigstellung des Ehrenhains tritt vorerst in den Hintergrund. Gleichzeitig zeichnet sich eine Funktionserweiterung des Denkmals ab. Durch die Würdigung der antifaschistischen Kämpfer hindurch soll nunmehr weniger die Geburt einer »neuen Welt« oder eines ganz allgemein gefaßten »neuen Deutschlands« eingefordert bzw. beglaubigt werden. Vielmehr wächst dem Denkmal die Aufgabe zu, konkret die DDR als jenes bessere Deutschland auszuweisen und zu legitimieren; auch im Sinne eines Vorbildes für die Entwicklung der in dem Attribut »national« mit eingeschlossenen Bundesrepublik. Darüberhinaus wird vorweggenommen, was mit dem Hilfsgesuch Eggeraths an die Regierung der DDR erstmals konkret Gestalt angenommen hat, daß nämlich die Errichtung von Gedenkstätte und Denkmal zunehmend eine zentralgesteuerte staatliche Angelegenheit werden wird. Und schließlich sind die Denkmalsetzer erstmals mit der Frage konfrontiert, wie mit den Relikten des Häftlingslagers umgegangen werden soll – Relikten, die durch die beinahe fünfjährige Nachnutzung von Teilen des Lagers als sowjetisches Speziallager nunmehr mit doppelter Bedeutung aufgeladen sind.

Mit dem Befehl des Chefs der Sowjetischen Kontrollkommission in Deutschland vom 16. Januar 1950, die sowjetischen Speziallager auf dem Territorium der DDR innerhalb von vier Wochen aufzulösen, wird diese Aufgabe konkret. Der Beschluß des Ministerrates der DDR vom 4. April 1950, Mahnmale zur Würdigung des Kampfes gegen den Faschismus unter den besonderen Schutz des Staates zu stellen, gibt ihr einen ersten Rahmen.

Am 9. Oktober 1950 entscheidet das Politbüro des ZK der SED, daß vom fast vollständig erhaltenen Häftlingslager des ehemaligen KZ Buchenwald nicht mehr als ein Bruchteil bewahrt werden soll; nämlich das Torhaus mit den beiden Seitenflügeln, die zwei Wachtürme links und rechts davon, der Stacheldraht zwischen Wachtürmen und Torhaus sowie das Krematorium. Letzteres soll durch eine Tafel oder einen Gedenkstein als Ermordungsstätte Ernst Thälmanns, des letzten Vorsitzenden der KPD, gekennzeichnet werden. Dieser war zwar in der Nacht zum 18. August 1944 von Bautzen zur Tötung in das KZ verbracht und auf der Schwelle zum Krematorium erschossen und dann verbrannt worden, nie aber Häftling des KZ Buchenwald gewesen. Die prinzipielle Zustimmung der SSK (Sowjetischen Kontrollkommission) zu diesem Beschluß soll eingeholt und »die Errichtung eines »Mahnmales (...) einer späteren Prüfung überlassen werden.«[94]

Auch wenn der förmliche Beschluß des Politbüros der SED erst im Oktober 1950 gefaßt worden ist, scheint die Absicht, die Erinnerung des Ortes auf Ernst Thälmann zu zentrieren, in unmittelbarem Zusammenhang mit der Auflösung des sowjetischen Speziallagers entstanden zu sein.

94 SAPMO-BArch. DY 30 / J IV 2/3/ A 127.

95 BwA 0-11, Bd. 2

96 Franz Dahlem (1892-1981). Kaufm. Angestellter. 1911 Gewerkschaft, 1913-1917 SPD, 1917-1920 USPD. 1914-1918 Kriegsdienst. Ab 1920 Mitglied des ZK der KPD, ab 1929 Mitglied des Politbüros. 1920-1924 Mitglied des Preußischen Landtages. 1928-1933 Reichstagsabgeordneter. 1933-1937 Mitglied der Auslandsleitung der KPD. 1937-1939 Leiter der Politischen Kommission der Internationalen Brigaden im spanischen Bürgerkrieg. 1938/39 Leiter des Sekretariats des ZK der KPD in Paris. 1939-1942 in franz. Internierungslagern. 1943 Gestapo-Haft, 1943-1945 Häftling im KZ Mauthausen, Mitglied des illegalen Internationalen Lagerkomitees. 1945 Rückkehr nach Berlin. Mitunterzeichner des Aufrufs der KPD vom 11.6.1945. Mitglied des ZK der KPD. 1946-1953 Mitglied des Parteivorstandes bzw. des ZK der SED. 1949-1953 Mitglied des Politbüros. Mai 1953 Ausschluß aus dem ZK und Entbindung von allen Parteifunktionen wegen »politischer Blindheit gegenüber der Tätigkeit imperialistischer Agenten in der Emigration«. 1956 rehabilitiert. 1955-1974 Leiter der Hauptabteilung Forschung und stellvertretender Staatssekretär im Staatssekretariat für Hochschulwesen bzw. 1. Stellvertreter des Ministers für Hochschul- und Fachschulwesen. 1957 Wiederaufnahme in das ZK der SED.

97 BwA 06 2-13.

98 BwA Nachlaß Straub 2/3.

99 BwA VA 85, Handakte Straub.

100 SAPMO-BArch. DY 30 / J IV 2/3/ A 231.

In einer Sitzung des Buchenwald-Komitees am 28. und 29. Januar in Berlin teilt Walter Bartel den anwesenden Mitgliedern lapidar mit: »Die Partei hat den Auftrag erteilt, eine Thälmann-Gedenkstätte zu errichten«.[95] Am 25. Juni 1951 erhalten Walter Bartel und Franz Dahlem[96] dann von Walter Ulbricht die Nachricht, daß die »Erlaubnis (seitens der SSK, V.K.) vorliegt, daß in Buchenwald eine Gedenkstätte für Ernst Thälmann errichtet und eine Art Museum geschaffen werden kann.« Bartel und Dahlem werden von Ulbricht beauftragt, eine Vorlage für diese zu machen.[97] An Stalins Geburtstag, dem 21. Dezember 1951, wird das Lager im Auftrag der SSK von einem Vertreter der sowjetischen Gebäudeverwaltung (KETSCH) – Hauptmann Dimitri Iwanowitsch Lwow – offiziell an das Thüringische Ministerium des Inneren übergeben.[98] Das Übernahmeprotokoll vom 22. Dezember 1951 vermerkt in siebzehn Positionen detailliert, was vom ehemaligen Häftlingslager des KZ Buchenwald noch vorhanden ist: von der »sog. Hauptwache mit den Karzzellen« (dem Torgebäude mit dem Arrestzellenbau, V.K.) über das »Krematorium mit den dazugehörenden Räumlichkeiten wie Sezierkammer usw«, den »15 massive(n) Baracken«, der »Desinfektionsanstalt«, der »Gärtnerei mit Treibhäusern« bis hin zu den um den »Komplex stehenden Bewachungstürme(n) sowie die Draht- und Bretterumzäunung« und den noch vorhandenen Öfen, Maschinen und Einrichtungen.[99] Bereits eine Woche vor der Übergabe, am 14. Dezember 1951, werden von der Gedenkstätten-Planungskommission der VVN – sie hat sich am 7. November 1951 konstituiert und ist in der Sitzung des Sekretariats der SED am 15. November bestätigt worden[100] – zwei beschränkte Wettbewerbe ausgeschrieben. Der eine zur Erlangung von Entwürfen »über die architektonische und bildhauerische Ausgestaltung des Krematoriumshofes im ehemaligen Konzentrationslager Buchenwald zu einer Gedächtnisstätte für Ernst Thälmann und für die zahllosen Widerstandskämpfer vieler Nationen«, der andere für die architektonische, bildhauerische, landschaftsgärtnerische Gestaltung des Ehrenhains zum Gedenken der Opfer des faschistischen Terrors in Buchenwald.«[101]

101 BwA 06 2-14. Die Gedenkstätten-Planungskommission hatte 12 Mitglieder. Darunter die Bildhauer Gustav Seitz und Walter Arnold, der Nachfolger Hermann Henselmanns als Rektor der Hochschule für Baukunst und bildende Kunst in Weimar, Otto Engelberger, sowie Walter Bartel und Robert Siewert als Vertreter des Buchenwald-Komitees. Einziges weibliches Mitglied der Kommission ist die Malerin und ehemalige Palästina-Emigrantin Lea Grundig.

[31] 25.4.1944. US-Luftaufnahme des KZ Buchenwald nach dem Bombenangriff auf die Industrieareale des Lagers. Quelle: Luftbilddatenbank Ingenieurbüro H. G. Carls, Würzburg.

[32] 5.6.1953. Luftaufnahme des ehemaligen KZ Buchenwald. Quelle: Thüringisches Landesverwaltungsamt. Landesvermessungsamt. Luftbildarchiv Erfurt.

[33] Nach 1992. Ansichtspostkarte. Luftaufnahme des ehemaligen Häftlingslagers.

Der Beschluß des Politbüros der SED, im Zuge des Aufbaus der Gedenkstätte Buchenwald das ehemalige Häftlingslager weitgehend zu demontieren – später ergänzt durch den Plan, das geschliffene Lagergelände aufzuforsten[102] –, ist von Walter Bartel, Robert Siewert und Willy Kalinke vorbereitet worden.[103] *[31, 32, 33]* Am 19. Juni 1951 schreibt Walter Bartel an Kalinke: »Bezüglich Ehrenhain: Ich gestehe, daß ich mich in dieser Angelegenheit wirklich nicht mehr auskenne. (Bartel spielt hier auf die Finanzierungsprobleme und den damit verbundenen Stillstand der Arbeiten am Denkmal an. V.K.) Ich habe deshalb mit Robert Siewert eine Besprechung vereinbart, um zu sehen, was wir jetzt weiter unternehmen können. Bei dieser Gelegenheit will ich gleichzeitig versuchen, die Frage zu klären, wieweit unser (sic! V.K.) Vorschlag mit dem Krematorium, Turm, Bunker (gemeint ist das Torgebäude mit anschließendem Arrestzellenbau, V.K.) usw., der im Politbüro des Zentralkomitees der SED bestätigt wurde, in Realisierung begriffen ist.«[104] »Verschwinden, überwachsen lassen und anpflanzen«, wird Bartel später, im Rahmen einer Sitzung des Buchenwald-Komitees am 3. Februar 1952 in Berlin den Gestaltungsbeschluß noch einmal apodiktisch zusammenfassen.[105]

Sowohl der Beschluß des Politbüros vom 9. Oktober 1950, wie auch die Tatsache, daß er von wenigen prominenten Mitgliedern des ehemaligen Lagerkomitees vorbereitet wurde, ist allem Anschein nach geheim gehalten worden. Nur so ist zu verstehen, daß sich Karl Straub kurz vor der offiziellen Übergabe des Lagers am 30. Oktober 1951 an den sowjetischen Kommandanten in Weimar mit der Bitte wendet, »daraufhin zu wirken, daß uns die noch vorhandenen Beweise des Grauens des Faschismus erhalten bleiben, zur Ausgestaltung eines Museums und zur Mahnung der Jugend und der gesamten Menschheit«.[106] Nur so ist zu verstehen, daß sowohl der Vorsitzende der Staatlichen Kommission für Kunstangelegenheiten, der Staatssekretär Helmut Holtzhauer, wie auch die Gedenkstätten-Planungskommission der VVN nach einer Besichtigung des Lagers am 17. November 1952 vorschlagen bzw. beschließen, das ehemalige Konzentrationslager solle

---

102 Thüringisches Hauptstaatsarchiv Weimar, BW 32.

103 Ob weitere ehemalige Buchenwald-Häftlinge an der Vorbereitung des Beschlusses beteiligt waren, kann ich derzeit nicht sagen. Die Beschlußvorlage selbst ist von den Politbüromitgliedern Paul Verner und Franz Dahlem vorgetragen und begründet worden. Eine Begründung zum Tagesordnungspunkt 21, »Früheres Konzentrationslager Buchenwald«, liegt dem Protokoll Nr. 18a der Sitzung des Sekretariats des ZK vom 9. Oktober 1950 nicht bei und konnte auch an anderer Stelle nicht gefunden werden.

104 BwA VA 85, Handakte Straub.

105 BwA 011 Bd. 3.

106 BwA Nachlaß Straub 2/3.

107 BwA 06 2-28.

108 BwA 06 2-14.

109 Fritz Beyling (1909-1963). 1927 Eintritt in die KPD. Redakteur kommunistischer Zeitungen u. a. in Halle und Dresden. Ab 1933 illegale Arbeit. Verhaftung, KZ, Strafbataillon 999. 1946 SED, 1. Vorsitzender der VVN Sachsen-Anhalt. 1951-1953 Generalsekretär der VVN, Vizepräsident der FIR. Seit Februar 1953 Mitglied des Komitees der Antifschistischen Widerstandskämpfer. 1953-1958 Leiter des Presseamtes.

110 1950 ist die Hochschule für Baukunst und bildende Kunst in Weimar in Hochschule für Architektur und Bauwesen umgenannt worden. Der in dieser Umbenennung zum Ausdruck kommende programmatische Wechsel unterstreicht die spätestens im Jahr 1946 begonnene Abkopplung von jedweder Bauhaustradition.

111 BwA 06 2-14.

112 Ebenda.

113 Am 30. April 1952 formuliert Robert Siewert einen mit Walter Bartel abgestimmten, am 8. Mai 1952 abgesandten Brief an den Ministerpräsidenten des Landes Thüringen Eggerath, in dem er mitteilt, daß das Generalsekretariat der VVN und das Buchenwald-Komitee erneut beschlossen haben, »vom ehemaligen Konzentrationslager Buchenwald bleiben nur stehen das Krematorium, das Tor mit den beiden Flügelgebäuden rechts und links ein Stück Drahtzaun und jeweils ein Turm. Alles andere soll abgetragen werden.« Die Mittel für die Enttrümmerung seien nach »einer Mitteilung des Ministeriums für Aufbau bereitgestellt, und zwar aus dem Enttrümmerungsfond der Stadt Weimar DM 200.000–, aus Arnstadt DM 2-300.000–, aus der Landesreserve DM 230.000–«. Ob die

weitgehend erhalten werden. Holtzhauer empfiehlt in einem Schreiben vom 22. November in Bezug auf die am 24. November stattfindende Sitzung der Gedenkstätten-Planungskommisson: »Das ehemalige KZ Buchenwald sollte als Erinnerungsstätte erhalten werden. Es ist dazu notwendig, Umfassungszaun, Wachtürme und Stacheldrahtzaun zu erhalten, das Eingangstor mit den 3 steinernen Baracken und den Schreibstuben und vor allen Dingen das Krematorium sowie seine Nebenanlagen und alle anderen erhaltenswerten Bestandteile des Lagers in einen Zustand zu bringen, der einen vollkommen realistischen Eindruck vom faschistischen Terror hervorruft. Alle übrigen Steinbaracken sind bis auf die Fundamente abzutragen und das ganze gartenarchitektonisch aber sehr streng in der Auffassung durchzugestalten, so daß die Anlage des Lagers deutlich erkennbar ist.«[107] Die Gedenkstätten-Planungskommission beschließt am 24. November 1951: »1.) Die Holzbaracken zumindest in einer Reihe, evtl. alle drei Reihen, stehen zu lassen, wobei eine Baracke so wieder hergestellt werden soll, wie sie einmal in der Zeit des KZ's gewesen ist, eine zweite Baracke als Museum eingerichtet werden soll, während die anderen Baracken für ausländische Bruderorganisationen für einen von ihnen als Museum auszustattender Raum zur Verfügung stehen. – 2.) Die Wachtürme und auch der Stacheldrahtzaun sollen in seinem jetzigen Zustand erhalten bleiben. – 3.) Um das gesamte Lager außerhalb des Zaunes und der Türme soll ein Kiesweg angelegt werden, der den Umfang des Lagers augenscheinlich zum Ausdruck bringt. – 4.) Um zu vermeiden, daß das Lager weder den Eindruck einer Stätte der Depression noch den einer Idylle macht, sollen sämtliche Bäume und Sträucher, die sich nach 1945 dort angewurzelt haben, entfernt werden, lediglich der Weg zum Krematorium kann gemäß eines Projektes durch Blumen gekennzeichnet werden. – 5.) Das Krematorium sowie die Nebenräume, Sezierraum u.s.w., sollen wetterfest gemacht werden und in den Zustand zurückgebracht werden, in dem sie sich in der Lagerzeit befunden haben. – 6.) Der Appellplatz soll ebenfalls so hergerichtet werden, daß er sich zu einem Versammlungsplatz eignet. – 7) Am Eingangstor soll ein Plan angebracht werden, der einen Überblick über das gesamte Lager gibt, dadurch wird die Möglichkeit geschaffen, mit verhältnismäßig wenig Tafeln auszukommen. – 8.) Den zentralen Punkt des Lagers selbst soll das Krematorium bilden, wobei der Hof vor dem Krematorium durch eine künstlerische Mauer, in deren Schnittpunkt ein Denkmal Ernst Thälmanns hinein gestellt werden soll, umgeben werden soll. – Am Krematorium selbst soll nur eine Tafel angebracht werden. Das Denkmal selbst darf unter keinen Umständen außerhalb des Krematoriums sichtbar sein.«[108] In der den Beschlüssen vorangegangenen Diskussion ist von mehreren Beteiligten auf die Bedeutung einer realistischen Gestaltung hingewiesen worden. So stellt der Generalsekretär der VVN Fritz Beyling[109] fest, »daß der im Schreiben vom Staatssekretär Holtzhauer erwähnte Gedanke einer realistischen Gestaltung unbedingt durchgeführt werden muß.« Otto Engelberger, der Rektor der Hochschule für Architektur und Bauwesen[110] in Weimar, weist nachdrücklich darauf hin, daß »jedes Abreißen eine Verkleinerung des Eindruckes des Lagers zur Folge hätte«, und die Malerin und Palästina-Emigrantin Lea Grundig warnt mit Hinweis auf Auschwitz und Majdanek davor, »daß der grausame Eindruck durch eine Herrichtung nur als Weihestätte verloren gehen würde.«[111] Walter Bartel hat an der Sitzung nicht teilgenommen. Robert Siewert äußert sich nur sehr knapp und ohne Verweis auf die gefaßten Beschlüsse. »(Er) schlug vor«, vermerkt das Protokoll der Sitzung, »Kasino (gemeint ist die sogen. Häftlingskantine im Lager, V.K.), Desinfektionsbaracke u.s.w. zu vernichten. (…) Stehenbleiben muß unbedingt das Lagertor sowie rechts die Verwaltungsgebäude und links die Bunker (gemeint sind die beiden Flügel des Torhauses, V.K.).«[112]

Im Mai 1952 beginnt offiziell[113] der Abruch des ehemaligen Konzentrationslagers Buchenwald, obwohl bereits seit Herbst 1950 Baracken abgebaut werden und verschwinden.[114] *[34, 35, 36]* Die Ausplünderung des Lagerareals verwandelt sich in eine systematische Demontage auf Wiederverwendung der gewonnenen Baustoffe hin.

Datierung auf den 8. Mai zufällig ist oder ob durch die Wahl des Datums zum Ausdruck gebracht werden soll, daß sich der Sieg über das nationalsozialistische Deutschland im Abriß des Lagers symbolisch wiederholt, läßt sich nicht feststellen. BwA 06 2-14 (Entwurf vom 30.4.1951). BwA 06 2-13 (endgültige Fassung, unterzeichnet von Walter Bartel als 1. Vorsitzenden des Buchenwald-Komitees).
Die erste mir bekannte Rechnung bezüglich der Abbruchkosten datiert vom 20.5.1952; der erste »Kontrollbericht über die Enttrümmerung des ehem. KZ Buchenwald« vom 30.5.1952. Beide: Stadtarchiv Weimar, Rat der Stadt ab 1945, 1310, Bd. 2.

114 In einem Brief des Ministeriums für Wirtschaft und Arbeit, Hauptabteilung für Arbeit und Sozialfürsorge, vom 22.3.1952 an Walter Bartel heißt es: »Wie Du aus dem letzten Bericht entnehmen wirst, sind die Abbrucharbeiten weiter vorangeschritten, als ursprünglich von uns festgelegt wurde, aber das wird ja nicht so wesentlich sein. Die Abbrucharbeiten werden aus Mitteln des Enttrümmerungsfonds über die Hauptabteilung Aufbau durchgeführt. Die Durchführung obliegt der örtlichen Industrie. Die anfallenden Materialien, zumindest der geldliche Erlös, fließt wiederum dem Enttrümmerungsfond zu.« BwA 012 Bd. 3.
Die weiter unten behandelten Proteste, insbesondere von ausländischen Buchenwaldhäftlingen, gegen den Abriß des ehemaligen Häftlingslagers könnten also indirekt durch eine in ihrer Wirkung unterschätzte Panne im Abrißvollzug angestoßen worden sein: Zum Zeitpunkt der Befreiungsfeierlichkeiten vom 10. bis 16.4.1952 war bereits weniger vom ehemaligen Lager erhalten als eigentlich für diesen Zeitpunkt vorgesehen.

115 Stadtarchiv Weimar, Hauptamt nach 1945, 008/ 02/ 3.

116 Stadtarchiv Weimar, Hauptamt nach 1945, 004/ 04/ 2.

117 BwA 06 2-28.

118 Ebenda. Dieses Argument ist zynisch. Aufwendungen in relativ geringem Maße hatte die Stadt Weimar für das sowjetische Speziallager Nr. 2 zu tragen. Vom Konzentrationslager Buchenwald hat sie als Infrastrukturfaktor profitiert. Siehe in diesem Zusammenhang die Arbeiten von Jens Schley: Die Stadt Weimar und das KZ Buchenwald 1937-1945. Aspekte einer Nachbarschaft, Magisterarbeit, Humboldt-Universität Berlin 1997, unveröffentlicht; sowie: Weimar und Buchenwald. Beziehung zwischen der Stadt und dem KZ, in: Dachauer Hefte 12/1996, S. 196-214.

119 Ebenda.

120 Stadtarchiv Weimar, Rat der Stadt ab 1945, 1310, Bd. 2.

Der Stadt Weimar hatte das Lager lange schon als nahegelegenes großes Materialreservoir gegolten, auf dessen Nutzung sie ein selbstverständliches Anrecht zu haben glaubte. Schon Anfang August 1945 waren technische Einrichtungen aus dem Lager entfernt und zur Weiternutzung in die Stadt überführt worden[115] und bereits am 5. Dezember 1949, d. h. im unmittelbaren Vorfeld der Auflösung des sowjetischen Speziallagers, hatte der Rat der Stadt Weimar im Rahmen seiner 44. Sitzung Anspruch auf das ehemalige KZ und seine Einrichtungen erhoben[116], ein Anspruch, der Mitte Februar 1950 auch in der Erwägung zum Ausdruck kam, das Lager »für Industriezwecke zur Schaffung von Arbeitsplätzen für evakuierte Facharbeiter«[117] zu nutzen. Um den Anspruch der Stadt auf die Verwertung des Lagers zu untermauern, behauptet der Rat der Stadt Ende März 1950 »den Anspruch auf Abbruchmaterialien, weil die Stadt für das Lager Buchenwald die meisten Aufwendungen zu tragen hatte.«[118] Und obwohl bereits im Oktober 1950 festgestellt worden war, daß der Stadt Weimar »gegenüber dem früheren Lager Buchenwald keine Eigentumsrechte zu(stehen)«, verhandelt der Stadtrat noch im August 1951 mit Vertretern der SSK über die Freigabe der ehemaligen Häftlingswäscherei zur Einrichtung einer städtischen Großwäscherei.[119]

Unter der Maßnahmebezeichnung »Enttrümmerung des ehemaligen Lagers Buchenwald« verschwindet das ehemalige Häftlingslager auf dem Ettersberg nach und nach. Seine Bruchstücke verteilen sich über das ganze Land Thüringen. Baracken werden zerlegt, um anderswo wieder aufgebaut zu werden: in der Stadt Weimar, in privaten und volkseigenen Betrieben, auf dem Gelände von Krankenhäusern, in Arealen der Roten Armee. Am 4. April 1952 teilt der Leiter der Abteilung Aufbau im Ministerium für Wirtschaft und Arbeit der HO-Lebensmittel-Landesleitung Thüringen bedauernd mit: »(...), daß im ehem. KZ Buchenwald keine Holzbaracken mehr vorhanden sind.«[120] Die Massivblocks werden Stein für Stein abgetragen: am 15. April 1952 werden dem Kreisrat Jena, Abteilung Aufbau, einhunderttausend Mauersteine zugeteilt, am 22. Mai 1952 der evangelischen Kirche Jena zehntausend, zehntausend einem Karl Friedrich in Thalbürgel, zehntausend dem Baumeister Schmidt in Jena, fünftausend dem Baugeschäft Stock in Bürgel. Am 12. Mai 1952 werden für den Kreisrat Sonneberg zwei Tonnen Betoneisen freigegeben, der Kreisrat Rudolstadt erhält für den Bau eines Ferienlagers in Großkochberg eintausend Meter Elektrokabel und zweihundertfünfundsiebzig Quadratmeter Deckenschalung. Am 1. Juli 1952 werden dem VEB Städtische Verkehrsbetriebe Weimar zehn Kubikmeter Bruchsteine zugewiesen, damit im Zuge der Gestaltung einer Grünfläche an der Ecke Friedensbrücke/Kirschberg eine Mauer errichtet werden kann.[121] Vergitterungen, die vermutlich zum überwiegenden Teil aus der Zeit des sowjetischen Speziallagers stammen[122], werden an den Staatssicherheitsdienst und die kasernierte Volkspolizei übergeben. Diesbezügliche Anfragen gehen beispielsweise aus Erfurt und Ilmenau ein.[123] Bereits im Juni 1953 existieren sechzehn Wachtürme des ehemaligen KZ nicht mehr.

Ausplünderung und Abriß des ehemaligen Konzentrationslagers Buchenwald sind nicht ohne Protest hingenommen worden. In einem »Bericht über den Zustand des früheren KZ-Lagers B u c h e n w a l d« vom 30. Januar 1952 – mehrere Zehntausend Menschen werden das KZ in diesem Jahr besuchen – hält Karl Straub die bereits vor der offiziellen Demontage angerichteten Verwüstungen anklagend fest. »Im ehemaligen Krematorium sind die Fenster zum Teil entfernt und soweit noch vorhanden ohne Verglasung. Die furchtbare Zugluft läßt die Menschen nicht zum ruhigen Denken kommen. Diesen gleichen Zustand stellen wir im Bunker fest. (…) Durch die fast völlige Unklarheit, was nun aus dem Lagergelände geschehen soll, ist das Lager durch ständige Ausbeute bald eine totale Ruine. (…) In dem ehemaligen Kammergebäude sowie einigen anderen Gebäuden wurden die Heizungsrohre abgeschweißt und ziemlich alles demoliert. (…) und die Gefahr besteht, daß noch wertvolles Material, das historischen und Museumswert besitzt, verloren gehen kann. Einige dieser Stücke waren bereits verschwunden und wurden auf meinen Protest hin wiederbeschafft. (…) Wir

[34] 1950. Ehemaliges Häftlingslager. Quelle: Gedenkstätte Buchenwald.

[35] 1950. Steinblock im ehemaligen Häftlingslager. Quelle: Gedenkstätte Buchenwald.

[36] 1953. Ehemaliges Häftlingslager. Blick vom Torhaus zum Krematorium. Vermutlich französische Besuchergruppe. Quelle: Gedenkstätte Buchenwald.

121 Ebenda.

122 Da das Speziallager nur von einer zahlenmäßig geringen Gruppe von Soldaten der Roten Armee bewacht wurde, hatte man nach einigen Fluchtversuchen die Fenster der genutzten Blocks vergittert und die Gebäude selbst noch einmal mit Stacheldraht eingezäunt.

123 Zwei Beispiele: Am 30.9.1952 ergeht seitens des Ministeriums für Staatssicherheit, Bezirksverwaltung Erfurt, eine Anfrage »Betr.: Freigabe von Fenstergitter(n) aus den Beständen des ehemaligen KZ-Lagers Buchenwald« an den »Kreisrat des Kreises Weimar, Materialversorgung«. »Die Bezirksverwaltung Erfurt des Ministerium für Staatssicherheit benötigt dringend für die Vergitterung Eisen- bzw. Eisengitter.

können unseren Gästen nicht zumuten, ins Krematorium zu gehen und wegen des Durchzuges krank (zu) werden. Die Zäune und Decken stürzen ein und in allen Ecken liegt Morast und macht auf den Besucher einen sehr schlechten Eindruck. (...) nur dann wurde Interesse gezeigt, wenn eine größere Veranstaltung ganz kurzfristig durchgeführt wurde. Wie hätte es sonst vorkommen können, daß der ehemalige Pferdestall, in dem 5600 sowjetische Soldaten und Helden auf die hinterhältigste Art ermordet wurden[124], von sowjetischen Soldaten abgerissen wurde. Nicht nur das Gebäude, sondern ein monumentales Denkmal, das ich mir noch gar nicht denken kann in seinem Ausmaß, müßte daneben stehen. Welche Erklärungen soll man den tausenden von Menschen geben, um die Existenz dieses Trümmerhaufens zu erklären? Wie konnte es möglich sein, daß wichtige Beweismittel des bestialischen Mordes, wie Keule und Leichentransportwagen, Galgen usw. verschwinden oder das Zinkblech aus diesen Leichenwagen herausgeschnitten wurde?«[125] Protest gegen den Abriß hat auch das Institut für Denkmalpflege der DDR, Abteilung Nationale Gedenkstätten, nach der Auflösung des Landes Thüringen beim Rat des Bezirks Erfurt eingelegt. In einem Schreiben vom 19. November 1953 wird darauf hingewiesen, daß in Buchenwald »noch immer unbefugt zur Materialsammlung« abgebrochen wird und von 23 Wachtürmen nur noch zwei vorhanden sind. »Ein nicht unbedeutender Verlust der historischen Substanz« – heißt es weiter – »sind auch jene sogenannten Grenzsteine, die von den Häftlingen in künstlerisch-figürlicher Darstellung geschaffen und welche auch in letzter Zeit zur Materialgewinnung abgebrochen wurden.«[126] Durch diese, uns unverständlichen Übergriffe hat man« – so das Fazit – »einer der wichtigsten Nationalen Gedenkstätten (...) beträchtlichen Schaden zugefügt.« Mit Verweis auf die Denkmalschutzordnung vom 26. Juni 1952, in die der Beschluß des Ministerrates vom 4. April 1950, Mahnmale zur Würdigung des Kampfes gegen den Faschismus unter den besonderen Schutz des Staates zu stellen, eingegangen ist, wird der Rat des Bezirks Erfurt aufgefordert, keine weiteren Abbrüche und Veränderungen mehr vorzunehmen.[127]

Fassungslos angesichts des Abrisses des Lagers waren und dagegen protestiert haben aber vor allem die ausländischen Überlebenden des Lagers, die ab 1950 in immer größerer Zahl das ehemalige KZ besuchen. Am siebten Jahrestag der Befreiung des KZ Buchenwald erheben die Teilnehmer einer in diesem Zusammenhang veranstalteten, vom Politbüro der SED gebilligten großen Buchenwaldkonferenz in Weimar so nachdrücklich die Forderung, weitere Teile des Lagers zu erhalten, daß sich der thüringische Ministerpräsident Werner Eggerath zur Reaktion genötigt sieht. Am 16. April 1952 schlägt er Walter Bartel vor, die gefaßten Beschlüsse noch einmal zu überdenken: »Nach Abschluß des Buchenwaldtreffens macht es sich notwendig, zu überprüfen, ob die bisherigen Beschlüsse bezüglich der Erhaltung von Teilen des ehemaligen Konzentrationslagers Buchenwald ausreichen. In der Diskussion wurde von ausländischen Teilnehmern gefordert, daß weitere Teile des Lagers erhalten bleiben sollen. Von uns aus kann nicht entschieden werden, ob diesen Wünschen Rechnung getragen werden kann. Deshalb bitte ich um baldige Mitteilung, wie wir weiter arbeiten sollen, ob z.B. die Blocks abgerissen werden sollen, in welchem Umfange, oder ob es bei den alten Beschlüssen bleibt.«[128]

Wie wir in Erfahrung brachten, lagern im Gelände des ehemaligen Lagers Buchenwald noch ein Teil fertiger Gitter. Gleichfalls wurde uns noch mitgeteilt, daß Sie über diese Gitter verfügen. Benötigt werden ca. 200 Stück fertige Gitter.« Und in einem Schreiben des Polizei-Kreisamtes Ilmenau heißt es: »Zur Vergitterung der untersten Etage des Volkspolizeikreisamtes Ilmenau benötigen wir Rund-Bezw.-Flacheisen für ca. 10 Fenster. Wir wandten uns bezüglich der Belieferung an den Bezirksrat Erfurt Abtlg. Aufbau, der uns heute mitteilt, daß wir uns diesbezüglich an Sie wenden sollen, da dortselbst noch Fenstergitter aus dem ehem. Lager Buchenwald zur Verfügung ständen.« Stadtarchiv der Stadt Weimar, Rat der Stadt ab 1945, 1310, Bd. 2.

124 Straub spielt hier auf eine großangelegte Massenmordaktion an sowjetischen Kriegsgefangenen im KZ Buchenwald an. Von Herbst 1941 bis zur Jahreswende 1943/44 wurden über achttausend von ihnen in einer eigens dazu errichteten »Genickschußanlage« in dem massiv gebauten, fünfundfünfzig Meter langen Pferdestall neben der für den ersten Lagerkommandanten Karl Koch gebauten Reithalle getötet.

Walter Bartel setzt sich wegen dieser Anfrage mit Robert Siewert in Verbindung, dem er lapidar mitteilt: »An sich bin ich der Meinung, daß man den von der Konferenz an uns herangetragenen Wunsch, die Baracken stehen zu lassen, nicht berücksichtigen kann. Meines Erachtens besteht kein Grund, an den gefaßten Beschlüssen irgendetwas zu ändern.«[129] Robert Siewert bestätigt Bartel in dieser Auffassung und begründet den gefaßten Beschluß noch einmal retrospektiv: »Auch ich bin der Meinung, daß wir an dem Beschluß, vom Konzentrationslager Buchenwald nur das Tor mit dem Bunker, den Blockführerstuben, das Krematorium und einigen Türmen stehen zu lassen, festhalten sollen. Begründung: Das Wesen von Buchenwald waren nicht die Baracken und Wohnblocks, sondern die Behandlung, der Terror und die Schikane durch die Lagerführung und die SS. Selbst wenn wir die Blocks alle wieder in Stand setzen würden, das, was sich in Buchenwald abgespielt hat, könnte niemals damit zum Ausdruck gebracht werden. Darum fort mit allen Gebäuden und festhalten an dem ersten Beschluß.«[130] Am 30. April 1952 erhält Eggerath endgültig Antwort: »Lieber Kamerad Eggerath! In einer gemeinsamen Sitzung des Generalsekretariats der VVN und des Buchenwald-Komitees wurde erneut beschlossen, daß die erste Entscheidung aufrecht erhalten bleibt, d.h. vom ehemaligen Konzentrationslager Buchenwald bleiben nur stehen das Krematorium, das Tor mit den beiden Flügelgebäuden, rechts und links ein Stück Drahtzaun und jeweils ein Turm. Alles andere soll abgetragen werden.«[131] Die Diskussion um eine Revision des Abrißbeschlusses wird erstickt, noch bevor sie begonnen hat. Allein Karl Straub faßt seinen ohnmächtigen Protest im Oktober 1956 noch einmal in bitterste Worte: »In den vergangenen 6 Jahren wurden von den Institutionen in Bezug auf die Nationale Gedenkstätte große Fehler begangen. Darunter Fehler, die nicht mehr gut zu machen sind, selbst, wenn man Millionen von DM aufwenden würde. Gegen meinen Willen wurde das ehemalige Lager abgebrochen mit Zustimmung unserer eigenen Organe und man darf den westdeutschen Faschisten nicht verübeln, wenn sie das gleiche tun.«[132] Jeder denkende Besucher stellt uns heute die Frage, wer war es, der diese Anordnung gab, diese Stätte zu schleifen. Alle Mahnungen und Warnungen haben an den höchsten Stellen unseres demokratischen Staates nichts genützt und man hatte es noch nicht einmal verstanden, aus den Fehlern zu lernen, sonst

125 BwA Nachlaß Straub 2/5.

126 Gemeint sind vermutlich für die SS angefertigte Wegzeichen aus Kalkstein, wie Adler und bärtige rübezahlähnliche Figuren.

127 Archiv DHM, MfDG Abt. Gedenkstätten, o. Signatur, Aktentitel: Schriftwechsel (…) zur Ausgestaltung, baul. Maßnahmen und Errichtung der Gedenkstätte Buchenwald 1954-1958.

128 BwA 06 2-14.

129 Ebenda.

130 Ebenda.

131 Ebenda.

132 Die Minimierung der Relikte – bis hin zum Totalabriß ehemaliger Lager des NS-Regimes (KZ-Außenlager, Zwangsarbeiterlager) – ist in der Tat kein auf die SBZ/DDR beschränktes Phänomen. Auch in Westdeutschland werden die ehemaligen KZ bedenkenlos für verschiedenste Zwecke nachgenutzt und – als erstem Schritt des Aufbaus von Gedenkstätten – weitgehend demontiert oder abgerissen. Das corpus delicti, der Sachbeweis der nationalsozialistischen Verbrechen verschwindet, damit retrospektive Sinngebungen bzw. Verleugnung von den Relikten unbeeinträchtigt Platz greifen können. Siehe dazu die Studien zu Dachau und Neuengamme in dem in Anmerkung 1 erwähnten, von Detlef Hoffmann herausgegebenen Sammelband. Desweiteren: Ute Wrocklage: Architektonische und skulpturale Gestaltung des Konzentrationslagers Neuengamme nach 1945, unveröffentlichte Magisterarbeit, Universität Oldenburg 1992; Kathrin Hoffmann-Curtius: Denkmäler für das KZ Dachau, in: Claudia Keller und literaturWerkstatt Berlin (Hg.): Die Nacht hat zwölf Stunden, dann kommt der Tag. Antifaschismus. Geschichte und Neubewertung, Berlin 1996, S. 280-309. Volkhard Knigge: Vom Reden und Schweigen der Steine. Zu Denkmalen auf dem Gelände ehemaliger nationalsozialistischer Konzentrations- und Vernichtungslager, in: Birgit Erdle, Sigrid Weigel (Hg.): Fünfzig Jahre danach. Zur Nachgeschichte des Nationalsozialismus, Zürich 1996, S. 193-234. In übergreifender Perspektive: James Young: Beschreiben des Holocaust. Darstellung und Folgen der Interpretation. Frankfurt/M 1992.

hätte man wenigstens in einigen anderen Lagern der DDR noch einiges gerettet.¹³³ Alle ehemaligen Raubritterburgen und alte Schlösser und Ruinen wurden unter Denkmalschutz gestellt und Millionen von DM wurden in den vergangenen Jahren ausgegeben, sie zu restaurieren und zu erhalten. Einem Denkmal der Arbeiterbewegung hat man die Hand geboten, es zu schleifen. Der Menschheit der Zukunft gegenüber mögen die die Verantwortung tragen, die die Maßnahmen billigten.«¹³⁴

Warum war die »restlose Tilgung dieser Stätte« für die führenden deutschen Kommunisten, die das Lager überlebt hatten, »eine vordringliche politische Aufgabe«?¹³⁵ Weil die Relikte des Lagers als Denkmale aus der Zeit durch die beinahe fünfjährige Nachnutzung von Teilen des ehemaligen NS-KZ als sowjetisches Speziallager kompromittiert und mit doppelter Bedeutung aufgeladen worden waren – diese Antwort liegt nahe. Immerhin waren im Speziallager Nr. 2 etwa 25% der dort Internierten – über 7100 von ca. 28 000 Gefangenen – umgekommen und in zwei ungekennzeichneten, versteckten Grabfeldern, von denen eines direkt an das ehemalige KZ angrenzt, anonym verscharrt worden. Immerhin war das Speziallager von westlicher Seite als Fortsetzung des KZ unter anderen politischen Vorzeichen dargestellt worden, und seine Existenz belastete die äußere und innere Akzeptanz der DDR. Und nicht zuletzt hatte es im Zusammenhang mit dem Speziallager bauliche Veränderungen im ehemaligen KZ gegeben. Stacheldrahtzaun und Haupttor waren mit Brettern verschlagen, die genutzten Baracken einzeln mit Stacheldraht eingezäunt und ihre Fenster vergittert worden. Andere hatte man abgerissen oder dem Verfall überlassen, und in unmittelbarer Nähe zum Torgebäude war von den Internierten aus Holz ein großes Clubhaus mit Bühne für die Angehörigen der Roten Armee errichtet worden. Hätte man das Häftlingslager erhalten wollen, hätte man den Originalzustand durch Wiederaufbau, Instandsetzung und Restaurierung bzw. Abtragung des Hinzugekommenen erst wiederherstellen müssen. In einem Brief an das ZK der SED – geschrieben, um die bevorstehende Sprengung der Effektenkammer zu verhindern –, stellt Karl Straub einen Zusammenhang zwischen sowjetischer Nachnutzung und Abriß her. »Der damalige Beschluß (abzureißen, V.K.) war zum damaligen Zeitpunkt richtig, als man noch glaubte, daß es (das Lager, V.K.) noch als KZ genutzt werden könnte. Heute weiß man schon in Amerika, daß es abgebrochen und demoliert ist. (...) Der jetzigen wirtschaftlichen Lage und politischen Lage entsprechend, sollte also der damalige Beschluß revidiert werden.«¹³⁶

Gegen die Vermutung, daß durch den weitgehenden Abriß des ehemaligen KZ vor allem die Hinweise auf das sowjetische Speziallager getilgt werden sollten, spricht nicht nur, daß der Brief Straubs das einzige mir bisher bekannte zeitgenössische Dokument im SED Kontext ist, in dem ein solcher Zusammenhang hergestellt wird. Auch die erhaltenen Relikte waren – mit Ausnahme des Krematoriums, das nicht wieder in Betrieb genommen worden war – doppelt konotiert. Vor allem aber spricht gegen einen solchen Zusammenhang die Haltung der sowjetischen Seite selbst. Die Anregung der Kulturabteilung der SMAD, im Lager Buchenwald ein Nationalmuseum einzurichten, beinhaltete indirekt den Erhalt des Lagers, insofern als Vorbild auf Auschwitz und andere Konzentrations- und Vernichtungslager verwiesen worden war. Darüber hinaus wird 1956 – nach einem Besuch der Gedenkstätte – das

---

133 Straub bezieht sich hier auf die Vernachlässigung bzw. den Abriß der anderen großen KZ auf dem Gebiet der DDR, insbesondere wohl auf das KZ Sachsenhausen, das ab Mitte der fünfziger Jahre ebenfalls demontiert wird. Siehe dazu: Günter Morsch (Hg.): Von der Erinnerung zum Monument.

134 BwA Nachlaß Straub 2/5.

135 Robert Siewert in einem Brief vom 6.2.1952 an die Hauptabteilung Aufbau im Ministerium für Industrie und Aufbau des Landes Thüringen. »Die restlose Tilgung dieser Stätte ist eine vordringliche politische Aufgabe. Wir bitten deshalb, schnellstens Maßnahmen zu treffen, die dort vorhandenen Trümmer zu beseitigen.« Stadtarchiv Weimar, Rat der Stadt ab 1945, 1310, Bd. 2.

136 BwA Nachlaß Straub 2/3. Der Brief ist das bisher einzige mir bekannte Dokument, in dem ein unmittelbarer Zusammenhang zwischen Nachnutzung und Abriß hergestellt wird. Straub vermutet diesen Zusammenhang, um sich im Sinne

Fehlen jedweder Baracke vom Generalsekretär des sowjetischen Friedenskomitees Kotow so deutlich kritisiert, daß die Frage des Wiederaufstellens von Baracken noch einmal diskutiert und sogar empfohlen – wenn auch nicht realisiert – wird.[137] Und schließlich blieb die sowjetische Präsenz in Buchenwald auch trotz des Abrisses noch längere Zeit sichtbar. Bis in die Mitte der fünfziger Jahre hinein waren die SS-Kasernen und die Gebäude vor dem Lagertor von einer kleineren Truppeneinheit der Roten Armee belegt. Die Gedenkstätte mußte durch das seitlich gelegenen ehemalige Westtor betreten werden.[138]

Der weitgehende Abriß des Lagers läßt sich auch nicht durch den notorischen Baustoffmangel in der extrem reparationsbelasteten Nachkriegs-DDR erklären. Der Aufbau des Monumentaldenkmals auf dem Ettersberg hat bei weitem mehr Ressourcen verschlungen, als jemals durch die Demontage des Lagers zu gewinnen gewesen wären.

Fragt man nach den Gründen für den Abriß des ehemaligen KZ Buchenwald, dann ist ernst zu nehmen, daß es nicht vollständig ausgetilgt werden sollte. Neben der Auslöschung steht die gezielte Erhaltung ausgesuchter Relikte, und erst das Ineinander von Auslöschung und Erhaltung ergeben die Bedeutung des Häftlingslagers als Monument. Anders gesagt, die Minimierung der Relikte zielt weniger auf das Schwinden von Bedeutung, sondern steht vielmehr für deren überlegte Konstruktion. Eine undatierte und unsignierte Skizze *[37, 38]*, die sich in einem von Walter Bartel an die Gedenkstätte übergebenen Aktenkonvolut befindet und die Anfang der fünfziger Jahre im Rahmen einer der zahlreichen Ortsbesichtigungen zur Gedenkstättenplanung entstanden sein muß, setzt den von den führenden kommunistischen Buchenwaldüberlebenden inspirierten Beschluß des Sekretariats des ZK der SED vom 9. Oktober 1950 bildhaft um. Unter der Überschrift »Konz. Lager Buchenwald« ist die geplante »Gedenkstätte KL Buchenwald« – so die provisorische Bezeichnung in Unterscheidung zum »Ehrenhain« – in Frontalansicht und als Grundriß dargestellt. Die beiden verbleibenden Wachtürme, der Stacheldrahtzaun und das

einer Sinngebung des Sinnlosen – mit Zustimmung der SED-Spitze wird ein hervorragendes Denkmal des antifaschistischen Kampfes der deutschen und internationalen Arbeiterbewegung geschliffen –, den Abriß des ehemaligen KZ zu erklären.

137 BwA 06 2-28. Am 8.10.1956 spricht sich Josef (Sepp) Miller, Leiter der Abteilung Gedenkstätten am Museum für Deutsche Geschichte in Berlin, gegen das Wiederaufstellen von zwei Baracken – sie wären aus dem ehemaligen KZ Sachsenhausen nach Buchenwald transportiert worden – aus: »Es wäre kein Problem, eine oder zwei **Baracken** von Sachsenhausen nach dort zu schaffen. Aber ich bin gar nicht dafür, aus dem einfachen Grunde, weil die leere Baracke selbst überhaupt nichts besagt. Wenn ich keine Wohnung und die Wahl zwischen einer Baracke, wie sie in Sachsenhausen stehen oder einer Nissenhütte hätte, so würde ich die Baracke vorziehen. Ich (gemeint ist wie, V.K.) ich in meinen Vorschlägen bereits angedeutet habe, war ja das entsetzliche des Lagerlebens in dem Ablauf des ganzen Lebens selbst.« BwA 06 2-28. Miller argumentiert hier im Prinzip wie Robert Siewert im Jahr 1952, deutet aber darüberhinaus an, daß angesichts der Wohnungsnot in der DDR die nunmehr leeren und von allen Spuren des Leides gereinigten KZ-Baracken den von ihr Betroffenen komfortabler erscheinen könnten als manche Notunterkunft.

138 Zu bedenken ist auch, daß der einfachste Weg der Spurenverwischung darin bestanden hätte, das Lager gar nicht erst in die Zuständigkeit der DDR zu übergeben, sondern es ohne Umstände im Zusammenhang mit der Auflösung des Speziallagers restlos zu schleifen.

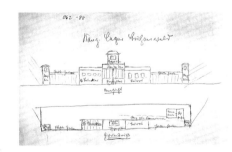

[37]
Um 1951/52.
Skizze
»Konz. Lager
Buchenwald«.
Quelle:
Gedenkstätte
Buchenwald.

[38]
1951. Lagertor.
Quelle:
Gedenkstätte
Buchenwald.

Torgebäude sind in der Sicht dieser Skizze nicht mehr die Chiffren für einen Ort besonders grausamer, entwürdigender Gefangenschaft und überwiegend ohnmächtigen Sterbens, sondern sie fügen sich zu einer klassizierenden Eingangsfront, zum Eingangsportal eines Bauwerkes, das Assoziationen weckt an einen Tempel, eine herrschaftliche Villa, ein Fort oder auch an eine Trutzburg. Selbst den Stacheldrahtzaun verwandelt diese Sicht – gegen alle Realität und ikonographische Tradition[139] – zur vertikal (nicht horizontal!) gegliederten Wand, wenn nicht Säulenreihe, und ihr entsprechend wird auch das Eisengitter des Tores zur Säulenfront. Und das Ganze strebt – im Gegensatz zum eher Drückenden, Lastenden, Flachen der wirklichen Gebäude – hinauf in die Höhe. Gebündelt und gedeutet wird diese Verwandlung der Realität mittels der räumlichen Verschiebung und sinnändernden Wendung des Mottos »JEDEM DAS SEINE«. Ursprünglich in das Gitter des Tores so eingelassen, daß es vom Lagerinneren, vom Appellplatz her gelesen werden soll, wird der Satz von der Innenansicht zur Außenansicht verkehrt und von der Torestiefe in die Turmeshöhe verschoben. Auf diese Weise verliert er seinen originären Charakter als demütigende Verhöhnung der Gefangenen. Er feiert sie vielmehr – und hier ist die angestrebte Aufwaldung des Lagergeländes mitzudenken – als Menschen, deren Leben und Sterben es verdient, in einem Waldesdom bzw. Heldenhain verewigt zu werden; einem Waldesdom und Heldenhain, in dem die verbleibenden Relikte – und mit ihnen das vergangene Geschehen – nur mehr grausige Spolien einer zerschlagenen, überwundenen, schlechten Vergangenheit sind.

Die beabsichtigte Umgestaltung des Krematoriums hätte den veredelnden und heroisierenden Gestus unterstrichen und konkretisiert. Entwürfen des Dresdener Bildhauers Walter Arnold folgend – dem am 28. März 1952 der erste Preis »für die Ausgestaltung des Krematoriumshofes (...) zu einer Gedächtnisstätte für Ernst Thälmann und die zahllosen Widerstandskämpfer zahlloser Nationen« zuerkannt worden war[140] – sollte der historische Bretterzaun um das Krematorium herum durch eine Mauer aus »edlem Material« ersetzt und im Krematoriumshof eine Tumba für den dort in der Nacht zum 18. August 1944 ermordeten Vorsitzenden der KPD Ernst Thälmann errichtet werden. Reliefe an der Mauer sollten von der »Brutalität des Faschismus«, vor allem aber vom »heroischen Kampf der Widerstandskämpfer« künden.[141]

Sieht man die Minimierung der Relikte und die Aufwaldung des Lagergeländes vor dem Hintergrund dieser Umgestaltungskonzepte, dann wird deutlich, daß mit ihnen die Voraussetzung dafür geschaffen wird, das ehemalige Häftlingslager als Denkmal aus der Zeit ohne Reibung und Brüche dem hegemonialen Erinnerungsgedanken einzufügen. Die Relikte des Lagers hätten auf eine Vielzahl unterschiedlicher Verfolgungsgeschichten und Häftlingserfahrungen verwiesen. An ihnen hätte deutlich werden können, daß das Lager unterschiedlichen Aussonderungs- und Verfolgungszwecken diente und daß es aus Baulichkeiten bestand und in Zonen gegliedert war, in denen sehr verschiedene Erhaltungs- und Überlebensbedingungen – auch als Voraussetzung dafür, sich im Lager überhaupt widerständig verhalten zu können – gegeben waren; vom Hauptlager mit seinen massiven Steinblocks über die solideren Holzbaracken bis hin zu den mit eher toten als lebendigen Menschen vollgepfropften Pferdestallbaracken

---

139 Hier mag die aus der Zeit des Speziallagers Nr. 2 stammende Verblendung von Tor und Stacheldrahtzaun mit Brettern geholfen haben. Gleichwohl bleibt der Unterschied auffällig. Stacheldraht bzw. im Stacheldraht verendete Menschen sind zentrale ikonographische Elemente der Darstellung von Konzentrationslagerwirklichkeit – nicht die Verunsichtbarung des Stacheldrahtes. Siehe dazu: Ziva Amishai-Maisels: Depiction & Interpretation. The Influence of the Holocaust on the Visual Arts, Oxford, New York, Seoul, Tokyo 1993, insbesondere S. 131 ff.

140 Am 13.12.1951 ist der Ausschreibungstext des Wettbewerbes im Rahmen einer Sitzung der Gedenkstätten-Planungskommission besprochen worden, an der Walter Arnold teilgenommen hat. Man wird deshalb wohl eher von einem Gestaltungsauftrag unter dem Deckmantel eines Wettbewerbes sprechen müssen. Zugegen waren auch Walter Bartel, Harry Kuhn und Robert Siewert. BwA 06 2-14. Später sind Walter Bartel und Robert Siewert zudem Mitglieder des Preisgerichts. BwA 06 2-14.

141 Bundesarchiv Potsdam DR 1 / 7520.

vom Typ Auschwitz-Birkenau im »Kleinen Lager«. Deutlich hätte werden können, daß die Häftlingsgesellschaft nicht homogen und egalitär, sondern hierarchisch gegliedert war – als Konsequenz des von der SS aufgezwungenen Lagerregimes und der damit verbundenen extremen Überlebenskonkurrenz, aber auch in Folge der politischen, sozialen und kulturellen Wertmaßstäbe der im Lager einflußreichen Häftlingsgruppen, insbesondere der deutschen Kommunisten, die ab 1942/43 alle entscheidenden Funktionshäftlingsstellen besetzten.

Die Minimierung der Relikte hingegen schafft wortwörtlich den Raum für eine einheitliche, widerspruchsfreie, scheinbar allgemeingültige Interpretation der Geschichte des Konzentrationslagers; eine Interpretation, die in Bezug auf ihren Geltungsanspruch die Authentizität des Denkmals aus der Zeit in Anspruch nimmt und die dieses doch gleichzeitig selektiv bearbeitet und überformt. Anders gesagt: was um seiner Wirkung und seines Geltungsanspruches als Denkmal aus der Zeit erscheinen soll – die »Gedenkstätte KL Buchenwald« –, ist vor allem anderen ein die Vergangenheit retrospektiv und interessengeleitet deutendes Denkmal an die Zeit im hehren, Widerspruch abweisenden Gewand des ersteren. So erscheint das Konzentrationslager Buchenwald gleichsam seiner historischen Natur nach zuallererst als Martyriumsstätte deutscher Kommunisten, ja – symbolisiert im Mord an ihrem Führer Ernst Thälmann – als Martyriumsstätte der KPD schlechthin; als Martyriumsstätte, aber auch als Ort ihres Triumphes, insofern das Krematorium »als Schwerpunkt des gesamten Lagers«[142] zur säkularen Märtyrerkapelle – wenn nicht Fürstengruft – gewandelt werden soll. »Krematorium darf nicht das letzte sein. Psycholog. Wirkung« ist auf ein Konzeptpapier vom 6. November 1953 notiert.[143]

Ganz in diesem Sinn hat sich das Lagertor vom Danteschen Höllentor zum Triumphbogen gewandelt. Ganz in diesem Sinn erscheint die Demontage des ehemaligen KZ als Voraussetzung für dessen »würdige Erhaltung«. »Das ehemalige Konzentrationslager Buchenwald soll als ein anklagendes und kämpferisches Mahnmal in einem würdigen Zustand erhalten bleiben«, heißt es in einem Schreiben der Abteilung Kunst und kulturelle Massenarbeit beim Rat des Bezirks Erfurt[144], als der Abriß des Lagers längst weit fortgeschritten ist. Das Lager zu bewahren, wie es gewesen ist, hätte in der Sicht der kommunistischen Denkmalsetzer geheißen, Unterworfensein und Gefangenschaft zu erinnern, einen Leidensort zu konservieren und Opfern ein Denkmal zu setzen, nicht aber Kämpfern, denen der Sieg gewiß sein mußte. Ganz in diesem Sinn begründet Robert Siewert am 17. Mai 1952 in der Zeitung der VVN »Die Tat« den Abrißbeschluß noch einmal – und zum ersten Mal – öffentlich und apodiktisch. »Der Vorschlag, eine Anzahl Häftlingsbaracken stehen zu lassen, evtl. die massiven Baracken wieder in Stand zu setzen und einzurichten, wurde nach reiflicher Überlegung abgelehnt, denn das Wesen und der Inhalt des Konzentrationslagers Buchenwald – wie aller Konzentrationslager – kann nicht durch den Wiederaufbau lebendig werden. Das Wesen des Konzentrationslagers Buchenwald verkörpert sich nicht in den Baracken oder den massiven Blocks – das Wesen war der Terror, waren die Mißhandlungen, die niederträchtigen, unglaublichen Gemeinheiten der SS, die unmenschliche Behandlung der Häftlinge. Das Wesen war die tiefe Kameradschaft, die gegenseitige Hilfe, verbunden und gestählt durch den Kampf gegen den faschistischen Terror, der organisierte Widerstand und der tiefe Glaube an den Sieg unserer gerechten Sache!«

142 Bundesarchiv Potsdam DR 1 / 7520.

143 Bundesarchiv Potsdam DR 1 / 7520. Festgehalten ist eine Beratung im Auftrag Otto Grotewohls zwischen Vertretern des Komitees der Antifaschistischen Widerstandskämpfer, der Staatlichen Kommission für Kunstangelegenheiten und »anderen Stellen«. Die Niederschrift ist vom Vorsitzenden der Staatlichen Kommission für Kunstangelegenheiten unterzeichnet. Die handschriftliche Notiz geht wahrscheinlich auf den Direktor des Museums für Deutsche Geschichte in Berlin Ullmann zurück, das zu diesem Zeitpunkt mit der Gestaltung der Gedenkstätte beauftragt war.

144 Bundesarchiv Potsdam DR 1 / 7520.

Die Minimierung und Umwertung der Relikte ist der eine Weg, das »Wesen des Konzentrationslagers Buchenwald« herauszuarbeiten. Der zweite besteht darin, den Raum, der auf diese Weise gewonnen worden ist, neu zu überschreiben und symbolisch zu besetzen. Mittel für die Überschreibung sind Filme zur Geschichte des KZ, Führer durch die Gedenkstätte, Informationstafeln im Gelände und das an Thälmanns Todestag im August 1954 im Lager eröffnete, später mehrfach überarbeitete »Museum des Widerstandes«. Mittel der symbolischen Besetzung ist die Fertigstellung des Ehrenhains einschließlich der Errichtung des Monumentaldenkmals. So wird bereits 1951 im Auftrag der VVN der erste Buchenwald-Film gedreht und Walter Bartel parallel zum Abrißbeginn im Februar 1952 vom Buchenwald-Komitee beauftragt, den ersten Führer durch die Gedenkstätte zu verfassen, »damit (Besucher) eine einwandfreie Darstellung über die Geschichte des Lagers, insbesondere über den Kampf der Häftlinge gegen die faschistische Barbarei und Kriegsproduktion, gewinnen können.«[145] So stimmt die SED-Spitze bereits am 23. Juli 1953 zu, daß vom Museum für Deutsche Geschichte in Berlin »in der ehemaligen Kantine des Lagers Buchenwald eine dauernde Ausstellung eingerichtet wird), die den patriotischen Charakter des Widerstandskampfes zeigt, den Kampf Ernst Thälmanns und anderer Helden des Widerstandes, Dokumente und Anschauungsmaterialien über die Verbrechen des Faschismus und seiner Nachfolger.«[146] So werden die Wettbewerbe für die Gestaltung des Krematoriums und die »architektonische, bildhauerische und landschaftsgärtnerische Gestaltung des Ehrenhains zum Gedenken der Opfer des faschistischen Terrors in Buchenwald« gleichzeitig und in direktem zeitlichen Zusammenhang mit der Übergabe des ehemaligen KZ in die Zuständigkeit der DDR ausgerichtet.

Daß das ehemalige Konzentrationslager Buchenwald nicht vollständig aufgewaldet wurde und zwei weitere Gebäude, die ehemalige Häftlingskantine im oberen und die Effektenkammer mit Teilen der Desinfektion im unteren Lagerbereich, erhalten geblieben sind, hat einerseits pragmatische Gründe und ist andererseits eine Folge der politischen Veränderungen des Jahres 1953. Schien es, als kämen die Arbeiten auf dem Ettersberg nach Ausschreibung der Wettbewerbe und nach der Propagierung des Abrisses als Aufbau nunmehr schnell voran, so gerieten sie doch durch die angewiesene Selbstauflösung der VVN am 21. Februar 1953 in große Unordnung.[147] Über Nacht existierten die Gremien nicht mehr, die die Errichtung der Gedenkstätte auf dem Ettersberg vorangetrieben hatten. Zugleich bedeutete die Auflösung der VVN faktisch die erinnerungspolitische Entmachtung der in ihr organisierten Konzentrationslagerhäftlinge. Der Aufbau der Gedenkstätten wurde – bis zur Einrichtung des Ministeriums für Kultur 1954 – der Staatlichen Kommission für Kunstangelegenheiten zugewiesen, der nach der 5. Tagung des Zentralkomitees der SED im März 1951 geschaffenen Institution zur Durchsetzung der kunstpolitischen Ziele der SED. Die Nachfolgeeinrichtung der VVN – das Komitee der Antifaschistischen Widerstandskämpfer – beschränkte man darauf, »bei der Durchführung der genannten Aufga-

---

145 BwA 06 2-14. Der Führer ist von Karl Reimann geschrieben und von Walter Bartel gegengelesen und bestätigt worden. Als Herausgeber erscheint der Zentralvorstand der VVN, als Redaktion wird das Buchenwald-Komitee angegeben. Der Einband zeigt das vom Lagerinneren her aufgesprengte Haupttor des KZ. Statt eines Titels trägt der Einband den Schwur von Buchenwald in folgender Variante: »**Wir schwören**: Die Vernichtung des Nazismus mit seinen Wurzeln ist unsere Losung, der Aufbau einer Welt des Friedens und der Freiheit ist unser Ziel.«

146 Bundesarchiv Potsdam DR 1 / 7520.

147 Auf seiner Sitzung am 3.2.1953 hat das Politbüro der SED den Vorstand der VVN angewiesen, alle Tätigkeiten einzustellen. Der Beschluß mußte von Franz Dahlem öffentlich verkündet werden. Die Begründung lautete, daß »die Entwicklung der antifaschistisch-demokratischen Ordnung in der DDR zur Ausrottung aller Wurzeln des Faschismus geführt habe.« Siehe dazu: Annette Leo: Das kurze Leben der VVN, in: Günter Morsch (Hg.): Von der Erinnerung zum Monument, S. 98 und – die VVN gleichsam emphatisch gegen die SED retten wollend –: Elke Reuter, Detlef Hansel: Das kurze Leben der VVN von 1947 bis 1953, Berlin 1997.

ben mitzuwirken und behilflich zu sein.«[148] Selbst für die Ausrichtung der Gedenkfeiern war das Komitee nicht mehr zuständig. Sie wurden zur Sache der Nationalen Front. Und die von der VVN seit 1947/48 intensiv betriebene Dokumentation des Widerstandskampfes wurde in die Zuständigkeit des Marx-Engels-Lenin-Stalin-Instituts der SED übergeben. Die bereits gesammelten Materialien mußten dem Partei-Archiv übergeben werden.

Die Auflösung der VVN beeinträchtigte den Fortgang der Arbeiten auf dem Ettersberg um so stärker, als im selben Jahr auch Walter Bartel aller seiner Funktionen enthoben und mit einem Parteikontrollverfahren überzogen wurde. Dieses war Teil einer breit angelegten politischen Überprüfung der führenden Kader des ehemaligen Buchenwalder Parteiaktivs, deren erster Höhepunkt 1946/47 eine geheimgehaltene parteiinterne Untersuchung ihres Verhaltens als Funktionshäftlinge im KZ Buchenwald gewesen war. Diente diese Untersuchung vor allem noch der präventiven Entkräftung von Vorwürfen, von denen die Parteispitze vermutete, sie könnten seitens der Amerikaner in den Dachauer Buchenwald-Prozessen gegen die kommunistischen Funktionshäftlinge erhoben werden, so wurden die Überprüfungen ab 1949/50 Teil der stalinistischen Säuberungen in der SED. Nicht nur Walter Bartel geriet ins Visier. Ernst Busse mußte bereits 1947 seine Ämter als thüringischer Innenminister und stellvertretender Ministerpräsident aufgeben. Zum stellvertretenden Präsidenten der Deutschen Verwaltung für Land- und Forstwirtschaft berufen, war er auf höherer Ebene kalt gestellt. 1950 ist er von sowjetischen Stellen verhaftet und in Moskau als Kriegsverbrecher zu lebenslänglicher Lagerhaft verurteilt worden und 1952 in Workuta zu Grunde gegangen. Mit Busse war auch Erich Reschke, 1950 Leiter des Zuchthauses Bautzen, verhaftet und über Moskau nach Workuta deportiert worden. 1955 wird er aus dem Lager entlassen und später stillschweigend rehabilitiert. Robert Siewert, den Innenminister und ersten Vizepräsidenten der Provinzialverwaltung Sachsen-Anhalts, hatte man 1950 mit Verweis auf seine frühe Zugehörigkeit zur KP-Opposition dieser Ämter enthoben und zum Abteilungsleiter im Ministerium für Aufbau, später Ministerium für Bauwesen der DDR degradiert. Harry Kuhn war 1951 »wegen mangelnder Wachsamkeit« seines Postens als Generalsekretär der VVN enthoben worden und fristete sein Leben als Redakteur in der Sozialversicherung. Stefan Heymann, Leiter der Kulturabteilung im ZK der SED, war als Botschafter nach Ungarn, dann nach Polen abgestellt worden. Walter Bartels Funktionsenthebung war bereits im Mai 1950 seitens der ZPKK (Zentrale Parteikontrollkommission) empfohlen worden, das Politbüro der SED hatte aber – mit einer Gegenstimme – zunächst davon Abstand genommen.[149] Und auch Willy Kalinke war – obschon kein Buchenwalder – mit Verweis auf seine Mitgliedschaft in der Sozialistischen Arbeiterpartei (SAP) Anfang der dreißiger Jahre, im Oktober 1952 aus der SED ausgeschlossen worden und hatte darüberhinaus im Mai 1953 seine Anerkennung als »Verfolgter des Naziregimes« verloren. Am 23. März und am 29. Mai 1953 ist Walter Bartel erneut durch die ZPKK befragt worden. In der zweiten Befragung wird seitens der Parteikontrolleure in allerschärfster Form politisch und moralisch verworfen, worauf die deutschen Buchenwalder Kommunisten ihr Selbstbewußtsein und ihren Geltungsanspruch als Elite der Widerstandskämpfer gründeten: daß sie die Funktionshäftlingsstellen im KZ übernommen und zum Besseren aller Häftlinge und zur Vorbereitung eines Aufstandes zur Befreiung des KZ genutzt hätten. Bartel – als ehemaliger Vorsitzender des illegalen Lagerkomitees in den Augen der Partei hauptverantwortlich für die im Lager entfaltete Praxis – wird auf den Kopf zugesagt, daß die getroffene Entscheidung weniger als Widerstandsleistung gewertet werden könne, sondern vielmehr zur Demoralisierung der Kader durch die Privilegierung geführt habe, die mit den Funktionshäftlingsstellen verbunden gewesen

---

148 SAPMO-BArch. V 278/1/2, Bl. 97/98.

149 Siehe dazu: Hermann Matern. Betr. »Ergebnis der Untersuchung Walter Bartel« (ZPKK), 24.5.1950, in Lutz Niethammer (Hg.): Der gesäuberte Antifaschismus, S. 403f.

war. Darüberhinaus habe man willentlich in Kauf genommen, daß – die Häftlingsstatistik mußte stimmen – für jeden Geretteten zwangsläufig ein anderer dem Untergang ausgeliefert werden mußte, der ein unbekannter Parteigenosse hätte sein können. »(Bartel): Aber wie groß ist die Verantwortung, wenn man weiß, tausend Menschen werden auf Kommando geschickt und wir legen die Hände in den Schoß und lassen die gehen, die die SS bestimmt. (…) F: Aber das begreifst Du nicht, daß ihr euch zum Werkzeug der SS gemacht habt? (Bartel): Wir haben Genossen gerettet. F: Dafür habt ihr jemand anders geschickt, die ihr nicht kanntet. Vielleicht waren das auch Genossen. (Bartel): Wenn ich die Möglichkeit habe, 10 antifaschistische Kämpfer zu retten, dann tue ich das. F: Aber dafür mußten 10 andere gehen. Du verteidigst das also? (Bartel): Ja, das hielt und halte ich für richtig. Damit wirfst Du die ganze Politik um, die in allen Lagern so war. (…) Dann darf man das auch nicht heroisieren, das geschieht aber in Frankreich, in der Tschechoslowakei, in Polen. F: Das darf man auch nicht.« Bartels Fazit: »Wenn ihr der Meinung seid, es war grundsätzlich falsch, dann war es falsch, eine Funktion im Lager anzunehmen. Du hast recht, daß wir als Deutsche die Hauptverantwortung tragen, denn wir waren in Deutschland. Bisher bin ich der Ideologie (gemeint ist Meinung, V.K.) gewesen, daß wir unter den Bedingungen, die uns gestellt waren, das Bestmöglichste getan haben. (…) Wenn ihr der Meinung seid, das war falsch, wir hätten es auf einen Massenkampf ankommen lassen müssen, dann ist die Schlußfolgerung richtig, daß wir Kapitulanten waren und einen falschen Kampf geführt haben.«[150]

Im Frühjahr 1953 verliert das Gedenkstätten-Projekt auf dem Ettersberg nicht nur seine tragenden organisatorischen Fundamente[151], auch seine Ziehväter sind von der politischen Bühne verdrängt. Erst Anfang Dezember 1955 wird Walter Bartel den Direktor des Museums für Deutsche Geschichte in Berlin Ullmann aufsuchen, und beanstanden, »daß er (im Museum des Widerstands in Buchenwald, V.K.) beim Widerstand im Lager nicht erwähnt werde.« Und er wird als Anspielung auf seine stillschweigende Rehabilitierung hinzufügen, daß doch »nunmehr keine Veranlassung vorläge, ihn nicht zu nennen.«[152] Knapp ein Jahr später dann – am 16. November 1956 – ist er bereits damit beschäftigt, die Hegemonie über die Geschichtsschreibung zum KZ Buchenwald zurückzugewinnen. Er schreibt Karl Straub: »Die große Bedeutung der Nationalen Gedenkstätte erheischt eine sorgfältige Behandlung sowohl der Geschichte als auch aller Dokumente und Materialien. Damit wird sich das wieder zum Leben zu erweckende Buchenwald-Komitee intensiv beschäftigen müssen. Die ersten Schritte sind schon getan, und ich hoffe, daß das kleine Kollektiv der Buchenwalder in Weimar nicht abseits stehen wird.«[153] Allein der politisch entwertete Robert Siewert nimmt zwischen Mitte 1953 bis Ende 1955 in beratender Funktion an den Planungssitzungen zum Aufbau und zur Gestaltung des »Ehrenhains« und der »Gedenkstätte KL Buchenwald« teil. Als ersten Verwaltungsleiter der Gedenkstätte bestellt man nach Vorschlag des Komitees der Antifaschistischen Widerstandskämpfer vom 29. Oktober 1953 den Rentner und ehemaligen Häftling des KZ Sachsenhausen (sic! V.K.) Fritz Schlaack. Er wird von Fürstenberg an der Havel nach Weimar ziehen, Karl Straub wird seine Mitarbeit kündigen.[154] Das auf dem Ettersberg

---

150 Zweite Befragung des Genossen Walter Bartel durch die Genossen Max Sens, Herta Geffke und Günter Tenner (ZPKK), 29.5.1953, in: Lutz Niethammer (Hg.) Der gesäuberte Antifaschismus, S. 414 – 431, hier S. 426 und S. 429.

151 Hier ist auch noch die Auflösung des Landes Thüringen am 23. Juli 1952 mitzudenken.

152 Archiv DHM/MfDG, Abtg. Gedenkstätten, o. Signatur. Aktentitel: Schriftwechsel (…) zur Ausgestaltung, baul. Maßnahmen und Errichtung der Gedenkstätte Buchenwald 1954-1958

153 BwA VA 85, Handakte Straub.

154 Archiv DHM/MfDG, Abtg. Gedenkstätten, o. Signatur. Aktentitel: Schriftwechsel (…) zur Ausgestaltung, baul. Maßnahmen und Errichtung der Gedenkstätte Buchenwald 1954-1958. Seitens des Museums für Deutsche Geschichte ist empfohlen worden, Straubs Kündigung zuzustimmen, da »eine ersprießliche Zusammenarbeit zwischen den beiden Genossen völlig aussichtslos erscheint.« Der Streit mit Straub,

entstandene Vakuum und Zuständigkeits-Wirrwarr wird mittels eines Beschlusses des Politbüros des ZK der SED vom 2. Dezember 1953 geregelt. Zuständig für den Aufbau der »Gedenkstätte KL Buchenwald« im ehemaligen Häftlingslager wird allein das Museum für Deutsche Geschichte in Berlin, zuständig für die Vollendung des »Ehrenhains« wird die Staatliche Kommission für Kunstangelegenheiten. Am 14. Januar 1951 beschließt das Präsidium des Ministerrates der DDR offiziell die Errichtung der »nationalen Gedenkstätte Buchenwald« als »zentraler Gedenkstätte für die Opfer des Faschismus.« Festgelegt wird, daß die Gedenkstätte an Ernst Thälmanns siebzigstem Geburtstag, dem 16. April 1956, eingeweiht werden soll. Die Baukosten werden auf 10 Millionen DM fixiert.[155]

Die Beauftragung des Museums für Deutsche Geschichte mit der inhaltlichen Gestaltung der »Gedenkstätte KL Buchenwald« führt nicht zu einer grundsätzlichen Revision des »Erinnerungsgedankens«, sieht man von dem zeitweisen Verschweigen der mißliebig gewordenen ehemaligen kommunistischen Häftlinge ab. Vielmehr soll – analog zum Beschluß des Präsidiums des Ministerrates, aus dem ehemaligen KZ Buchenwald die »zentrale Gedenkstätte für die Opfer des Faschismus« zu machen – das »Museum des Widerstandes« den Charakter eines »Museum(s) für die Geschichte der KL in Deutschland« erhalten[156]. Um dieses im Lager einzurichten, sind die zur Erhaltung bestimmten Räumlichkeiten – gedacht war an die Blockführerstube im Torhaus – zu klein. In Frage kommt nur die ehemalige Häftlingskantine. Sie ist noch nicht abgebrochen worden, liegt dem Krematorium annähernd auf gleicher Höhe gegenüber und kann deshalb leicht in das bestehende Gestaltungskonzept integriert werden. Überhaupt ist der Blick der Funktionäre der Staatlichen Kommission für Kunstangelegenheiten und des Museums für Deutsche Geschichte auf das ehemalige Lager distanzierter. Keine persönlichen Erfahrungen, die den Ort strukturierten und seine Geschichte plastisch vorstellbar machten, verbinden sich für sie mit dem Lagergelände. Mit erinnerungsleeren Augen sehen sie zunächst, was da ist und fragen, wie es auf Besucher wirken könnte bzw. wie es auf bestimmte Wirkung hin gestaltet sein müßte. So sehen sie im Gegensatz zu den ehemaligen Häftlingen nicht nur den programmatischen Gewinn, der mit dem Abriß verbunden ist, sondern auch die gestalterischen und museologischen Probleme, die durch ihn entstanden sind. Der Direktor des Museums für Deutsche Geschichte Ullmann konstatiert vor dem Hintergrund eines Besuches der Gedenkstätte am 23. Oktober 1953: »Insgesamt macht das Objekt einen verwahrlosten Eindruck. Daran vermag die gute Ausstellung im Kantinengebäude, sowie die Pflege des Krematoriums nichts zu ändern.«[157] Und am 6. November 1953 notiert der Vorsitzende der Staatlichen Kommission für Kunstangelegenheiten Helmut Holtzhauer anläßlich einer Besichtigung des Lagers zur Vorbereitung des Politbürobeschlusses vom Dezember 1953: »Gesamtanlage leidet allgemein unter Unübersichtlichkeit. Vorhandene Schuttmassen beeinträchtigen das Gesamtbild.« Und er kommt zu dem Schluß, daß der »progressive Verfall der Gedenkstätte« aufgehalten werden müsse.[158] Am 1. Dezember 1953 wird deshalb in einer Besprechung von Vertretern der Staatlichen Kommission für Kunstangelegenheiten,

der sich spätestens seit 1946/47 für die Errichtung von Ehrenhain und Buchenwald-Denkmal engagiert, der seit dieser Zeit immer wieder in- und ausländische Besuchergruppen betreut hat und der im Besitz von aus dem Lager geborgenen Relikten ist, die für das Museum für Deutsche Geschichte im Zuge der Museumsgestaltung immer wichtiger werden, zieht sich bis Anfang der sechziger Jahre hin.

155 Bundesarchiv Potsdam DR 1 / 7515.

156 Bundesarchiv Potsdam DR 1 / 7520.

157 Bundesarchiv Potsdam DR 1 / 7520. Noch vor Eröffnung der offiziellen Ausstellung im August 1954 hatte das Buchenwald-Komitee Dokumente und andere Materialien zunächst im Torhaus und dann in der Kantine präsentiert. Hierauf bezieht sich Ullmann, wenn er von einer Ausstellung in der Kantine spricht.

158 Bundesarchiv Potsdam DR 1 / 7520.

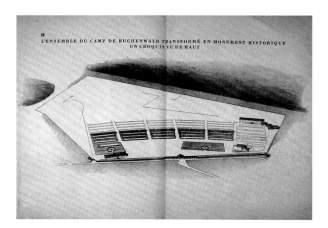

[39] Plan der »Gedenkstätte KL-Buchenwald« aus einem Gedenkstättenführer in französischer Sprache. Berlin 1954.

des Instituts für Denkmalpflege und des Ministeriums für Aufbau in Anwesenheit von Robert Siewert beschlossen, laufende Abbrucharbeiten zu Ende zu führen, bis zur endgültigen Entscheidung durch das Politbüro aber keine weiteren »Enttrümmerungs- und Abbrucharbeiten« mehr in Angriff zu nehmen. So bleibt die Effektenkammer, die überdies seit 1952 von der VEAB (Volkseigene Erfassungs- und Ankaufsbetriebe) als Getreidelager genutzt wird, erhalten, auch wenn sie zunächst nicht in die Gedenkstätte einbezogen wird. Denn diese soll unterhalb der ersten drei, säuberlich planierten, durch Randsteine gekennzeichneten Barackenfelder enden. In der vom Museum für Deutsche Geschichte formulierten Vorlage für den Politbürobeschluß vom 2. Dezember 1953 heißt es: »Hinter der 3. Barackenreihe ist eine Reihe von Pappeln als Abschluß der Gedenkstätte zu setzen.«[159] *[39]* Um den auf diese Weise zur Gedenkstätte hinzugekommenen Raum zu gliedern und ihm ein weihevolleres Gepräge zu geben, soll der Appellplatz wieder hergerichtet und zwei Sonderzonen, die 1938/39 und 1939/40 auf Zeit im Lager bestanden, in gleicher Weise durch Rasenflächen, Hecken und besondere Gedenksteine gekennzeichnet werden: Zum einen Teile des ehemaligen Standorts von fünf Großbaracken für die etwa zehntausend Deutschen jüdischer Herkunft, die von den Gestapoleitstellen Mitteldeutschlands nach den organisierten antijüdischen Pogromen vom 8. auf den 9. November 1938 in das KZ Buchenwald eingeliefert worden waren und von denen die meisten nur unter Aufgabe all ihrer Habe dem Lager – oft nicht für immer – wieder entkommen konnten; zum anderen das sogenannte »Kleine Polenlager« in der Nähe des späteren Standortes des Krematoriums. In diesem Sonderlager waren auf Grund der sprunghaften Überfüllung des KZ nach Kriegsbeginn für mehrere Wochen über eintausend Wiener Juden und mehrere hundert Polen in vier Zelten und einer Holzbaracke untergebracht worden und in großer Zahl verhungert. Sollte der jüdische Gedenkort gegenüber der Häftlingskantine der »faschistischen Brutalität« besonderen Ausdruck verleihen, so hatte der auf seinen polnischen Kontext reduzierte Gedenkort in unmittelbarer

159 Bundesarchiv Potsdam DR 1 / 7520.

160 Die bronzene Tafel trägt in erhabenen Buchstaben folgenden Text: »EWIGER RUHM / DEM GROSSEN SOHN DES / DEUTSCHEN VOLKES DEM FÜHRER / DER DEUTSCHEN / ARBEITERKLASSE / ERNST THÄLMANN / DER AM 18. AUGUST 1944 / AN DIESER STELLE VOM FASCHISMUS ERMORDET WURDE«. 1958 hat man zusätzlich ein Thälmann-Kabinett im Keller der ehemaligen Lagerdesinfektion eingerichtet und im September zusammen mit der gesamten Nationalen Mahn- und Gedenkstätte eingeweiht.

161 Bundesarchiv Potsdam DR 1 / 7520.

162 Ebenda.

163 So z.B. das Mitglied des ZK der SED Mückenberger am 5. Februar 1955: »Das ganze Museum müßte später einmal in der Effektenkammer untergebracht werden.« Archiv DHM/ MfDG, Abtg. Gedenkstätten, o. Signatur, Aktentitel: Schriftwechsel (...) zur Ausgestaltung, baul. Maßnahmen und Errichtung der Gedenkstätte Buchenwald 1954-1958.

164 BwA 06 2-14.

Nähe des erhaltenen Krematoriums zusätzlich die Funktion, den internationalen Charakter des antifaschistischen Widerstandskampfes unter Beweis zu stellen.

Das Krematorium selbst ist nicht künstlerisch ausgestaltet worden und die Widmung an Ernst Thälmann schlichter ausgefallen, als von Walter Arnold vorgeschlagen worden war. Am 29. Oktober 1953 hatte der Direktor des Museums für Deutsche Geschichte Ullmann zu dessen Vorschlägen deutlich Stellung genommen: Den Holzzaun am Krematorium solle man erhalten und weder eine Mauer mit einer »Darstellung des Widerstandes an dieser Stelle« errichten, noch eine Tumba im Hof des Krematoriums. »Dem kann man vom Standpunkt des Historikers und Denkmalpflegers nicht zustimmen. Nachdem soviel von der authentischen Atmosphäre vernichtet wurde, sollte man dem Einhalt gebieten.« Ullmann spricht sich statt dessen für eine – im August 1953 dann auch angebrachte und eingeweihte – Gedenktafel für Ernst Thälmann aus,[160] und er verweist in diesem Zusammenhang darauf, daß die positivierende Funktion, die die Arnoldsche Gestaltung erfüllen sollte, von der einzurichtenden Ausstellung übernommen werde. »Wenn der Rundgang nicht im Krematorium endet, ist der letzte Eindruck kein niederschmetternder, sondern der Ausblick auf Kampf und Sieg, den die Ausstellung vermittelt.«[161]

Der Plan, das Lager mindestens bis an die untere Grenze der ersten drei Barackenreihen aufzuwalden, ist endgültig 1954 fallengelassen worden. Nachdem sich der zum mittlerweile ins Leben gerufenen »Buchenwald-Kollektiv« gehörende Gartenarchitekt Reinhold Lingner zunächst dafür ausgesprochen hatte, »den Wald bis an die Grenze des Appellplatzes heranzuführen«, da »der Pflanzenwuchs des Waldes auf Dauer nicht zu verhindern wäre«, hatten sich der Bildhauer Fritz Cremer, Direktor Ullmann und ein Vertreter des Komitees der Antifaschistischen Widerstandskämpfer vehement dagegen ausgesprochen. »Er (Cremer, V.K.) war der Auffassung, daß dessen Idee in ein umgekehrtes Verhältnis gebracht werden müsse, d. h. die Anlage müßte ohne jeden Bewuchs und gärtnerische Anlagen erbaut werden. (…) So einigte man sich auf die Ausführung der Anlage ohne jeden Pflanzenbewuchs weit und breit in der Sicht und Stimmung der Lagerinsassen entsprechend, grau in grau. Alle leuchtenden Farben, wie das Rot des Schotters und das Grün der Pflanzen sind zu vermeiden. Die Umfassungen der ehemaligen Baracken sollen grau in grau gehalten werden und jeder künstlerischen Verschönerung bar sein.«[162] Den Wald hat man schließlich bis knapp unterhalb der Effektenkammer heranwachsen lassen. Auch wenn man ihn über sie hinausgeführt hätte, hätte ihr Dach die Bäume überragt, und bereits ab Mitte der fünfziger Jahre wird das Kammergebäude als Erweiterungsbau für das »Museum des Widerstands« betrachtet – auch wenn dieses erst 1985 dorthin verlagert worden ist.[163]

Trotz der Begründung Cremers, das Lagergelände grau in grau zu halten, um dem Besucher auf diese Weise die elenden Verhältnisse im Lager atmosphärisch zu vergegenwärtigen, fällt die Gestaltung des Lagergeländes nicht hinter den »Erinnerungsgedanken« zurück. Leid – symbolisiert in der Öde und steinernen Leere des Ortes – ist nur ein Element des dem Lagergelände gegebenen Bedeutungsausdrucks. In den Bruchsteinfeldern, die die Grundrisse der abgetragenen Blocks markieren, im Abriß der Blocks überhaupt ist zugleich symbolisiert, daß in diesem Lager ein Kampf stattgefunden hat und daß dieser Kampf siegreich ausgegangen ist. Sollte man – wie eigentlich anzustreben – nicht das ganze Lager erhalten können, dann solle man die Standorte der verschwundenen Gebäude in einer Weise kennzeichnen, »daß der Eindruck entsteht, daß hier ein bewußtes Zerschlagen des faschistischen Grauens geschehen ist« – hatte bereits die Gedenkstätten-Planungskommission der VVN in ihrer Sitzung am 24. November 1951 vorgeschlagen.[164]

Darüberhinaus wird der Bedeutungsausdruck des in die Gedenkstätte einbezogenen Teils des Lagergeländes – analog zu seinen schon erwähnten Überschreibungen durch Filme, Führer und Ausstellungen – zusätzlich durch im Lager angebrachte bronzene Schrifttafeln vereindeutigt werden. Im Februar 1955 bemerkt das Mitglied des ZK der SED Mückenberger anläßlich einer Beratung zur weiteren

Ausgestaltung der »Gedenkstätte KL Buchenwald«, man solle »überall im Lager Tafeln aufstellen, die den Besucher darüber informieren, wo wichtige Ereignisse im Lager, z.B. die Gründung der illegalen polnischen Parteigruppe, stattfanden oder wo bekannte Antifaschisten des In- und Auslandes untergebracht waren.«[165]

165   Archiv DHM/MfDG, Abtg. Gedenkstätten, o. Signatur. Aktentitel: Schriftwechsel (...) zur Ausgestaltung, baul. Maßnahmen und Errichtung der Gedenkstätte Buchenwald 1954-1958.

166   Fritz Cremer (1906-1993). Bildhauer. 1916-1921 Gymnasium. 1921-1928 Lehre und Arbeit als Steinbildhauer in Essen. 1926 Kommunistischer Jugendverband Deutschland. 1929 KPD. 1929-1934 Studium an der Vereinigten Staatsschule für freie und angewandte Kunst in Berlin. 1930 Mitbegründer einer Gruppe des Roten Studentenbundes. 1933 Protest gegen den erzwungenen Austritt Heinrich Manns und Käthe Kollwitz' aus der Preußischen Akademie. 1934-1938 Meisterschüler Wilhelm Gerstels. 1937-1938 Romstipendium (Preußischer Staatspreis). Ab 1938 Meisteratelier in der Preußischen Akademie. 1940-1944 Kriegsdienst. 1942 Rompreis, Beurlaubung von der Front für den Aufenthalt in Rom. 1944-1946 jugoslawische Kriegsgefangenschaft. 1946-1950 Professor und Leiter der Bildhauerabteilung der Akademie der angewandten Kunst in Wien. 1950 Übersiedelung in die DDR, Mitglied der Deutschen Akademie der Künste. 1951/52 Gewinner des Wettbewerbes für den »Ehrenhain Buchenwald«(zusammen mit der Brigade Makarenko der Deutschen Bauakademie). 1953 scharfe Auseinandersetzungen um den ersten Entwurf seiner Buchenwaldplastik. Eintritt in die SED. Nationalpreis. 1954/1955 und 1961/1962 Sekretär der Sektion Bildende Kunst der Deutschen Akademie der Künste. 1974-1983 Vizepräsident der Akademie der Kunst der DDR. 1981 Bremer Bildhauerpreis.

167   Ludwig Deiters (1921). 1940 Abitur und Reichsarbeitsdienst. Wehrmacht. 1945 Gefangenschaft. 1946-1950 Architekturstudium an der TU Berlin. Dipl.-Ing. 1946 Eintritt in die SED. 1950-1952 Architekt im Institut für Bauwesen der Deutschen Akademie der Wissenschaften. Ab 1951 Deutsche Bauakademie. 1951/52 Teilnahme am Wettbewerb zur Gestaltung des Ehrenhains Buchenwald als Mitglied der Brigade Makarenko an der Deutschen Bauakademie. 1952/53 Mitarbeiter des Generalprojektanten von Stalinstadt. 1953/54 Mitarbeiter des Chefarchitekten von Ost-Berlin. Ab 1954 Mitglied des Architektenkollektivs Buchenwald. 1957-1961 Konservator für die Bezirke Potsdam und Frankfurt im Institut für Denkmalspflege. 1961-1986 Direktor des Instituts für Denkmalspflege und Generalkonservator.

Mit der Ausschreibung des beschränkten Wettbewerbs »zur Erlangung von Entwürfen für die architektonische, bildhauerische und landschaftsgärtnerische Gestaltung des Ehrenhains zum Gedenken der Opfer des faschistischen Terrors in Buchenwald« durch die Gedenkstätten-Planungskommission der VVN beginnt die Suche nach einem Denkmal, das die der »Gedenkstätte KL Buchenwald« implantierte Bedeutung aufnimmt, beglaubigt und zeitlos überhöht. Zur Teilnahme aufgefordert werden der an der Deutschen Bau-Akademie lehrende Architekt Richard Paulick, der am Bau der Stalin-Allee beteiligt ist; der Rektor der Hochschule für Architektur und Bauwesen in Weimar Otto Engelberger, der die Vorbereitungen zum Bau des Buchenwald-Denkmals Siegfried Tschierschkys intensiv begleitet hat und Mitglied der Gedenkstätten-Planungskommission der VVN ist; der Bildhauer Gustav Seitz, Nationalpreisträger des Jahres 1949, 1958 wird er die DDR verlassen und Professor an der Hamburger Kunstakademie werden; und der Bildhauer Fritz Cremer[166] in Zusammenarbeit mit den Gartenarchitekten Reinhold Lingner, der in Arnsberg im Sauerland geborene Cremer ist bereits durch antifaschistische Mahnmale – in Mauthausen – hervorgetreten und 1950 von Wien in die DDR – und nicht nach Westdeutschland – übergesiedelt; und schließlich die Brigade Makarenko, bestehend aus den Architekten Ludwig Deiters[167], Hans Grotewohl und Kurt Tausendschön sowie dem Gartenarchitekten Hubert Matthes und den Bildhauern Robert Riehl und Peter Götsche. Die Mitglieder des Kollektivs sind sehr jung, das Studium haben sie erst vor kurzem abgeschlossen. Ihr Kunst- und Architekturverständnis ist – im Gegensatz zu den anderen – in erster Linie durch die Ausbildung in der SBZ/DDR geprägt worden. Mit Ausnahme von Gustav Seitz werden sich alle Aufgeforderten am Wettbewerb beteiligen.

Die Beschränkung des Wettbewerbs auf nur wenige Bildhauer, Architekten und Landschaftsgestalter der DDR unterstreicht, wie eng die Verbindung zwischen dieser und dem Denkmal mittlerweile gedacht wird. Im Frühjahr 1949 hatten die Denkmalsetzer um Walter Bartel im Zusammenhang mit der Sprengung des Bismarckturms auf dem Ettersberg es noch für richtig gehalten, nicht nur deutsche, sondern »Architekten aus allen Buchenwald-Nationen« daran zu beteiligen, Vorschläge für das neue Denkmal auf dem Ettersberg zu entwickeln.[168] Im Mai 1949 war das Buchenwald-Komitee von Stefan Heymann Kraft dessen Stellung in der Kulturabteilung beim Zentralsekretariat der SED in dieser Auffassung bestätigt worden. Am 28. April 1949 hatte er übermittelt: »Es ist sicher möglich, einen internationalen Wettbewerb für das Buchenwald-Denkmal auszuschreiben« und zugleich vorgeschlagen, die FIAPP (Fédération Internationale des Prisoniers Politiques, V.K.) als internationalen Zusammenschluß der ehemaligen politischen Gefangenen einzuschalten.[169]

Es läßt sich an Hand der zur Verfügung stehenden Akten nicht entscheiden, wie ernst der Vorschlag, einen internationalen Wettbewerb auszurichten, tatsächlich gemeint war; ob er zum Beispiel in erster Linie die Funktion haben sollte – wie gelegentlich vermerkt – breit angelegt Geld- und Materialsammlungen zu befördern und propagandistischen Zwecken zu dienen. Denn immerhin hatten sich die Denkmalsetzer bereits einstimmig für die Verwirklichung des Entwurfes von Tschierschky entschieden – und stimmten andererseits darin überein, »daß es der DDR in der nächsten Zeit nicht möglich sein wird, ein solches Denkmal zu realisieren.«[170] Man handelt widersprüchlich. Am 12. November 1949 gibt Walter Bartel bekannt, man habe aus Zeitgründen von einem internationalen Wettbewerb abgesehen und »die ehrenvolle Aufgabe der Bauhochschule übertragen.«[171] Am 15. April 1950 ist das Buchenwald-Komitee der Meinung, man solle den Entwurf Tschierschkys im Rahmen eines internationalen Wettbewerbs zur Diskussion stellen.[172] Zwei Tage später schreibt der thüringische Ministerpräsident Eggerath an das Zentralsekretariat der VVN, daß das Denkmal nicht allein Sache Thüringens, der DDR oder Gesamtdeutschlands und auch nicht die Sache eines Künstlers sein könne, sondern wegen »der Bedeutung des Lagers und der 51000 Toten« Sache aller Buchenwaldhäftlinge sei und Gegenstand eines internationalen Wettbewerbs werden müsse.[173] Mitte Juni 1949 konstituiert sich der schon erwähnte »Ettersberg-Ausschuß« – ihm gehören Vertreter der VVN auf kommunaler und Landesebene, der Landrat des Kreises und der Oberbürgermeister der Stadt Weimar sowie Siegfried Tschierschky mit seinen Mitarbeitern an – um die Vorbereitungen zum Bau des Denkmals zu koordinieren und zu beschleunigen.[174] Im Juni 1950 teilt Tschierschky dem Buchenwald-Komitee und dem Generalsekretariat der VVN mit, er sei dabei, die Unterlagen für den internationalen Wettbewerb zusammenzustellen.[175] Aus den darauf folgenden Wochen ist der Entwurf einer Auslobung für einen »Ideenwettbewerb zur Erlangung von Vorentwürfen für ein Ehrenmal für die Opfer des KZ Buchenwald auf dem Ettersberg bei Weimar«[176] erhalten, der von Willy Kalinke, dem Vorsitzenden der VVN Thüringen, gezeichnet werden sollte. Passagen, die auf das Denkmal im engeren Sinn bezogen sind, gehen allerdings aller Wahrscheinlichkeit nach auf Siegfried Tschierschky zurück. Vorgesehen ist, die eingereichten Entwürfe zunächst durch »ein Preisgericht des Landes des Einsenders« begutachten zu lassen

---

168 BwA 06 2-13.

169 BwA 06 2-14.

170 BwA 06 2-13.

171 Thüringisches Hauptstaatsarchiv Weimar BW 32. Ob die doppelte Staatsgründung hier auch eine Rolle spielt, läßt sich an Hand der Akten nicht sagen. Sicher ist, daß alle Beteiligten das Denkmal möglichst schnell realisieren wollten. Die Grundsteinlegung für das Denkmal sollte am 16.4.1950 erfolgen.

172 BwA 06 2-13.

173 Ebenda.

174 Ebenda.

175 Ebenda.

176 Ideenwettbewerb zur Erlangung von Vorentwürfen für ein Ehrenmal für die Opfer des KZ Buchenwald auf dem Ettersberg bei Weimar, 5 Seiten, undatiert. BwA 06 2-28.

und »die 3 bis 4 besten Entwürfe« daraufhin nach Weimar zur »Beurteilung« durch eine internationale Jury zu übergeben. Danach bestimmt »der ›Ettersberg-Ausschuß‹ (...) im Einverständnis mit dem Preisgericht den Entwurf, der zur Ausführung kommen soll.«[177] Bis zum Jahresende sollen die Entwürfe in Weimar vorliegen. Am 4. April will man sie anläßlich des sechsten Jahrestages der Befreiung in der Stadt ausstellen. In inhaltlicher Perspektive wird auf die schon geleisteten Arbeiten einschließlich der MEMENTO-Buchstaben und auf die Fernsichteignung des Standortes verwiesen. Gewünscht wird ein Feierplatz für bis zu 10 000 Menschen. Die Wunden, die der Krieg dem Wald zugefügt hat, sollen durch Aufforstung wieder geheilt werden. In allen weiteren Punkten ist der Auslobungsentwurf offenbar bewußt unscharf gehalten. »Den Teilnehmern ist die Art des Ehrenmales aus den Gegebenheiten heraus freigestellt. (...) Die Idee soll deutlich und prägnant das Charakteristikum des Ehrenmals für die Opfer des Buchenwaldes zum Ausdruck bringen und sich in das Landschaftsbild einfügen. (...) Die Planung muß auf die zeitbedingten Möglichkeiten der Ausführung Rücksicht nehmen, dabei aber durchaus fortschrittlich sein.« Im März 1951 verständigt man sich darauf, daß das Buchenwald-Komitee zunächst eine Vorentscheidung über die bei der Durchführung des Wettbewerbs eingehenden Entwürfe treffen soll, »die endgültige Entscheidung von einem Organ der FIAPP, der internationalen Organisation der Widerstandskämpfer.«[178]

Wäre der Wettbewerb in dieser Weise durchgeführt worden, man hätte zwei Fliegen mit einer Klappe geschlagen. Das Buchenwald-Komitee hätte das erste – und damit letzte – Wort in Bezug auf das Denkmal gehabt und in jedem Fall ein Denkmal bekommen – vermutlich das von Tschierschky entworfene –, wie man es für richtig hielt. Andererseits hätte man sich mittels dieses Verfahrens internationaler Aufmerksamkeit und Unterstützung versichert und zugleich die eigene Dominanz verschleiert.

Als der Wettbewerb schließlich Ende April 1951 eingeleitet werden soll, stellt sich heraus, »daß weder eine Entscheidung noch eine Zustimmung des Zentralsekretariats der SED für diesen Wettbewerb vorliegt.«[179] Am 26. April 1951 vermerkt Robert Siewert in einem Schreiben an das Generalsekretariat der VVN: »Mit dem Kameraden Walter Bartel konnte ich in dieser Angelegenheit (Wettbewerb, fehlende Zustimmung des ZK, V.K.) noch nicht sprechen. Ich selbst habe ebenfalls gewisse Bedenken, einen solchen Wettbewerb zur Zeit durchzuführen, zumal die Ausführung des Objekts aus verschiedenen Gründen fraglich ist.«[180] Ob Robert Siewert hier indirekt auf die oben umrissenen politischen Säuberungs- und Disziplinierungsmaßnahmen anspielt, läßt sich an Hand der Quellen nicht entscheiden. Jedenfalls wird sieben Monate später ein Wettbewerb ausgeschrieben, in dem das Denkmal von einer wie auch immer begrenzten und funktionalisierten internationalen Sache zu einer inneren Angelegenheit der DDR geworden ist, einer Angelegenheit, die zunehmend weniger in der Hand des Buchenwald-Komitees liegt.

Von den auf den 14. Dezember 1951 datierten offiziellen Ausschreibungstexten für die beschränkten Wettbewerbe zur Gestaltung der Thälmann-Gedenkstätte im ehemaligen Krematorium des KZ Buchenwald und des Ehrenhains existieren Vorentwürfe. Während der Textentwurf für den auf den Ehrenhain bezogenen Wettbewerb so gut wie identisch mit der Endfassung ist, ist der auf die Gestaltung des Krematoriumshofes bezogene der Beleg dafür, daß die wahren Intentionen der führenden kommunistischen Überlebenden des KZ Buchenwald in Bezug auf das ehemalige Konzentrationslager erst in letzter Minute offengelegt worden sind. In der Entwurfsfassung heißt es: »Das Generalsekretariat der VVN hat – gemeinsam mit einer Kommission aus Kameraden der VVN, die das Lager

---

177 Ebenda.

178 BwA 06 2-13.

179 Robert Siewert am 26.4.1951 an die Hauptabteilung II des Ministeriums für Aufbau. BwA 06 2-13.

180 BwA 06 2-13.

Buchenwald überstanden, Architekten, Bildhauern und Landschaftsgestaltern – beschlossen, das Vernichtungslager Buchenwald[181] in seiner brutalen und grausamen Wirklichkeit zu erhalten. Die bestehenden steinernen Unterkünfte der ehemaligen Häftlinge werden den einzelnen nationalen Organisationen der VVN zur Einrichtung von Gedächtnisstätten zur Verfügung gestellt, wobei die deutsche Organisation in einem dieser Gebäude die Geschichte des Lagers mit dokumentarischem Material und in künstlerischer Form festhält. Die Wachtürme und der Stacheldrahtzaun umschließen das ganze Lager.«[182]

In dieser Entwurfsfassung spiegeln sich die Beschlüsse wider, die von der Gedenkstätten-Planungskommission in der Sitzung am 24. November 1951 gefaßt worden waren, und zugleich gewinnt eine Auffassung Gestalt, die bereits am 17. November 1951 im Rahmen einer Begehung des Geländes von Künstlern und Mitgliedern der Gedenkstätten-Planungskommission – im Beisein von Robert Siewert – formuliert worden war, nämlich das Lager »mit allen Grauensstätten unverändert und wild, für den Besucher« zu erhalten und ihm mit dem Ehrenhain eine »Wallfahrtstätte mit großem Mahnmal weit sichtbar« gegenüber zu stellen.[183]

In der siebzehnzeiligen endgültigen Formulierung der Aufgabenstellung ist vom Lagergelände und erst recht von der weitgehenden Erhaltung der überkommenen Relikte nicht mehr die Rede. Festgestellt wird lediglich, daß seitens der VVN beschlossen worden ist, den »Hof des Krematoriums, in welchem Ernst Thälmann ermordet wurde, zu einer Gedächtnisstätte auszugestalten. Diese Gedächtnisstätte soll räumlich und in ihrer Konzeption mit dem Tatort dieses schändlichen Mordes verbunden sein und soll dem erschütternden KZ- und Krematoriumsmilieu angepaßt sein.«[184]

Genauso lapidar und von Allgemeinplätzen durchzogen ist die knapp eine Schreibmaschinenseite lange Aufgabenbeschreibung für die Gestaltung des Ehrenhains. Sie ist nur in einer Hinsicht konkret: »abstrakte Formen« werden als Ausdruck »unserer Liebe und Verehrung den Unbeugsamen vieler Nationen gegenüber« apodiktisch ausgeschlossen. Ansonsten beschränkt sich der Text darauf, die »würdige Ehrung aller Opfer von Buchenwald in großzügiger und schönster Form« durch das Zusammenwirken von Bildhauern, Architekten und Landschaftsgestaltern zu fordern und verlangt, daß die Massengräber auf dem Ettersberg in die Denkmalsanlage gestalterisch eingebunden werden. Zwingend sind ein großer Kundgebungsplatz und die Fernwirkung des Gesamtdenkmals.[185] Allein der Neustrelitzer Pastor Karl Fischer[186] – Mitglied des Zentralvorstandes der VVN und Preisrichter im Wettbewerb zur Umgestaltung des Krematoriums zur Gedächtnisstätte für Ernst Thälmann – hatte vor Auslobung der Wettbewerbe unter dem Titel »Mehr Pietät! Weniger Sentimentalität! Ein Wort zur Denkmalsfrage« versucht, eine politisch-ästhetische Diskussion anzustoßen. In politischer Hinsicht hatte er sich dabei gegen jene in der SED gestellt, die die Ansicht vertraten, »es wäre besser, diese Stätten des Grauens – insbesondere die KZ-Lager – dem Erdboden gleich zu machen, damit die unsichtbare Scheidewand zwischen uns und den früheren Mitläufern und Nazis verschwinde«, und er hatte dem Argument, daß zunächst das Land aufgebaut werden müsse, Wohnungen wichtiger seien als Denkmale, eine Absage erteilt. In ästhetischer

---

181 In der offiziellen Ausschreibung wird der historisch falsche Begriff »Vernichtungslager« nicht mehr verwendet. Seine Verwendung in der Entwurfsfassung unterstreicht, wie stark der Kontrast zwischen dem ehemaligen Häftlingslager und dem Ehrenhain ausgebildet werden sollte: ein Kontrast wie zwischen Hölle und Himmel. Originalfassung: BwA 06 2-14.

182 BwA 06 2-14.

183 Thüringisches Hauptstaatsarchiv Weimar BW 32.

184 BwA 06 2-14.

185 Ebenda.

186 Karl Fischer (1900-1972). Katholischer Geistlicher. Nach 1933 Aufbau einer Hilfsorganisation, die Angehörige politischer Häftlinge betreut. 1943 Flucht. Nach 1945 Mitglied der Ost-CDU. Pfarrer in Neustrelitz. 1949 Mitglied des Zentralvorstandes der VVN. Ab August 1953 Mitglied des Präsidiums des Komitees der Antifaschistischen Widerstandskämpfer.

Hinsicht geißelte er die »Einheitssuppenschüssel genannt Opferschale, oder das ebenfalls bereits beinahe traditionell gewordene Mauerwerk in kubischen Formen, beziehungslos irgendwo in die Gegend gesetzt und mit unserem Emblem verziert«, und er verwies im Gegensatz zum Ausschreibungstext darauf, daß das Denkmal angesichts seines Erinnerungsgegenstandes mit den Hauptlinien der Denkmalstradition, insbesondere mit den Kriegerdenkmalen brechen müsse. Darauf hatte auch Hermann Henselmann im Zusammenhang mit der Absicht, das ehemalige nationalsozialistische »Gauforum« in Weimar zum Buchenwald-Denkmal umzugestalten, im Januar 1946 aufmerksam gemacht, indem er feststellte: »In bezug auf die künstlerische Formgebung muß mit dem Pathos der Kriegerdenkmäler der letzten hundert Jahre und der neuen Zeit gebrochen werden. Unser Denkmal muß sich (…) durch eine gewisse Frische, in der mehr Jubel als Trauer ist, wesentlich von diesen unterscheiden.«[187] Wollte Henselmann auf diese Weise die behauptete absolute Diskontinuität der deutschen Geschichte vor und nach dem 8. Mai 1945 unterstreichen und die Geburt des »neuen Deutschland« in der SBZ hervorheben, so sprach Fischer das Problem, ob den Opfern in der überkommenen Formsprache der Täter überhaupt gedacht werden könne zwar indirekt an, aber nur, um es sogleich in der formelhaften Sprache des sozialistischen Realismus zu erledigen: »Die Politiker sollen darauf sehen, daß unsere Mahnmale sich wesentlich unterscheiden von den Kriegerdenkmälern der Vergangenheit. Der Charakter unserer Mahnmäler soll revolutionär, vorwärtsgerichtet, optimistisch sein. Er soll die Einheit unseres jetzigen Kampfes und des Kampfes in der Vergangenheit zum Ausdruck bringen.«[188]

So leer und floskelhaft der Ausschreibungstext auch ist, gab es doch ein Vorbild für die Größe und Form der Denkmalsanlage im Ehrenhain, und es existierten Vorstellungen von der Funktion, die Kunst in ihrem Kontext erfüllen sollte. Latenter Bezugspunkt für das »Ehrenmal Buchenwald« ist das seit 1946 vorbereitete, 1949 eingeweihte sowjetische Ehrenmal in Berlin-Treptow. Schon bald nach dessen Fertigstellung hatte Walter Bartel einen Zusammenhang zwischen beiden Denkmalen hergestellt. Am 12. November 1949 bestimmt er: »Das Mahnmal selbst soll in Angleichung des in Berlin Treptow im Laufe des Jahres entstandenen russischen Ehrenmals einen Hohlraum aufweisen.«[189] In Vorbereitung der bereits mehrfach erwähnten Sitzung der Gedenkstätten-Planungskommission der VVN am 24. November 1951, in der das Konzept zur Gestaltung des ehemaligen Lagers beraten und beschlossen wurde, weist Helmut Holtzhauer, der Vorsitzende der Staatlichen Kommission für Kunstangelegenheiten, in dieselbe Richtung. »Das auf die Planskizze der Stadt Weimar eingezeichnete Gelände für das Mahnmal wird architektonisch und gärtnerisch in vollem Umfange durchgestaltet, wobei als Vorbild für die Großzügigkeit der Anlage das Ehrenmal für die sowjetischen Gefallenen in Berlin-Treptow genommen werden sollte.«[190] In der Beratung wird sein Vorschlag bestätigt.[191] Ein im Vorfeld der Feiern zum zehnten Jahrestag der Befreiung des Konzentrationslagers Buchenwald erschienener Artikel in der Zeitung »Das Volk« vom 6. April 1955 wirft Licht auf die inhaltliche

---

187 »In Bezug auf die künstlerische Formgebung muß mit dem Pathos der Kriegerdenkmäler der letzten hundert Jahre und der neuen Zeit gebrochen werden. An sich waren das Gefallenen-Ehrenmal in Berlin oder das des unbekannten Soldaten in Paris vom künstlerischen Standpunkt aus geglückte Lösungen. Unser Denkmal muß sich jedoch durch eine gewisse Frische, in der mehr Jubel als Trauer ist, wesentlich von diesen unterscheiden.« BwA 06 2-28.

188 Karl Fischer: »Mehr Pietät! Weniger Sentimentalität – Ein Wort zur Denkmalsfrage von Pastor Karl Fischer, Mitglied des Rates und des Zentralvorstandes der VVN«, undatiert, 4 Seiten. BwA 06 2-14.
Die Denkschrift ist Walter Bartel am 18.12.1951 von der »Abteilung Agitation und Propaganda/Forschung« beim Generalsekretariat der VVN zugestellt worden. BwA 06 2-28.

189 Thüringisches Hauptstaatsarchiv Weimar BW 32.

190 Helmut Holtzhauer an den Generalsekretär der VVN und Leiter der Sitzung Fritz Beyling in einem Brief vom 22.11.1951. BwA 06 2-28.

191 BwA 06 2-14.

Bedeutung der Verknüpfung des Buchenwald-Denkmals mit dem sowjetischen Ehrenmal für die in der Schlacht um Berlin gefallenen sowjetischen Soldaten. Berichtet wird, daß die als Teil der Denkmalsanlage gebaute »Straße der Nationen« »ein weißes Mosaikpflaster in Kassettenform erhalten (soll), in das schwarze Mosaiksteinchen als Eichenlaubkränze gelegt werden.« Hätte man diese Eichenlaubkränze tatsächlich realisiert, sie wären das tief deutsche Gegenstück zu den Lorbeerkränzen gewesen, die in die breiten Wege um die Gefallenengräber in der Treptower Anlage eingepflastert worden waren. Zum Ausdruck kommt so, daß parallel zum sowjetischen Siegesdenkmal, dem Denkmal, das durch die Ehrung der Gefallenen hindurch die Zerschlagung des Faschismus von außen feiert, ein deutsches Siegesdenkmal errichtet werden soll, das eine Überwältigung des Faschismus von innen her bezeugt: So wie die Rote Armee zunächst scheinbar geschlagen wurde und dann doch triumphierte, so haben die deutschen kommunistischen Häftlinge Buchenwalds – stellvertretend für die gesamte KPD – im Zentrum der »faschistischen Brutalität« den Sieg über den Faschismus errungen.

Kunst kommt in diesem Kontext eine doppelte Aufgabe zu. Einmal soll sie die Brutalität des nationalsozialistischen KZ und den heroischen Widerstandskampf der Häftlinge zeigen und zwar vom Inneren des Lagers her im Sinne eines photorealistischen, authentischen Augenzeugnisses und Dokuments. Im Sommer 1954 bittet Josef (Sepo) Miller beispielsweise den Maler Max Lingner[192], um eine Zeichnung »Einzug sowjetischer Kriegsgefangener in ein Konzentrationslager.« Den Besuchern des »Museums des Widerstandes« in der »Gedenkstätte KL Buchenwald« soll durch dieses Bild vermittelt werden, daß im KZ Buchenwald große, selbstverständliche, quasi naturgegebene Solidarität, wenn nicht Klassenbrüderschaft zwischen allen Häftlingen und allen sowjetischen Kriegsgefangenen geherrscht hat. Eine solidarische Verbundenheit, die auch Vorbild und Legitimation für die staatsverordnete Völkerfreundschaft zwischen der UdSSR und der DDR sein soll. Für Miller ist dabei nicht wichtig, daß Max Lingner, der unter anderem im südwestfranzösischen Lager Gurs interniert war, nie Häftling des KZ Buchenwald gewesen ist. Ihm reicht, daß das Kunstwerk sich als visueller Beweis anbietet. Max Lingner ist auf das Ansinnen Millers am 1.7.1954 eingegangen: »Ich will für Buchenwald gern eine Skizze in knapp Briefbogengröße anfertigen, evtl. anonym, etwa wie ein Augenzeugenbericht, und das gratis.«[193] Millers und Lingners idealisierender Augenscheinvorspiegelung entspricht die zweite Aufgabe, die künstlerische Arbeiten in der Gedenkstätte erfüllen sollen. Ihr Hauptzweck ist es, »bei Wahrung der wissenschaftlichen Wahrheit und der sozialistisch-antifaschistischen Parteilichkeit, insbesondere den politisch-wissenschaftlich weniger interessierten Besuchern rein sinnlich eine richtige Vorstellung zu vermitteln.«[194] Kunst ist damit, was massenwirksam affektiv ergreift, politisch bindet und Loyalität schafft. Kunst ist Mittel erinnerungspolitischer Suggestion.

192 Max Lingner (1888-1959). 1908-1913 Studium der Malerei an der Kunstakademie Dresden. 1914-1918 Soldat, 1918 Beteiligung am Kieler Matrosenaufstand. Ab Mitte der zwanziger Jahre sozialkritische Bilder. 1928 Übersiedelung nach Paris. 1934 Eintritt in die KPF, Arbeit für die Volksfront. 1939/40 Internierung im Lager Gurs, Flucht, illegale Arbeit für die Resistance. 1949 Übersiedelung in die DDR, Professor an der Hochschule für bildende und angewandte Kunst in Berlin-Weißensee. 1950 Gründungsmitglied der Deutschen Akademie der Künste in Ostberlin, Verwerfung seiner Dekorationen für die 1. Maifeiern als formalistisch. Übernahme der Formprinzipien des sozialistischen Realismus.

193 Archiv DHM/MfDG, Abt. Gedenkstätten, o. Signatur. Aktentitel: Schriftwechsel (...) zur Ausgestaltung, baul. Maßnahmen und Errichtung der Gedenkstätte Buchenwald 1954-1958.

194 Otto Halle in einem »Entwurf – Plan für das Museum Buchenwald« vom Dezember 1956. Archiv DHM/MfDG, Abt. Gedenkstätten, o. Signatur. Aktentitel: Veränderungen in Buchenwald 1958.
Otto Halle (1903-1987). KPD. 1933 verhaftet. KZ Sonnenburg, danach Notstandsarbeiten. 1935 erneut verhaftet. 1937-1945 KZ Buchenwald. 1939-1945 Kapo der Häftlingsbekleidungskammer. Nach 1945 Ministerialdirektor im Volksbildungsministerium Sachsen-Anhalt. 1948 Funktionsenthebung. Später Hauptabteilungsleiter für Hochschulwesen im Ministerium für Volksbildung. 1951-1953 Rundfunk, 1953-1955 Leiter des Seemann-Verlages in Leipzig.

[40]
1951/52.
Wettbewerbsbeitrag der Gruppe Bertolt Brecht, Fritz Cremer, Reinhold Lingner.
Quelle: Gedenkstätte Buchenwald

195 Von Grzimek stammen die Reliefstelen »Ankunft der Häftlinge« und »Leiden und Vernichtung der Häftlinge«, die Verschlußplatte des Urnengrabs im »Turm der Freiheit« sowie das die Turmglocke schmückende Flachrelief.

196 Beteiligt waren auch die Architekten Kunz Nierade und Horst Kutzat sowie der Gartenarchitekt Hugo Namslauer.

197 »Die Skizze des Dichters. Gedächtnisstätte Buchenwald.« 1 S., undatiert, BwA 06 2-28.

198 Bundesarchiv Potsdam DR 1 / 7515. Brecht notiert zur Entstehung des Konzeptes in seinem Arbeitsjournal unter dem 3.2.1952: »hier der Bildhauer CREMER und ein gartenbauarchitekt. für das nazilager buchenwald bei weimar soll ein denkmal gebaut werden. cremer frägt an, ob man nicht eine stätte für festspiele bauen könne. ich schlage vor, eine steinbühne mit steinarena zu errichten – am hang jenseits des alten lagers und oben eine ungrade anzahl riesiger männer, befreiter gefangener, in stein aufzustellen, die nach südwesten blicken, wo noch unbefreite gebiete liegen.« Bertolt Brecht: Arbeitsjournal 1942 bis 1955 (hg. von Werner Hecht), Frankfurt/M 1974, S. 582.

199 BwA 06 2-24.

Am 28.3.1952 prämiert das von der Gedenkstätten-Planungskommission beim Zentralvorstand der VVN eingesetzte Preisgericht unter dem Vorsitz des Ministerpräsidenten Otto Grotewohl – dem Preisgericht gehören unter anderem Helmut Holtzhauer, Werner Eggerath, Franz Dahlem, Walter Bartel und der später in die BRD hinübergewechselte und selbst an der Gestaltung der Gesamtdenkmalsanlage Buchenwald beteiligte Bildhauer Waldemar Grzimek[195] an – die Entwürfe Nr. 120445 und Nr. 969696. Unter der Kennummer 120445 verbirgt sich der von Fritz Cremer zusammen mit dem Gartenbauarchitekten Reinhold Lingner und dem Dichter Bertolt Brecht[196] erarbeitete Vorschlag, unter Einbeziehung der beiden noch bekannten Massengräber auf dem Ettersberg ein Amphitheater mit 13 000 Sitzplätzen zu errichten. [40] Hier soll jährlich in Erinnerung daran, daß »das Konzentrationslager Buchenwald Sinnbild (ist) des bewußtesten organisierten Widerstandes der Helden gegen den Faschismus, die seiner Brutalität am meisten preisgegeben waren«, eine »künstlerische Veranstaltung« mit »mehreren hundert Mitwirkenden« stattfinden. Brecht skizziert sie so: »Gegenüber dem einstigen Konzentrationslager Buchenwald, auf dem Abhang Weimar zu, soll ein Denkmal zusammen mit einer würdigen Gedenkstätte gebaut werden. Eine steinerne Gruppe überlebensgroßer Figuren auf einem einfachen Sockel überblicken ein Amphitheater in edlen Linien. Es sind die Standbilder befreiter Häftlinge, alle nach Südwesten blickend. Auf dem Sockel steht: HIER FING DIE FREIHEIT AN. WANN WIRD FREI SEIN JEDERMANN? In dem Amphitheater ihnen zu Füßen sollen alljährlich zum Gedächtnis der Häftlinge Festspiele in ihrem Sinn veranstaltet werden. Gedacht ist an große Appelle an ganz Deutschland, übertragen durch den Rundfunk, in denen alle Deutschen aufgerufen werden, für den Frieden und den sozialen Fortschritt zu kämpfen. Diese Appelle bestehen aus chorischen und Einzelgesängen, Vorlesungen und politischen Reden. Ein Beispiel dafür ist das Werk ›Appell‹ von Dessau und Skubin.«[197] Als Sockel für die 12 Meter hohe Figurengruppe aus dunkel grünlichem Diabas ist ein »fünfzehn Meter hoher Block« an der Stirnseite des Theaters vorgesehen, »dessen Inneres als Gedächtnishalle« ausgestaltet ist und an dessen Front »in großen Lettern der Schwur der befreiten Häftlinge von Buchenwald in den Stein gehauen« ist. »Die steinernen Häftlinge sind Männer verschiedener Herkunft und Glaubensrichtung, verschiedenen Charakters und Alters. Alle sehen besorgt nach Westen, in Haltung und Gebärde aber drückt sich ihre Entschlossenheit aus, für die endgültige Vernichtung des Faschismus in einem geeinten Deutschland zu kämpfen.« Kränze sollen »in der großen Halle (...) an (...) zwölf Sarkophagen der zwölf am organisierten Widerstand am aktivsten beteiligten Nationen« niedergelegt werden.[198] Das Preisgericht kommt zu dem Schluß, daß der Entwurf, die »künstlerisch reifste Darstellung der Aufgabe enthält«, jedoch den »gedanklichen Anforderungen der Aufgabe nicht voll gewachsen« ist. »Das trifft besonders auf das in Mitten des Gräberfeldes liegende Theater zu. Kundgebungen an dieser Gedenkstätte sind keine Sitzveranstaltungen. Das ehrende Gedenken der Opfer des Faschismus ist mit Kundgebungen stehender Menschen verbunden.« Gleichwohl findet die Gedenkhalle Anerkennung, und eine von Cremer zu schaffende Plastikgruppe soll zum Brennpunkt der Gedenkanlage werden.[199]

Der mit der Nummer 969696 gekennzeichnete Entwurf ist der der Brigade Makarenko. Ihm bescheinigt die Jury die »stärkste gedankliche Konzentration«, kommt aber zu dem Schluß, daß die »gewählte künstlerische Lösung nicht den zu stellenden Ansprüchen« genügt. Mit »stärkster gedanklicher Konzentration« ist gemeint, daß der Entwurf der Brigade Makarenko mit Mitteln der Kunst und durch die architektonische und landschaftsgestalterische Überhöhung der natürlichen Gegebenheiten des Ortes hindurch wiederholt und beglaubigt, was schon durch die Minimierung der Relikte im Lagerbereich als objektive historische Tatsache deutlich werden sollte: zwingend ist nach Tod und Kampf der Sieg. In der Sprache des Kollektivs: »Die Denkmalsanlage muß also einen Ausdruck finden für die unmenschlichen Quälereien der politischen Häftlinge durch die SS-Leute und Berufsverbrecher/ für alle Formen des Widerstandes/ (...) sie muß den Kampf gegen den Hitlerkrieg und den kämpferischen Anteil an der Befreiung des Lagers zeigen, in ihr muß die Ehrung der ermordeten Menschen – der gefallenen Kämpfer – zu einer Verpflichtung gestaltet werden/ durch Darstellung der Ziele des Buchenwaldschwurs/ durch Darstellung des erfolgreichen Kampfes der Völker um Frieden und Freiheit nach dem Beispiel der Vorkämpfer aus dem Konzentrationslager Buchenwald.« Um diesem Erinnerungsgedanken Ausdruck zu geben, wollen die Mitglieder der Brigade an der »Blutstraße«, der von Häftlingen gebauten ehemaligen Zufahrt zum Lager, unter anderem »Reliefblöcke« mit »Darstellungen des furchtbaren Schicksals der Häftlinge« aufstellen und an »wesentlichen Punkten der Straße« vier »Stelen mit einer Höhe von fünf Metern«, die bildhaft von den »Untaten der nationalsozialistischen Unterdrücker« künden und andererseits »Worte hervorragender Antifaschisten aus aller Welt tragen – Worte, die den Untergang des Faschismus und den Sieg der demokratischen Kräfte voraussagten.« Der Abstieg von der »Blutstraße« zu den Massengräbern am Südhang des Ettersberges soll als »Ausdruck des niedergehenden Faschismus« gestaltet werden – 9 Stelen, eine für jedes Jahr der Existenz des Lagers – »zeigen auf dem Hintergrund der Leiden (...) die Geschichte des illegalen Kampfes«. *[41, 42]* »Solidaritätsaktionen/ wie sie gegenüber den sowjetischen Kriegsgefangenen geübt wurden/ illegale Kulturveranstaltungen/ Sabotage in der Rüstungsindustrie/ Organisierung eines Funknachrichtendienstes/ Aufbau und Bewaffnung der internationalen Lagerarmee (...) Als letzte Steigerung stellt die neunte Tafel den Sieg der antifaschistischen Kräfte und die Entwaffnung der SS dar.« Der sich an den Abstieg anschließende Raum der Grabtrichter soll zum »Bereich ehrenden Gedenkens zusammengeschlossen« werden, der »Aufstieg zum Feierplatz und zum Befreiungsturm als Ausdruck des Sieges über die nazistische Barbarei.« »Der Turm soll durch seine aufragenden Proportionen und durch seine Figurengruppe zum Symbol des Freiheitskampfes werden. Durchsichtig als Erinnerung steht über den Figuren das dreieckige Zeichen/ das aus einer barbarischen

*[41] · [42] 1951/52.
Wettbewerbsbeitrag der Brigade Makarenko.
Zeitungsphotos. Quelle: Gedenkstätte Buchenwald.*

Kennzeichnung zum Ehrenzeichen einer Generation von Kämpfern gegen den Faschismus wurde. Aus dem Turm stürmt unter den Fahnen des Sieges eine Gruppe von Menschen/ die alle Gesellschaftsschichten/ alle Altersstufen umfaßt. Sie charakterisiert unser vom Faschismus befreites Volk in seinem leidenschaftlichen Kampf um ein besseres Leben/ um die Erhaltung des Friedens. Den Ausgangspunkt dieses Kampfes zeigen die in den Sockel eingemeißelten Worte des Buchenwaldschwurs: ›Die Vernichtung des Nazismus mit seinen Wurzeln ist unsere Losung.‹ ›Der Aufbau einer neuen Welt des Friedens und der Freiheit ist unser Ziel.‹«[200]

Die abgelehnten Entwürfe Nr. 334519 und 662211 läßt das Beschlußprotokoll des Preisgerichts unkommentiert. In der Berliner Zeitung vom 11. Juni 1952 heißt es in Bezug auf den ersten – es ist der Entwurf des Kollektivs Paulick – lediglich, er trage dem sanften Schwung der Landschaft nicht Rechnung und würde, abgesehen von dem hohen Kostenaufwand, »kein Gefühl des Gedenkens, des steten Mahnens aufkommen lassen, da er zu prächtig, zu laut« sei. *[43]* Das Argument ist nicht aus der Luft gegriffen, denn Paulicks Entwurf sieht eine terrassenförmig gestufte, den Hang des Ettersbergs hinaufsteigende Memorialanlage größten Ausmaßes vor, in der »die alte Tradition der sonst in Thüringen vorhandenen Trutzburgen und Türme« aufgenommen und mit einer monumentgesäumten, durch ein als Triumphbogen aufgefaßtes »Tor der Toten« zu betretenden, einen Kilometer langen »via sacra« kombiniert werden soll. Monumentale Treppenanlagen, Plätze, eine »große plastische Gruppe« aus »hellem Marmor gegen schwarzen Granit«, die den »bewußten politischen Kampf der Häftlinge von Buchenwald symbolisiert«, die gärtnerisch miteinander verbundenen Gräber, ein »Gedenkstein, der die Asche Ernst Thälmanns enthält«, eine »Gedenkhalle mit seitlich angebauten Atrien«, ein den Hang hinunterspringender »Quell des Lebens,« und eine dem Schwur von Buchenwald geweihte, durch einen Säulengang zu betretende Turmhalle, »an den Wänden (…) auf Steinplatten die Namen alldererjenigen Überlebenden

200 Bundesarchiv Potsdam DR 1 / 7515.

201 BwA 06 2-28.

202 Ebenda.

203 Ebenda.

eingemeißelt, die 1945 diesen Schwur leisteten«, hätten das Gedenkgelände bestückt.[201] Paulick ist nicht allein gescheitert, weil er dem Preisgericht eine monströse, unbezahlbare Kombination von Totenburg, barocker Gartenanlage, Kriegerfriedhof und Skulpturenpark vorgeschlagen und dabei auch noch historische Unkenntnis offenbart hat. Er mußte scheitern, weil die Denkmalsanlage trotz aller bemühten politischen Floskeln letztendlich verkehrt herum gegliedert ist. Nachdem der Besucher über die via sacra den Hang erstiegen, die architektonischen, landschaftsgärtnerischen und plastischen Elemente der Erinnerungslandschaft besucht und auf sich wirken gelassen hätte, hätte er die Anlage über »eine breite Treppe hinauf zum Leidensweg der Gefangenen von Buchenwald« – gemeint ist die »Blutstraße« – verlassen. Nicht vom Leid zum Sieg, sondern vom Sieg zum Leid wäre er emporgestiegen.

Zum vierten Entwurf, dem Entwurf des Kollektivs des Direktors der Hochschule für Architektur und Bauwesen in Weimar Engelberger, dem auch der Bildhauer Hans van Breek, der Bruder Arno Brekers angehört, vermerkt die schon zitierte Ausgabe der Berliner Zeitung: »Ein rechtwinkliges Amphitheater von kastellartigem Charakter ist mitten in die Landschaft gesetzt, wohl um recht viele Menschen bei Feiern und Kundgebungen aufzunehmen. Jedoch sollen im Ehrenmal nicht nur große Gedenkfeiern stattfinden, sondern das ganze Jahr hindurch werden einzelne Besucher nach Buchenwald reisen. Insofern verliert ein Theater seine Bedeutung, da es für wenige Menschen weder Gedächtnisstätte noch Versammlungsplatz sein kann.« Es mag sein, daß die Verfasserin des Artikels, Feli Eick, den Vorschlag Brechts und Cremers mit dem Engelbergers verwechselt hat, denn von einem Amphitheater ist bei Engelberger nicht die Rede; wohl aber von einem durch Stufenanordnungen gebildeten Frei- und Feierraum, dessen Zentrum die übergroße Figur einer als junges Mädchen gefaßten Humanitas gebildet hätte. *[44]* »Das in die Landschaft geöffnete Tor mit der freistehenden Figur der Humanitas soll das Ringen der Menschheit um eine lichtere und schönere Zukunft optimistisch symbolisieren.«[202] Das Kollektiv Engelberger hat sich alle Mühe gegeben, eine Denkmalsanlage und Plastik, die ihre Abkunft von idealistischen Geschichtsallegorien und Weimarer Park- und Gartenanlagen kaum verschweigen konnte, in das Sprachgewand der SED einzukleiden. »Die Rote Armee hat den Faschismus zerschlagen. Damit war die Grundlage geschaffen, das Andenken der Opfer des Faschismus zu ehren«, stellt man den künstlerischen Ausführungen zur Denkmalsanlage voran und verweist sogar darauf, daß die Gedenkstätte bezeichnenderweise zu einem Zeitpunkt errichtet wird, an dem die »SS-Mörder bereits schon wieder von den USA-Mördern in Korea abgelöst worden sind«[203]; gleichwohl muß das Ansinnen, den heldischen Kampf der kommunistischen Männer im KZ Buchenwald durch eine weibliche Humanitas, überhaupt durch eine Humanitas symbolisieren zu wollen, dem Preisgericht abstrus erschienen sein.

Die Anfang Juli 1952 von Wilhelm Girnus entfachte Auseinandersetzung um Fritz Cremers ersten Entwurf der Figurengruppe für den Ehrenhain wirft auch hierauf bezeichnendes Licht. Diese Auseinandersetzung, von der die Rede sein wird, ist eine Folge des einstimmig gefaßten Beschlusses des Preisgerichts »a) alle Entwürfe öffentlich zur Diskussion zu stellen, b) in einer entsprechenden Diskussion die beiden preisgekrönten Entwürfe zur Grundlage der

*[43] 1951/52. Wettbewerbsbeitrag der Gruppe Paulick.
Quelle: Gedenkstätte Buchenwald.*

[44]
1951/52.
Wettbewerbsbeitrag
der Gruppe Engelberger.
»Humanitas«.
Quelle:
Gedenkstätte Buchenwald.

204 BwA 06 2-14.

205 Dieser Bezugspunkt wird in den fünfziger Jahren von den ersten DDR-Interpretatoren der Plastik gesehen und positiv gewertet. »Den Kunsthistoriker erinnern Cremers Buchenwald-Entwürfe an Rodins ›Bürger von Calais‹. Dieser Gedanke an das geniale Gruppenwerk des größten neueren Bildhauers findet, was die dritte Fassung anbetrifft, keinen Grund in irgendwelchen äußeren Ähnlichkeiten. (…) Doch umso inniger ist nun die Verbindung mit dem von Rodin in Calais entwickelten Prinzip, ein Gruppendenkmal konsequent aus dem Inhalt zu entwickeln, anstatt auf konventionelle Formvorstellungen Rücksicht zu nehmen. Und auch die Art, wie Cremer an den Stoff heranging, ist der von Rodin geübten Methode verwandt.« Heinz Lüdecke: Fritz Cremer. Der Weg eines deutschen Bildhauers. Dresden 1956, S. 26f.
Und Peter H. Feist knapp: »Dem in der Kunstgeschichte der letzten hundert Jahre Bewanderten fällt nur ein Werk ein, mit dem er Cremers Buchenwaldgruppe vergleichen möchte: die großartigste Gruppenplastik der bürgerlichen Kunst, Auguste Rodins ›Bürger von Calais‹ (1884-1886).« Peter H. Feist: Fritz Cremer: Die Kämpfer von Buchenwald, in: Junge Kunst, 2. Jg., H. 12, S. 32.
Mit Beginn der sechziger Jahre tritt dieser Vergleich dann im

endgültigen Ausführung zu machen.«[204] Im Juni/Juli 1952 werden die Entwürfe in einer von Walter Bartel eröffneten Ausstellung in Ostberlin in der Sporthalle an der Stalinallee gezeigt.

Cremers erster Entwurf der Gruppenplastik für den Ehrenhain Buchenwald geht direkt auf Auguste Rodins 1884/85 geschaffene »Bürger von Calais« zurück, der ersten nicht hierarchisch gegliederten, einer Aufopferung für das Gemeinwesen gewidmeten – in diesem Sinne demokratischen – Gruppenplastik in der Geschichte der Kunst.[205] [45, 46] Ebenbürtig und gleichberechtigt stehen acht Häftlinge zusammen, sich gemeinsam und als Einzelne gegen einen unsichtbaren Feind anstemmend. Keiner ist über die anderen erhoben, alle sind gleichermaßen durch das ihnen angetane Unrecht gezeichnet. Erniedrigt, geschunden und an den Rand des Todes gebracht stehen sie da – anklagend und ungebrochen zugleich. Kein Sockel erhöht sie, nur ihre Unbeugsamkeit hebt sie als Vorbilder von den Betrachtern ab. Einer – kein Anführer sondern einer aus ihrer Mitte – hat die Hand zum Schwur gehoben und dieser Schwur – ein »Dennoch!« – stellt die Häftlinge und ihre Leidensgeschichte in die Traditionslinie der männlichen Freiheitsschwüre ein – vom Schwur der Horazier über den Rütli-Schwur, den Schwur im Ballhaus bis hin zum Schwur von Buchenwald. Die Konzentrationslagerhaft erscheint so weniger als Unterbrechung oder Endpunkt des Weges in die Freiheit, sondern vielmehr als eine weitere – wenn auch grausame – Zwischenstufe auf dem beschwerlichen Weg in eine glückliche Zukunft.

Trotz der Aura innerer Unbeugsamkeit und trotz der in der Plastik zum Ausdruck kommenden impliziten Zukunfts- und Siegesgewißheit wird der Entwurf am 2.7.1952 von Wilhelm Girnus[206] – ehemaliger Häftling der KZ Sachsenhausen und Flossenbürg, Leiter der Kulturredaktion, später Chefredakteur, des »Neuen Deutschland« – daselbst in einem ausführlichen Artikel vernichtend kritisiert. »Es bleibt (…) unverständlich, wie das Preisrichterkollegium zu einem der Entwürfe sagen konnte, er sei ideologisch richtig«, eröffnet Girnus seinen Generalangriff. Gleichwohl ist Girnus wie Cremer der Auffassung, daß »die gesamte Anlage sich zielstrebig zur Herausarbeitung eines monumentalen Skulpturengedankens erheben muß«, der den Kristallisationspunkt der politischen Grundidee der Gesamtanlage bildet. Allein – in der Sicht Girnus' gehen sowohl die Entwürfe der Brigade Makarenko wie die Fritz Cremers an der Grundidee vorbei. In der Unmenge von Bildblöcken und Stelen, die die Brigade Makarenko errichten will, sieht Girnus den ideologischen Kern der Anlage »zerflattern«, Cremer hingegen hat das »Unwesentliche« zum Hauptinhalt seiner Plastik gemacht. »Unsere Plastiker, z. B. Peter Götsche und Prof. Cremer, haben das Unwesentliche, die äußere Erscheinung, die Lumpenkleidung, die kurzgeschorenen Haare, die verzerrten Züge Sterbender und Hungernder zum Wesentlichen gemacht und sind infolgedessen in den ideenlosen Sumpf des schamhaft mit hysterisch-expressionistischen Zügen verdeckten Naturalismus geraten. Die Seele der ganzen Idee ist dabei zuschanden gekommen. Sie haben nur die Leiden gesehen (...) sie haben das Entscheidende nicht gesehen: den Kampf, den Sieg.« Darüberhinaus fehlt Girnus »in den meisten bildhauerischen Entwürfen (...) auch die Darstellung der unverbrüchlichen Freundschaft zwischen den sowjetischen und den deutschen Gefangenen in den Konzentrationslagern Hitlers« als Ausdruck »einer unverbrüchlichen Kampfesbruderschaft, die hier entstand.«[207]

Die Ausstellung der Entwürfe für den Ehrenhain Buchenwald in der Sporthalle der Stalin-Allee sollte nach den Vorstellungen der Denkmalsetzer helfen, die Errichtung des Buchenwald-Denkmals breit zu propagieren und dadurch zu beschleunigen, stattdessen hat sie dazu beigetragen, den Ausbau des Ehrenhains zu verlangsamen und die Cremer-Plastik zum Modellfall für die Diskussion der deutschen Variante des Sozialistischen Realismus zu machen. Diese Diskussion ist mit Unterbrechungen, deswegen aber nicht weniger kontrovers und unerbittlich, geführt worden. Hinter Cremer stehen – mehr oder weniger offen – die Spitze der VVN[208] und Künstler seiner Generation, z.B. Hans und Lea Grundig. Der Kunsthistoriker und Freund

Kontext verstärkten eigenstaatlichen Anerkennungsbemühens der DDR, das durch den Bau der Mauer noch zwingender wird, zurück. Die Plastik erscheint jetzt als erstes großes deutsches sozialistisches Bildhauerwerk, das ohne wirkliches Vorbild in der Geschichte der bürgerlichen Kunst ist. »Der in der Kunstpublizistik mitunter angeführte Vergleich zwischen Cremers Buchenwald-Gruppe und Rodins ›Bürgern von Calais‹ ist nur mit großer Einschränkung möglich. Die gesellschaftlichen Verhältnisse, unter denen Rodin und Cremer gearbeitet haben, sind so grundverschieden, daß man, wird das eine Werk am anderen gemessen, beiden Künstlern und ihren Werken nicht gerecht wird. Auch Thema und Inhalt der beiden Figurengruppen haben kaum etwas Gemeinsames. Ein gewisser Vergleich – nicht in der Form – ist vielleicht mit der Monumentalgruppe ›Arbeiter und Kolchosbäuerin‹ der Wera Muchina möglich.« Eberhard Bartke: Das Denkmal, in: Das Buchenwald Denkmal, mit Beiträgen von Eberhard Bartke, Ullrich Kuhirt, Heinz Lüdecke, Dresden 1960, S. 35.

206 Wilhelm Girnus (1906-1985). 1912-1925 Volksschule, Gymnasium, Abitur. 1925-1929 Studium der Malerei und Kunstgeschichte in Kassel und Breslau, Studium der Literatur in Breslau, Königsberg und Paris. 1928 und 1931 Staatsexamina. 1931 Eintritt in die KPD. Mitglied der Reichsleitung der Roten Studenten. Bis 1933 Kunsterzieher und Zeichenlehrer im Schuldienst. 1933 Zuchthaus und KZ Oranienburg. 1934 Flucht. 1935 erneute Verhaftung. Verurteilung zu 5 Jahren Zuchthaus. Danach KZ Sachsenhausen und Flossenbürg. April 1945 Flucht während der Evakuierung, bis Juli 1945 amerikanisches Kriegsgefangenenlager. 1945 Leiter der Abteilung Volksbildung Thüringen. 1946-1949 stellvertretender Intendant beim Berliner Rundfunk. 1949-1953 Redaktionsmitglied und zuletzt Chefredakteur des »Neuen Deutschland«.
1951-1953 Leiter der Hauptabteilung Literatur der Staatlichen Kommission für Kunstangelegenheiten. 1952 Promotion. 1954-1957 Staatssekretär und Sekretär des Ausschusses für deutsche Einheit. 1957-1962 Staatssekretär für das Hoch- und Fachschulwesen im Ministerium für Volksbildung.
1962-1971 Professor für Allgemeine Literaturwissenschaft an der Humboldt-Universität in Ostberlin.
1963-1981 Chefredakteur der Zeitschrift »Sinn und Form«.

207 Wilhelm Girnus: Die Entwürfe zum Buchenwald-Ehrenmal, in: Neues Deutschland, 2.7.1952.

208 Am 5. September 1952 schreibt der Generalsekretär der VVN Fritz Beyling an Reinhold Lingner: »Auf alle Fälle hat die äußerst negative und den Künstlern nicht gerade helfende Kritik des Genossen Girnus auch bei uns keine Zustimmung gefunden. Wir hätten nach der Veröffentlichung (...) auf alle Fälle eine Aussprache mit dem Kreis der Künstler herbeiführen sollen, um die nach unserem Dafürhalten durchaus begrüßenswerte Diskussion erst recht aufzulockern und auch durch die Künstler selbst fortführen zu lassen.« BwA 06 2-13.

[45] 1952. Fritz Cremer, 1. Entwurf für die Buchenwald-Plastik. Quelle: Gedenkstätte Buchenwald.

[46] 1895. Auguste Rodin, Die Bürger von Calais. Abguß Kunstmuseum Basel.

209 Nachlaß Fritz Cremer. Mein Dank geht an Frau Cremer, Gerd Brüne und Susanne zur Nieden, die mir eine Kopie des Briefes – wie auch der weiter unten zitierten Notiz Fritz Cremers – haben zukommen lassen.

210 SAPMO-BArch. IV 2/906/13.

211 Nachlaß Fritz Cremer. Handschriftliches Notat. Ich gebe die Notiz in der maschinenschriftlichen Transkription Gerd Brünes wieder und habe um der besseren Verständlichkeit nur einige von Cremer ausgelassene Satzzeichen eingefügt. Im Original ist »u. das Makarenko-Kollektiv es« von Cremer nachträglich über den Satz gesetzt, d.h. eingefügt worden.

Fritz Cremers Heinz Lüdecke bringt deren Auffassung in einem Leserbrief an das »Neue Deutschland« zum Ausdruck: »Der erste Entwurf für die plastische Gruppe macht schon jetzt einen so starken Eindruck, daß ungeachtet aller architektonischen Einwände im Augenblick, man Prof. Cremer helfen müßte, seine Arbeit fortzusetzen. Seine Arbeit ist kein ›ideenloser Sumpf‹ und das sind nicht die ›verzerrten Züge Sterbender und Hungernder‹, sondern das sind aufrechte, stolze Kämpfer, die trotz Elend und Not, Widerstand, Hoffnung und Sieg ausdrücken. Wer dies nicht schon beim ersten Entwurf empfindet, sollte lieber über künstlerische Dinge bescheidener urteilen.«[209] Darüber hinaus wird der Ton kritisiert, in dem Girnus seine Kritik vorgebracht hat – auch dann, wenn man ihm inhaltlich zustimmt. In dem Protokoll einer »Aktivtagung mit Genossen Bildenden Künstler(n)« vom 26. August 1952 heißt es: »Die Kritik des Genossen Girnus an dem Buchenwald-Entwurf von Kremer (Cremer, V.K.) wurde von vielen Künstlern als grob und verletzend empfunden. Dem Genossen Girnus gelang es, seinen richtigen Standpunkt überzeugend darzulegen. Als Hauptmangel der Kunstkritik wurde herausgestellt, daß sie zu sporadisch und nicht kontinuierlich sei. Auf Grund der Kritik des Genossen Girnus hätte weiter diskutiert werden müssen, da die Kritik an Cremer, sein Kleben am naturalistischen Äußeren ein allgemeiner Mangel der bildenden Kunst ist.«[210] Cremer selbst fühlt sich in seinem Anliegen verkannt und von offizieller Seite im Stich gelassen. Zur Auseinandersetzung notiert er:

»Versprechen (…) im Anschluß an N.D. Diskussion 1. kurzen Bericht im N.D. zu bringen über die Diskussion. 2. die Diskussion zu beginnen in der Form von Thesen von Kulturpolitikern einerseits und Thesen der Künstler andererseits. (…) **Nichts.**

Statt dessen. kurzer Artikel im N.D. ›einige unserer Künstler sind unaufrichtig im Kampf um Deutschland‹. Girnus auf der Straße getroffen. Frage, was ist los. Reise Sowjetunion. neuerliches Versprechen. **Nichts.** Statt dessen. Girnus gegen Buchenwald-Entwurf **naturalistischer Sumpf.**

Lingner und ich schreiben Brief an VVN. Wonach wir u.

das Makarenko-Kollektiv es ablehnen an einem neuen architektonischen Entwurf zu arbeiten, weil die grundlegenden Probleme der Gruppe nicht geklärt sind. VVN-Sekretär Beyling antwortet. Entschuldigt sich wegen Abwesenheit. Urlaub. Auslandsreisen. Die ›Tat‹ hat Artikel von Girnus gebracht, trotzdem sie nicht einverstanden war, aber in dem Glauben, daß die Diskussion in Fluß kommt. Beyling teilt mit, daß die ›Tat‹ einen Gegenartikel bringt u. diesen Artikel auch dem ›Neuen Deutschland‹ schickt mit der Bitte um Veröffentlichung. Das N. D. bringt den Artikel nicht. **Girnus würgt die Diskussion ab.**«[211]

Es ist wahrscheinlich dem Generalsekretär der VVN Fritz Beyling zu verdanken, daß es am 9. Oktober 1952 in Fritz Cremers Atelier zu einer grundsätzlichen Aussprache, sowohl über den Entwurf, wie der daran geübten Kritik, kommt. An der Diskussion nehmen neben den Hauptkontrahenten Cremer und Girnus Vertreter der VVN, darunter Walter Bartel, und Mitglieder des Bundes der Bildenden Künstler, darunter die beiden ehemaligen KZ-Häftlinge Hans Grundig (Sachsenhausen) und Herbert Sandberg (Buchenwald) sowie Gustav Seitz und Waldemar Grzimek, teil. Das Ergebnis der Sitzung ist vorgegeben. »Die Aufgabe besteht darin, mit Herrn Prof. Cremer über die Arbeit der Gedenkstätte Buchenwald zu diskutieren und zwar so zu diskutieren, daß ein Ergebnis zustande kommt«, heißt es gleich zu Beginn der Veranstaltung. Dieser Satz kann nur so verstanden werden, daß von höchster politischer Stelle festgelegt worden ist, der Beschluß des Preisrichtergremiums müsse insofern respektiert werden, als Cremer weiterhin mit der Erarbeitung der Buchenwald-Plastik beauftragt bleiben soll. Denn hätte man Cremer die Aufgabe entzogen, wäre der Ministerpräsident der DDR als Vorsitzender des Preisrichtergremiums diskreditiert worden. Darüberhinaus wäre man in große Erklärungsschwierigkeiten geraten, hätte man öffentlich begründen müssen, warum ein über die DDR hinaus bekannter, durch den Bau antifaschistischer Mahnmale ausgewiesener Bildhauer, der sich zudem explizit gegen die BRD entschieden hatte, nicht in der Lage sein sollte, eine Gruppenplastik für die Gedenkstätte Buchenwald zu schaffen.

Die Diskussion am 9. Oktober ist nur vordergründig eine Auseinandersetzung um ästhetische und kunstpolitische Apriori. Es geht vielmehr – auch wenn dies nicht allzu offen ausgesprochen wird – auch und vor allem um die Bewertung des innerdeutschen, nicht zuletzt des kommunistischen Widerstands, den Stellenwert der »Opfer des Faschismus« und die geschichtsphilosophische wie staatspolitische Bedeutung des Sieges, den die Plastik mehr als alles andere repräsentieren soll.

In der Diskussion selbst prallen die Meinungen scharf aufeinander. Für die meisten Vertreter der VVN steht fest, daß Cremers Entwurf das Typische der deutschen Situation trifft. Hans Grundig formuliert diese Auffassung in seiner doppelten Eigenschaft als NS-Verfolgter und Künstler. Zwar habe der Faschismus durch seine Konzentrationslager versucht, den Willen der Menschen durch Hunger und durch moralische Erniedrigung zu brechen, es sei ihm aber nicht gelungen, ihren inneren Widerstandswillen zu zerstören. Dieser und der Glaube an die Freiheit seien »das Typische der deutschen Situation gewesen« und in Cremers Plastik komme es auch zum Ausdruck. Girnus hält dem entgegen, daß nicht nur Cremer, sondern auch die VVN als Auftraggeber, die Grundidee des Denkmals unzureichend durchdacht und dargestellt hätten. Der VVN wirft er vor, daß sie in geradezu sektiererischer Weise auf der »Frage der (Liebe und Verehrung der Opfer) herumreite« und Cremer, daß es keineswegs ausreiche zu sagen, der »Mensch stehe im Mittelpunkt«. Angesprochen ist damit, daß der realgeschichtliche Bezug auf den innerdeutschen Widerstand und die Befreiung des Konzentrationslagers Buchenwald den Sinn nicht hergibt, den Girnus in der Figurengruppe vergegenständlicht sehen will. »Wenn man die Angelegenheit historisch konkret betrachtet« – so Girnus – »dann war es doch so, daß unsere Häftlinge von den Amerikanern befreit worden sind. (...) Die typische deutsche Situation war doch, daß das deutsche Volk nicht gekämpft hat. Es geht aber hierbei nicht um die typisch deutsche Situation. Die Menschen, die in Buchenwald gesessen haben, waren ja nicht nur Deutsche. Ich meine, daß das stärkste Moment die Sowjetbürger waren. Die ganze

Angelegenheit ist doch Teil eines großen Weltkonfliktes, und die Menschen, die in den KZ-Lagern eingesperrt waren, waren ebenfalls nur ein Teil in dem großen Kampf. (…) er (könne) sich vorstellen, daß die Plastik ein ganz anderes Gesicht bekommen würde, wenn ein sowjetischer Soldat in der Gruppe stehen würde.«[212] Auch wenn das Problem des innerdeutschen Widerstandes durch Verweis auf den Sowjetsoldaten sofort ideologisch aufgehoben wird, wird in dieser Formulierung das Dilemma des Buchenwald-Denkmals als Nationaldenkmal der DDR deutlich: den deutschen Kommunisten ist es nicht gelungen, Hitler in entscheidender Weise die Stirn zu bieten, das deutsche Volk hat sich nicht gegen den Nationalsozialismus erhoben und ihn aus eigener Kraft abgeworfen, das KZ Buchenwald ist von den »falschen« Befreiern befreit worden. Wessen Sieg, welche nationalen Helden, welches andere Deutschland können an diesem Ort eigentlich ohne Einschränkung verewigt werden?

Der Ausweg, den Girnus anbietet und der – als historische Notwendigkeit gefaßt – die Sinngebung der Plastik ausmachen soll, ist simpel, und er kommt einer Entwertung jedweder realgeschichtlichen Widerstandshandlung gleich. Geltung und Bedeutung erhält der deutsche Widerstand – wie gering er auch immer gewesen sein mag – nicht durch seine Faktizität, sondern erst durch seine abstrakte Einordnung in die Geschichte als einen Prozeß, der notwendig zum Sieg des Marxismus-Leninismus im Weltmaßstab führt. Hierfür – und für nichts anderes – soll die für Buchenwald zu schaffende Plastik das Sinnbild sein.

Es scheint, als haben nur Walter Bartel und Fritz Cremer in der Sitzung am 9. Oktober 1952 verstanden, welche Herabminderung der tatsächlichen Widerstandshandlungen in dieser geschichtsphilosophisch-ideologischen Überhöhung und Ausdehnung des Siegesbegriffs steckten. So hält Bartel Girnus entgegen, daß ihm als »grundtragende Idee« wichtig zu zeigen sei, »hier haben Menschen unter den schlechtesten Bedingungen gekämpft und gesiegt«, und Fritz Cremer erklärt, »daß es ihm noch nicht klar ist, daß man von einem Sieg sprechen kann. Der Marxismus-Leninismus hat doch noch nicht auf der ganzen Welt gesiegt.«[213]

Als Folge der Auseinandersetzung vom 9. Oktober erscheint am 19. November 1952 ein Artikel von Walter Besenbruch im »Neuen Deutschland«: »Lehren aus dem XIX. Parteitag der KPdSU. Über das Typische in der Kunst.« Im Ton verbindlicher als Girnus – und Cremer zugestehend, daß es ihm in seinem ersten Entwurf gelungen sei, die »Kraft des Widerstandes gegen den Faschismus in einem gewissen Umfang zum Ausdruck zu bringen« – wiederholt Besenbruch, der am 9. Oktober an der Diskussion teilgenommen hat, in der Substanz die Kritik von Girnus und erweitert sie auf die VVN als öffentlichem Auftraggeber für den Wettbewerb bzw. die Denkmalsanlage: »Es stellte sich heraus, daß nicht nur der Künstler den eigentlichen gesellschaftlichen Ideengehalt nicht tief und weit genug erfaßt hatte, sondern daß schon der öffentliche Auftraggeber den geistigen Gehalt des Werkes zu eng bestimmte, nämlich vorwiegend als Mahnmal für die Opfer, welches freilich des kämpferischen Ausdrucks des Widerstandes nicht entbehren dürfe. Buchenwald aber war mehr: der schließliche Sieg der Kämpfer – und Buchenwald ist hier der Name für allen antifaschistischen Widerstand, alle Lager und Gefängnisse Hitlers – ihre Leiden wie vor allem ihre Selbstbefreiung waren Ausdruck einer entscheidenden Etappe auf dem großen historischen Wege, auf dem die fortschrittliche Menschheit auf dem Wege von der kapitalistischen Gesellschaft in den Kommunismus schreitet, wobei sie die rasend um sich schlagende Bestie des Imperialismus vernichtet; es war sowohl Etappe als solche (…) und es war Markstein auf dem Wege zum endgültigen Siege über den Imperialismus im Weltmaßstab. Jede Einengung der zentralen Idee auf die Befreiung der Opfer beim Auftraggeber wie beim Künstler, mußte notwendig die gesamte Komposition wie die Gestaltung im einzelnen nachteilig bestimmen.« Dann gibt Besenbruch die Leitlinien für die Neukonzeption der Plastik an: wäre die Kom-

212 Stiftung Archiv der Akademie der Künste, ZAA, N 254, Mappe 4.

213 Ebenda.

position in der »richtigen Weite« aufgefaßt worden, hätte der Künstler die Kommunisten, »welche die Menschheit auf ihrem Weg in die Zukunft leiten«, zum »dominierenden Punkte der ganzen Gruppe« gemacht und auch nicht »glatt vergessen«, die bei der Zerschlagung des Faschismus wie in der »modernen Geschichte überhaupt führende Kraft der Nationen«, die Sowjetunion, »etwa in Gestalt des künstlerisch und räumlich überhöhten Sowjetsoldaten – die sich ja auch im Lager befanden!« – darzustellen. Das Fazit des Artikels: Cremers erster Entwurf gilt weiterhin als verfehlt, dem Künstler wird aber der Wille und das Vermögen zugesprochen, die Figurengruppe – bei richtiger Anleitung – in der benannten Weise weiterzuentwickeln. Es wird allerdings über ein Jahr dauern, bis die Arbeiten an der Buchenwaldplastik wieder in Gang kommen.

Am 12. Dezember 1952 stellt Walter Bartel gegenüber dem Generalsekretariat der VVN fest, daß man in der Angelegenheit des Buchenwald-Denkmals »offenbar immer noch nicht über den toten Punkt« sei.[214] Wenig später ist die Arbeit am Buchenwald-Denkmal durch die angeordnete Selbstauflösung der VVN – ihre Schatten hatten sich in Girnus' Vorwurf des sektiererischen »Herumreitens auf den Opfern« sowie in der Kritik »des öffentlichen Auftraggebers« deutlich vorweggenommen – vollends zum Stillstand gekommen. Erst am 6. November 1953 findet vor dem Hintergrund der von der Staatlichen Kommission für Kunstangelegenheiten vorbereiteten schon erwähnten Beschlüsse des Politbüros und des Präsidiums des Ministerrates zum Aufbau der Gedenkstätte Buchenwald die grundsätzliche Aussprache zwischen den ehemaligen Mitgliedern der längst aufgelösten Brigade Makarenko und Fritz Cremer statt. Knapp zwei Wochen zuvor – am 26. Oktober 1953 – hatten Kunz Nierade, mittlerweile an der Deutschen Bauakademie beschäftigt, Ludwig Deiters, Hans Grotewohl, Kurt Tausendschön und Hubert Matthes – sie arbeiten für den Chefarchitekten Großberlins, Hermann Henselmann – sich gegenüber der Staatlichen Kunstkommission grundsätzlich bereit erklärt, ihre Arbeit am Ehrenhain wieder aufzunehmen; allerdings unter der Voraussetzung, daß Fritz Cremer bereit sei, von seinem Standpunkt abzugehen. »Die Kollegen stehen auf dem Standpunkt, daß die Arbeit von Prof. Cremer an der Aufgabe vorbei geht. (...) Die Diskussion muß mit Prof. Cremer geführt werden, damit er zu einer anderen Konzeption in seiner Arbeit kommt.«[215]

Am 6. November 1953 stellt Fritz Cremer in seinem Atelier in der Deutschen Akademie der Künste in Ostberlin im Beisein von Vertretern des Komitees der Antifaschistischen Widerstandskämpfer – ehemalige Häftlinge des KZ Buchenwald sind nicht vertreten – und leitenden Mitarbeitern der Staatlichen Kommission für Kunstangelegenheiten der ehemaligen Brigade Makarenko an Hand von fünf Modellen seinen zweiten Entwurf der Gruppenplastik vor. [47, 48] »Die Anwesenden fanden seine letzte Fassung insofern glücklich, als er (sic! V.K.)[216] in der Lage ist, die inhaltliche Bedeutung des Widerstandskampfes deutlicher zum Ausdruck zu bringen.«[217]

[47] 1953.
Fritz Cremer,
2. Entwurf der
Buchenwald-Plastik.
Quelle:
Gedenkstätte Buchenwald.

214 BwA 06 2-13.

215 Bundesarchiv Potsdam DR 1 / 7523.

216 Es müßte grammatikalisch richtig eigentlich »sie« heißen, denn die neue Fassung der Plastik ist gemeint. Der Lapsus »er« verrät, daß in dieser Sitzung nicht eigentlich die künstlerisch-politische Ausdrucksfähigkeit Cremers auf dem Prüfstand stand, sondern seine Fähigkeit – das heißt Bereitschaft –, sich den ideologischen und kunstpolitischen Vorgaben hinsichtlich des Buchenwald-Denkmals anzupassen.

217 Bundesarchiv Potsdam DR 1 / 7523.

Der zweite Entwurf Cremers läßt sich nur als Anpassung an die politischen und künstlerischen Maßgaben verstehen, die in der Auseinandersetzung um seinen ersten Entwurf formuliert worden waren. Aus einer in freier Assoziation verbundenen, durch individuellen Widerstandswillen geeinten Gruppe von Häftlingen ist ein nach dem Bildtopos der über die Barrikaden vorwärts stürmenden Freiheit gebildetes, hierarchisch gegliedertes, bewaffnetes Angriffskollektiv geworden. Cremer zeigt es im Augenblick des unter dem Banner der Partei errungenen Sieges, bereit zur nächsten Schlacht. Und auch der über den Schwur sich verbürgende Weg in die Freiheit hat ein eindeutiges Gesicht bekommen: es ist das Gesicht Ernst Thälmanns, Bürge und uneingeschränkter Sachwalter von Fortschritt und Freiheit ist die KPD bzw. ihr legitimer Sproß, die Sozialistische Einheitspartei.

Angesichts dieser Veränderungen sind die ehemaligen Mitglieder der Brigade Makarenko zur Zusammenarbeit und zur Bildung eines neuen Kollektivs bereit.[218] Am 11. November 1953 erklärt auch Reinhold Lingner seine Bereitschaft, weiterhin mit Fritz Cremer und der nunmehr Architektenkollektiv Buchenwald genannten Gruppe zusammenzuarbeiten.[219] Bereits am 15. November 1953 schließt die Staatliche Kommission für Kunstangelegenheiten mit Rückwirkung auf den 1. November mit den Beteiligten erste Verträge ab.[220] Festgelegt wird, daß »bis zum Ende ds. Js (...) die Grundkonzeption unter besonderer Berücksichtigung der ideologischen und geistigen Voraussetzungen entwickelt (wird)«[221] und der Gedanke der Brigade Makarenko, einen »Ringweg« mit Reliefstelen anzulegen, beibehalten werden soll.[222] Feinentwürfe für die neue Gesamtkonzeption einschließlich der weiter überarbeiteten Figurengruppe sind Anfang April 1954 vorzulegen[223], der präzise Kostenvoranschlag für das gesamte Bauvorhaben bis zum 1. August 1954.[224] Am 8. Januar 1954 umreißt Kurt Tausendschön das neue Konzept für die Gestaltung des Ehrenhains so: »Resultat aus dem Kampf der Toten zeigen und den Weg in die Zukunft deutlich werden lassen. Da die Architektur nur allgemein ausführen kann, wird dazu in sehr starkem Maße die Plastik in Anspruch genommen. Um nicht das Ehrenmal innerhalb des Ettersberges untergehen zu lassen, muß man mit bestimmten Mitteln (durch eine Silhouettierung) dies verhindern. Der ursprüngliche Weg soll erhalten werden; behält auch die erzählende Form. Wo sich die Blutstraße mit dem Weg kreuzt, wird sie überbaut, wodurch eine Treppenanlage entsteht, die zum Berg führt. (...) Durch die vertikale Gestaltung des Denkmals (turmartig) erhält der Ehrenhain die Silhouette. Die Plastik von Cremer fügt sich in die Anlage um den Turm ein. Der Nutz- und Hochwaldbestand soll nicht eingeschlagen werden, sondern nur eine Umsetzung erfahren.«[225] Am 12. Januar präzisiert das Architektenkollektiv: »Die Darstellung des Leidensweges der Häftlinge auf dem Weg abwärts bis zu den Massengräbern von dort wieder aufwärts soll nicht mehr nach der ursprünglichen Konzeption der Makarenko-Gruppe abgeschlossen werden durch ein vertikalgestaltetes Monument, sondern durch eine über die Blutstraße hinweggeführte Brücke auf dem topographisch höchsten Punkt eine turmartige, mit einer Halle verbundene Anlage errichtet werden. In dieser Anlage wird die in Übereinstimmung mit Prof. Cremer zu gestaltende Plastik-Gruppe Aufnahme finden.«[226] In wenigen Zeilen ist so das tatsächlich realisierte Gesamtkonzept

218 Bundesarchiv Potsdam DR 1 / 7523.

219 Ebenda.

220 Ebenda.

221 Ebenda.

222 Staatliche Kommission für Kunstangelegenheiten 10.11.1953. Bundesarchiv Potsdam DR 1 / 7523.

223 Staatliche Kommission für Kunstangelegenheiten 6.11.1953. Bundesarchiv Potsdam DR 1 / 7523.

224 Staatliche Kommission für Kunstangelegenheiten 10.11.1953. Bundesarchiv Potsdam DR 1 / 7523.

225 Bundesarchiv Potsdam DR 1 / 7523.

226 Ebenda.

für den Ehrenhain Buchenwald weitgehend beschrieben. Allein die triumphierende Überbauung der Blutstraße wird später zurückgenommen, ohne damit aber den mit der Überbauung verbundenen symbolischen Gehalt außer Kraft zu setzen. Er wird nur anders realisiert: der fünfzig Meter hohe »Turm der Freiheit« steht nicht auf dem höchsten Punkt des Ettersberges, aber er wächst – an Stelle des ehemaligen Bismarckturms – aus dem Gräberfeld hoch in den Landschaftsraum hervor.[227]

Am 12. Januar 1954 übersendet der stellvertretende Minister für Kultur Alexander Abusch[228], in Vertretung des Ministers Johannes R. Becher[229], die »Vorlage für die Gestaltung des Ehrenhains des ehem. Konzentrationslagers Buchenwald« mit der Bitte, »die vorgesehenen Arbeiten umgehend zur Ausführung bringen zu lassen«, an Ministerpräsident Grotewohl. Anfang Februar ergehen seitens des Kulturministeriums Einladungen an Gustav Seitz, Hermann Henselmann, Will Lammert – er wird das Denkmal für die Nationale Mahn- und Gedenkstätte Ravensbrück konzipieren – und den Vizepräsidenten der Deutschen Bauakademie Edmund Collein, Mitglieder eines beim Ministerium für Kultur zu bildenden wissenschaftlich-künstlerischen Beirates für den Aufbau der Gedenkstätte zu werden.[230] Walter Bartel wird von einer seitens der Abteilung Gegenwartskunst und Ausstellungen des Kulturministeriums erarbeiteten erweiterten Vorschlagsliste gestrichen[231]; von den ehemals führenden Buchenwaldern ist allein Robert Siewert – in seiner Eigenschaft als Abteilungsleiter im Ministerium für Aufbau – eingeladen, Mitglied des Beirates zu werden. Das Komitee der Antifaschistischen Widerstandskämpfer wird durch seinen Vorsitzenden Georg Spielmann und Hans Otto repräsentiert. Weitere Mitgliedern sind je ein Vertreter des Rates des Bezirks Erfurt und der Stadt Weimar. Festgelegt wird, daß die Gedenkstätte Ehrenhain Buchenwald bis zum 30. Juni 1956 endgültig fertiggestellt werden soll.[232] Beabsichtigt ist, das Denkmal selbst bis zum 16. April 1956 – Ernst Thälmanns siebzigstem Geburtstag – zu errichten.[233] Auf Wunsch Otto Grotewohls werden die Entwürfe für das »Denkmal Ehrenhain Buchenwald« im Zusammenhang mit dem

227 Die Überbrückung der Blutstraße ist vermutlich aus rein pragmatischen Gründen nicht realisiert worden. Hätte man das geplante Monument am topographisch höchsten Punkt des Ettersberges errichtet, wäre die Mahnmalsanlage zu sehr auseinandergezogen und noch kostspieliger worden als allemal schon.

228 Alexander Abusch (1902-1982). Geb. in Krakau. 1916-1919 kaufmännische Lehre. Angestellter. 1918 Freie Sozialistische Jugend. KPD-Mitglied seit Gründung der Partei. 1930-1932 und 1935-1939 Chefredakteur der »Roten Fahne«. 1933 Emigration nach Frankreich. 1938/40 interniert. 1941 Emigration nach Mexiko. Chefredakteur der Zeitschrift »Freies Deutschland«. 1946 Rückkehr. 1946-1950 Bundessekretär des Kulturbundes und Mitglied seines Präsidialrates. 1948-1950 Mitglied des Parteivorstandes der SED. 1949/50 Mitglied der provisorischen Volkskammer. 1950/51 aus Anlaß der Überprüfung seiner Tätigkeiten im Exil aus allen Ämtern beurlaubt. 1951 Wiederaufnahme der hauptamtlichen Tätigkeit im Kulturbund. 1952 Mitglied des Vorstands des Deutschen Schriftstellerverbandes und der Deutschen Akademie der Künste. 1954-1956 stellvertretender Minister für Kultur. Seit 1956 Mitglied des ZK der SED. 1956-1958 Staatssekretär. Seit 1958 Abgeordneter der Volkskammer. 1958-1961 Minister für Kultur. 1961-1971 Stellvertreter des Vorsitzenden des Ministerrates. 1975 Ehrenpräsident des Kulturbundes.

229 Johannes Robert Becher (1891-1958). Geb. in München. Abitur. Studium der Philologie, Philosophie und Medizin in München, Berlin und Jena. Nach Abbruch des Studiums freier Schriftsteller. 1914-1918 Experimente mit Morphium, Klinikaufenthalte wegen Abhängigkeit. 1917 USPD, 1919 KPD. 1920-1922 Hinwendung zur Religion. 1923 Wiedereintritt in die KPD. 1925-1928 angeklagt wegen »literarischem Hochverrat«. 1928 Mitbegründer des Bundes proletarisch-revolutionärer Schriftsteller. Mitglied im Moskauer Internationalen Büro für revolutionäre Literatur. 1933 Emigration nach Prag, Paris, Moskau. In Moskau Chefredakteur der Zeitschrift »Internationale Literatur«. Wegen des Verdachts politischer Unzuverlässigkeit Ausreiseverbot. Mehrere Selbstmordversuche. 1943 Mitbegründer des Nationalkomitees Freies Deutschland. Im Juni 1945 Rückkehr nach Deutschland. Mitbegründer und Präsident des Kulturbundes. 1946 Mitglied des Parteivorstandes bzw. des ZK der SED. 1949 Textautor der Nationalhymne der DDR. Ab 1950 Abgeordneter der Volkskammer. 1950 Gründungsmitglied der Deutschen Akademie der Künste. 1953-1956 ihr Präsident. Ab 1956 Minister für Kultur.

230 Bundesarchiv Potsdam DR 1 / 7523.

231 Ebenda. Vergleiche den Entwurf des Hauptreferenten in der Abteilung Gegenwartskunst und Ausstellungen Belz vom 14.4.1954 mit der vom Hauptabteilungsleiter Dähn unter- und von Alexander Abusch abgezeichneten Fassung vom 15.4.1954. Ebenda.

[48] 1953.
Fritz Cremer,
2. Entwurf der
Buchenwald-
Plastik. Variante
mit »Jungem«.
Quelle:
Gedenkstätte
Buchenwald.

neunten Jahrestag der Befreiung des KZ Buchenwald in Weimar öffentlich ausgestellt.[234]

In seiner ersten Sitzung am 28. April 1954 bestätigt der wissenschaftlich-künstlerische Beirat unter Vorsitz von Alexander Abusch das Grundkonzept für die Gedenkstätte. Als Höhepunkt des Ehrenhains ist nunmehr ein von einem doppelreihigen Säulengang eingefaßter großflächiger Ehrenhof mit Turm im stalinistisch-sowjetischen Stil – am Standort des gesprengten Bismarckturms – vorgesehen, auf den die Plastikgruppe Cremers stürmt. Eine torähnliche Durchwölbung des unteren Turmfußes mit unmittelbarem Bezug zur Plastik bekräftigt den Durchbruch der Häftlinge und beglaubigt die Transformation des Lagertors vom Danteschen Höllentor zum Triumphbogen.[235] [49, 50, 51] Robert Siewert »bemerkt zu diesem Entwurf[236] (...), daß er den Vorstellungen der ehemaligen Buchenwaldhäftlinge entspricht.« Alexander Abusch »äußert zum (zweiten, V.K.) Entwurf Prof. Cremers, daß er sehr eindrucksvoll und gut gelöst ist. Es wird beschlossen, dem Ministerium für Kultur zu empfehlen, Herrn Prof. Cremer mit der Ausführung seines Entwurfes zu beauftragen.«[237] Im Mai beginnen die Arbeiten zum Bau des Ehrenhains. Planträger ist das Ministerium für Kultur, Investträger die Stadt Weimar, Hauptausführungsbetrieb die VEB Bau-Union Erfurt. Im Sommer 1954 wird der Vertrag mit Fritz Cremer präzisiert. Seine Aufgabe besteht nun nicht mehr allein darin, die Plastikgruppe weiterzuentwickeln, er erhält auch die künstlerische Leitung der Arbeiten an den – auf sieben reduzierten – Reliefstelen »Darstellung der Geschichte des Lagers Buchenwald«. Geschaffen werden sollen sie von René Graetz, Hans Kies und Waldemar Grzimek, mit denen man ebenfalls die entsprechenden Verträge abschließt.

Die jeweiligen Themen der Stelen sind in einer Besprechung am 12. August 1954 unter Hinzuziehung Robert Siewerts, Georg Spielmanns und des ehemaligen Buchenwaldhäftlings und Vorsitzenden des Rates des Bezirkes Erfurt Rudi Jahn festgelegt[238] und – auch in ihrer Abfolge – noch einmal am 21. März 1956 von Robert Siewert bestätigt worden: »1. Aufbau (des Lagers, V.K.), 2. Ankunft (der

232 Das Datum ist im detaillierten Vertrag mit den Architekten und Landschaftsgestaltern vom 18.2.1954 verbindlich fixiert worden. Bundesarchiv Potsdam DR 1 / 7523.

233 Bundesarchiv Potsdam DR 1 / 7515.

234 Bundesarchiv Potsdam DR 1 / 7523.

235 Nach meiner Kenntnis sind Skizzen der Anlage in dieser Gestalt nur in einem französischsprachigen Führer »Buchenwald – Lieu de Martyr et de Souvenir«, Berlin 1954, publiziert worden. Dies mag damit zusammenhängen, daß 1952 besonders von französischen Überlebenden nachdrücklich Kritik an der Demontage des ehemaligen KZ geäußert worden ist. Kritik, die man mit Hinweis auf die großzügige Gestaltung des Ehrenhains offenbar endgültig zum Schweigen bringen wollte, zumal der Jahrestag der Befreiung 1954 erstmals in großem Stil begangen worden ist und zahlreiche Delegationen aus Frankreich an den Feierlichkeiten im ehemaligen Häftlingslager teilgenommen haben.

236 Im Archiv der Gedenkstätte Buchenwald befindet sich das Photo einer Zeichnung der Gesamtansicht vom 29.3.1954.

237 Bundesarchiv Potsdam DR 1 / 7515.

238 Bundesarchiv Potsdam DR 1 / 7523.

239 Nach der Ermordung Ernst Thälmanns haben einige kommunistische Häftlinge im Keller der Desinfektion heimlich eine Trauerfeier veranstaltet. Robert Siewert hat eine Gedenkrede gehalten. Die Trauerfeier fand ohne Wissen und Zustimmung des Parteiaktivs der KPD statt. Die Teilnehmer an der

Häftlinge im Lager, V.K.), 3. Steinbruch, 4. Ausbeutung, 5. Solidarität, 6. Thälmann-Feier[239], 7. Befreiung«.[240]

Am 17. Dezember 1956 beauftragt Otto Grotewohl Johannes R. Becher, begleitende Texte für die Rückseiten der Stelen zu verfassen. Der eigentlich mit dieser Aufgabe betraute Bertolt Brecht ist am 14. August 1956 gestorben[241], und weder Stefan Hermlin[242], noch Anna Seghers[243], noch Kurt Barthel[244] – genannt Kuba –, noch Bruno Apitz[245] hält das im Mai 1955 gegründete »Kuratorium für den Aufbau Nationaler Gedenkstätten in Buchenwald, Sachsenhausen, Ravensbrück« unter Vorsitz von Otto Grotewohl für diese Aufgabe geeignet.

Trotz der großen staatspolitischen Bedeutung, die dem Bau der Gedenkstätte auf dem Ettersberg beigemessen wird, schreiten die Arbeiten zur Errichtung des Ehrenhains nur langsam voran. Am 10. Juni 1955 beklagt der Leiter der »Aufbauleitung Buchenwald« Mattheus bitter, »daß auch in diesem Jahr die Baubetriebe ihre Aufgabe nicht ernst nehmen.« Rückblickend stellt er fest, daß die Arbeiten m Mai 1954 statt mit den benötigten einhundertfünfzig bis zweihundert Arbeitskräften mit fünf Arbeitern begonnen wurden und 1954 selbst in den »günstigen Baumonaten Mai bis Oktober« im Durchschnitt nur siebzig, im Frühjahr 1955 nur um einhundert Arbeitskräfte auf der Baustelle beschäftigt waren. »Zu den festgestellten Mängeln auf der Baustelle ist generell zu sagen, daß in vieler Fällen weder eine sach- noch fachgerechte Arbeit noch auf zweckmäßige Arbeitsweisen und auf eingehende Einhaltung des Unfallschutzes nicht geachtet wird. Desweiteren sind die angeschafften Rüstmaterialien, Maschinen und Geräte infolge des geringen Arbeitskräfteaufwandes zu 60% nicht ausgelastet. Mischer und Transportbänder kommen zum Teil defekt zur Baustelle, wobei letztere monatelang nicht benutzt werden, aber die Baustelle finanziell belasten für die Dauer ihres Vorhandenseins. Dasselbe bezieht sich auf die umfangreichen Gerüste, auch Gleisanlagen, Belegschaftsbaracken, Baududen und Materialschuppen. Die Stapelung von wertvollen Werksteinplatten wird so rücksichtslos und unsachgemäß

Feier sind durch einen Spitzel an die SS verraten worden. Anschließende Arrestierungen hätten beinahe zur Liquidierung der führenden Kader des deutschen kommunistischen Widerstands im Lager geführt. Die Feier wurde deshalb in der ersten Zeit nach der Befreiung des KZ ungern erwähnt, da sie weniger als Ruhmestat, sondern viel eher als Verstoß gegen die Parteidisziplin galt.

240 Bundesarchiv Potsdam DR 1 / 7516.

241 Sowohl Fritz Cremer (Bundesarchiv Potsdam DR 1 / 7516) wie auch Otto Grotewohl (BwA VA 11) haben versucht, Brecht für die Verfassung der Stelentexte zu gewinnen. Ein von Grotewohls persönlichem Referenten Hans Tzschorn entworfener Brief an Brecht vom 16.8.1956 mit Photos von drei bereits fertiggestellten Stelen – den Stelen Ankunft (Grzimek), Steinbruch (Kies) und Solidarität (Graetz) – ist wegen Brechts Tod nicht mehr abgeschickt worden. SAPMO-BArch. NY 4090/552 (NL 90/552), Nachlaß Grotewohl.

242 Im Protokoll der Sitzung des Kuratoriums zum Aufbau Nationaler Gedenkstätten in Buchenwald, Sachsenhausen und Ravensbrück vom 18.4.1956 heißt es: »Die Texte für die Stelen konnten von Bert Brecht nicht geschaffen werden, da er seit längerer Zeit krank ist. Die Übertragung der Arbeit an Stefan Hermlin wird vom Ausschuß für unzweckmäßig gehalten.« BwA VA 113. Stefan Hermlin war am 25.4.1956 von Alexander Abusch vorgeschlagen worden. Bundesarchiv Potsdam DR 1/ 7516.

243 SAPMO-BArch. DR 1 7516, »Niederschrift über die Beratung des vom Ministerium für Kultur einberufenen wissenschaftlich-künstlerischen Beirates zum Zwecke der Begutachtung der Entwürfe für die Nationale Gedenkstätte Buchenwald (Ehrenhain) bei Weimar und Ravensbrück bei Fürstenberg/Havel«. Die Beratung fand am 30.3.1955 im Atelier von Fritz Cremer statt.

244 Ebenda.
Kurt Barthel, genannt Kuba (1914-1967). Geb. in Garnsdorf bei Chemnitz. 1928-1932 Malerlehre. 1930 Freidenker. Gründet 1931 in seinem Heimatdorf eine Gruppe der Sozialistischen Arbeiterjugend und der Roten Falken. Januar 1933 Eintritt in die SPD, im März Emigration in die ČSR. 1934 Aufenthalt in Wien, Rückkehr in die ČSR, illegale Arbeit. 1935 Ausschluß aus der SPD wegen Kontakten zu Kommunisten. Agit-Prop-Arbeit u.a. mit Louis Fürnberg. 1939 Flucht nach Großbritannien. Zeitweilig interniert. 1944-1946 Bauarbeiter in London. Oktober 1946 Übersiedelung in die SBZ, Eintritt in die SED. Redakteur im Dietz-Verlag. 1948/49 Kulturleiter der Maxhütte. 1952-1954 Generalsekretär des Deutschen Schriftstellerverbandes. 1950 Kandidat, 1954 Mitglied des ZK der SED. Ab 1957 Theaterarbeit in Rostock.

245 Ebenda.

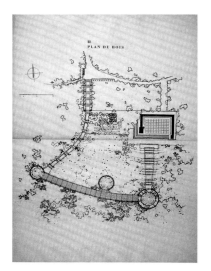

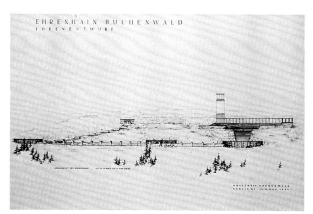

[49] · [50] · [51]
1954.
1. Entwurf des Architektenkollektivs Buchenwald für den »Ehrenhain Buchenwald« mit Stelenweg, Ringgräbern, »Straße der Nationen«, Ehrenhof mit Turm und Plastik. ·
Quellen: Gedenkstätte Buchenwald und französischsprachiger Gedenkstättenführer, Berlin 1954.

vorgenommen, das selbige zerbrechen müssen.«[246] Eine von der Kreisleitung der SED Weimar eingesetzte »Brigade zur Überprüfung der Baustelle ›Ehrenhain Buchenwald‹« bestätigt in einem Bericht vom 21. Juni 1955 die benannten Mängel in allen Punkten. »Die Genossen« – gemeint sind die sieben SED-Mitglieder unter den achtundneunzig zu diesem Zeitpunkt auf dem Ettersberg beschäftigten Arbeitern –»führen Fragen der Arbeitsmoral und mangelhafte Qualitätsarbeit nicht auf die Einwirkung des Gegners zurück, sondern vertreten die Auffassung, daß dies bei einem Teil der dort beschäftigten auf mangelnde fachliche Qualitäten zurückzuführen wäre.« Die Kontrolleure konstatierten das völlige Fehlen von Bauablauf- und Maschinennutzungsplänen sowie einen eklatanten Mangel an politischer und ideologischer Arbeit. Gefordert wird, die »Baustelle ›Ehrenhain Buchenwald‹ in kürzester Frist zur Musterbaustelle auszubauen.«[247] Im Juli 1955 wird die Baustelle dann durch Organe der Zentralen Kommission für Staatliche Kontrolle überprüft. Der Bericht vom 14. Juli 1955 – er ist über den Leiter des Büros des Präsidiums des Ministerrates Otto Grotewohl vorgelegt worden[248] – rügt, daß »vom Baubeginn bis heute (…) ein stetiges Mißverhältnis zwischen der Projektierung und der Ausführung (und) ein (…) gültiger Zeitplan für die einzelnen Bauabschnitte (…) nicht vorhanden (ist)«. Da »der Fertigstellungstermin des Bauvorhabens (…) sehr in Frage gestellt ist, wurde der Bevollmächtigte der Staatlichen Kommission für Kontrolle im Bezirk Erfurt beauftragt, festzustellen, warum der Investitionsträger (d. h. der Rat der Stadt Weimar, V.K.) dieses Bauvorhaben als Nebensache betrachtet.«[249] Die Einweihung der Nationalen Mahn- und Gedenkstätte wird verschoben, zunächst auf den 1. September 1957[250] und schließlich auf den 14. September 1958.

Auch die Kostenplanung erweist sich als illusionär. Bereits am 16. November 1953 hatte Kurt Tausendschön für das Architektenkollektiv Buchenwald gegenüber der Staatlichen Kommission für Kunstangelegenheiten erklärt, daß der Bau der »Gedenkstätte Ehrenhain Buchenwald« nach überschläger Schätzung rund fünfundzwanzig Millionen

DM kosten, den vom Präsidium des Ministerrates beschlossenen Betrag von zehn Millionen DM also weit überschreiten werde. Ende Juli 1954 veranschlagt das Architektenkollektiv für den Bau ein Minimum von fünfzehn Millionen DM, und in einer Krisensitzung im Ministerium für Kultur beschließt man am 23. Juli 1954, dem wissenschaftlich-künstlerischen Beirat drei Bau- bzw. Kostenvarianten zur Vorentscheidung vorzulegen: Beibehaltung der bisherigen Konzeption unter Anerkennung der höheren Bausumme, Beibehaltung der Plansumme und Änderung der Konzeption – das hätte konkret einen Verzicht auf den »Turm der Freiheit« bedeutet – Beibehaltung der Konzeption, aber Verschiebung des Baus des Turms auf einen späteren Zeitpunkt. Die Vorentscheidung des Beirats soll Otto Grotewohl zur »sofortigen Entscheidung« schnellstens vorgelegt werden.[251] In einer Notiz vom 11. Januar 1955 hält der persönliche Referent Grotewohls Ludwig Eisermann fest, daß »die Staatliche Plankommission« – ein Vertreter der Kommission hatte an der Sitzung am 23. Juli 1954 teilgenommen und kategorisch darauf bestanden, daß »nicht 1 Pfennig mehr verbaut«[252] wird – »vor einiger Zeit dem Genossen Ulbricht den Vorschlag gemacht hat, das Buchenwald-Denkmal aus Mitteln des Volkes zu bauen, er hätte den Vorschlag dem Genossen Ministerpräsidenten übergeben.« Grotewohl notiert mit Datum vom 24. Januar 1955 auf die Notiz: »Einverstanden Kuratorium grün Spenden von 2 Mio Mk.«[253] Mit Schreiben vom 21. Januar 1955 wird dem Ministerpräsidenten vom Staatssekretär im Ministerium für Kultur Fritz Apelt ein »Bericht über den Stand der Arbeiten und der Finanzierung der Gedenkstätte Ehrenhain Buchenwald«[254] übersandt. Die Kosten der Gesamtanlage sind jetzt auf vierzehn Millionen DM beziffert. Das Ministerium für Kultur »macht den Vorschlag, ein Kuratorium zusammenzurufen, das sich aus Vertretern des Komitees der Widerstandskämpfer, der Gewerkschaften, des Kulturbundes zusammensetzt, um die Werktätigen und die Intelligenz zu einer Sammlung aufzurufen. (...) Es wird vorgeschlagen, daß das Ministerium für Kultur die Initiative zur Bildung des Kuratoriums und für die notwendigen Maßnahmen ergreift.«

Am 25. Januar 1955 wird dem Kulturministerium mitgeteilt, daß »der Bericht über die Gedenkstätte Ehrenhain Buchenwald von ihm (Otto Grotewohl, V.K.) vollinhaltlich bestätigt wurde.«[255] Am 1. April 1955 konstituiert sich im Haus des Nationalrats in Berlin das »Kuratorium für den Aufbau Nationaler Gedenkstätten in Buchenwald, Sachsenhausen, Ravensbrück«, dessen Vorsitz Otto Grotewohl übernimmt.[256] Die laufenden Aufgaben des Kuratoriums erledigt ein eigens gebildeter Arbeitsausschuß, der jeweils auch den Eingang des zuvor festgesetzten Spendenaufkommens kontrolliert. In kleiner Runde – teilgenommen haben Alexander Abusch, Paul Geisler (für den Bundesvorstand des FDGB), Max Eberle (für den Nationalrat), Wilfred Acker (für das Komitee der Antifaschistischen Widerstandskämpfer), Günter Hein (für das Ministerium der Finanzen) und der Sekretär des Kuratoriums Saemerow – wird am 22. November 1955 festgelegt, daß für den Bau der Gedenkstätten Buchenwald, Sachsenhausen und Ravensbrück bis Ende 1957 mindestens

246 Bundesarchiv Potsdam DR 1 / 7523.

247 Bundesarchiv Potsdam DR 1 / 7536.

248 SAPMO-BArch. NY 4090/522 (NL 90/522) Nachlaß Grotewohl, Blatt 10 und SAPMO-BArch. NY 4090/522 (NL 90/522) Nachlaß Grotewohl, Blatt 11.

249 SAPMO-BArch. NY 4090/552 (NL 90/552) Nachlaß Grotewohl, Blatt 11 und 12.

250 BwA VA 113.

251 Bundesarchiv Potsdam DR 1 / 7523.

252 Ebenda.

253 SAPMO-BArch. NY 4090/552 (NL 90/552) Nachlaß Grotewohl, Blatt 1.

254 SAPMO-BArch. NY 4090/522 (NL 90/522) Nachlaß Grotewohl, Blatt 2-5.

255 SAPMO-BArch. NY 4090/552 (NL 90/552) Nachlaß Grotewohl, Blatt 6.

256 SAPMO-BArch. NY 4090/550 (NL 90/550) Nachlaß Grotewohl, Blatt 1.

fünfzehn Millionen DM durch Spenden aufzubringen sind.²⁵⁷ Das Einwerben von Spenden fällt entsprechend harsch und nachdrücklich aus. In einem Musterbrief des ehemaligen Sachsenhausen- und Flossenbürghäftlings, Helden der Arbeit, Ministers für Schwerindustrie und Mitglied des Kuratoriums Fritz Selbmann an die Direktoren der großen Industriebetriebe der DDR heißt es: »Mitarbeiter meines Ministeriums, die ein Nettoeinkommen von mehr als DM 5000,– beziehen, haben sich verpflichtet, Bausteine für DM 1000,– zu erwerben. Mitarbeiter, die mehr als DM 3000,– Nettoeinkommen monatlich haben, übernehmen einen Baustein von DM 500,–, Mitarbeiter, die ein Nettoeinkommen von mehr als DM 2000,– haben, verpflichten sich, Bausteine in Höhe von DM 200,– zu übernehmen, und führende Mitarbeiter, die weniger als DM 2000,– Nettoeinnahmen im Monat haben, aber über den Durchschnittsgehältern liegen, erwerben einen Baustein von DM 100,–. (…) Ich werde von der Art und Schnelligkeit Ihrer Antwort in die Lage versetzt werden, Schlußfolgerungen zu ziehen in der Hinsicht, wieweit die führenden Kräfte unserer sozialistischen Industrie sowohl mit den wesentlichsten Fragen unserer nationalen Entwicklung als auch mit ihrem Minister und seiner Rolle im nationalen antifaschistischen Kampf verbunden sind und hoffe, daß ich mich in dieser Beziehung nicht getäuscht habe.«²⁵⁸ Am 13. Januar 1958 beziffert der Arbeitsausschuß des Kuratoriums die Einnahmen mit 16.397.814,80 DM.²⁵⁹ In seiner Abschlußsitzung am 18. Mai 1962 kann der Arbeitsausschuß die Überweisung eines überschüssigen »Geldbestandes in Höhe von 4.749.000 DM an das Ministerium der Finanzen« bestätigen.²⁶⁰

Die Schwierigkeiten, das Projekt Ehrenhain Buchenwald überhaupt zu finanzieren, sind nicht zuletzt der Grund für die Verkargung der Gestaltung von Turm und Versammlungsplatz. Im Dezember 1954 ist von dem säulenganggefaßten Ehrenhof nurmehr ein offener Platz mit Turm und zweiflügeliger Säulenreihe geblieben, deren Realisierung ab 1955 auch noch aufgeben wird. *[52, 53]*

Fritz Cremers dritter Entwurf der Plastik für die Gedenkstätte Ehrenhain – sie sollte nunmehr unaufgesockelt und von einer geschwungenen Mauer hinterfangen unmittelbar vor dem nicht mehr durchwölbten, sowjetischen Bautraditionen jetzt weniger verpflichteten und damit stärker nationalisierten »Turm der Freiheit« stehen – ist zusammen mit den Entwürfen für die Stelen am 31. März 1956 endgültig vom wissenschaftlich-künstlerischen Beirat für den Aufbau der Gedenkstätte gebilligt worden.²⁶¹ Im November 1956 wird das Modell der Figurengruppe in der

257 SAPMO-BArch. NY 4090/550 (NL 90/550) Nachlaß Grotewohl, Blatt 58.

258 SAPMO-BArch. NY 4090/550 (NL 90/550) Nachlaß Grotewohl, Blatt 33/34.

259 SAPMO-BArch. NY 4090/550 (NL 90/550) Nachlaß Grotewohl, Blatt 206.

260 SAPMO-BArch. NY 4090/550 (NL 90/550) Nachlaß Grotewohl, Blatt 377.

261 BwA 06 2-28.

262 »Buchenwald, so wie es bis jetzt sich darstellt, (betont) zu sehr die Vergangenheit und (trägt) zu starken nationalen Charakter. (…) Er (Kotow, V.K.) ist auch der Meinung, daß die Geschichte der deutschen Arbeiterbewegung im Museum zu lang und zu ausführlich dargestellt ist. Buchenwald müsse mehr internationalen Charakter tragen und entsprechend den historischen Tatsachen ein Ausdruck der internationalen Solidarität und des internationalen Kampfes gegen Faschismus und Krieg sein. Dementsprechend ist mehr Wert auf die aktive Beteiligung der Nationen zu legen, deren Häftlinge in Buchenwald waren. (…) Genosse Kotow sich eingehend mit den anwesenden Ingenieuren und Bauarbeitern unterhalten und stellt im wesentlichen auch hier fest, daß dieses Mahnmal bis jetzt zu engen nationalen Charakter trägt.« Sozialistische Einheitspartei Deutschlands, Kreisleitung Weimar-Stadt, Betr.: Hinweise des Genossen Kotow, Generalsekretär des sowjetischen Friedenskomitees nach seinem Besuch in Weimar, 4.9.1956. BwA 06 2-14. Die Kritik Kotows hat hektische Aktivitäten auf SED-Ebene bis hinein ins Museum für Deutsche Geschichte ausgelöst. Die historische Ausstellung hat man im Blick auf die Einweihung der Nationalen Mahn- und Gedenkstätte überarbeitet und in der ehemaligen Häftlingskantine einen zusätzlichen »Ehrenraum der Nationen« eingerichtet.

Nationalgalerie in Ostberlin ausgestellt. Die endgültige Fassung *[54]* entsteht, sieht man von unwesentlichen Änderungen im Detail ab, durch das Aneinanderfügen der ersten beiden Entwürfe. Eine nun stärker gereihte Häftlingsgruppe wird mit der Gruppe der Häftlinge um den Fahnenträger und den Schwörenden verbunden. Obwohl die Kernelemente der jetzt auf elf Figuren von durchschnittlich dreieinhalb Metern Höhe erweiterten Plastik – Schwur, Fahne, Vorwärtsschreiten durch den Tod, Sieg – unverändert bleiben, kennzeichnen zwei wesentliche Änderungen den dritten Entwurf. Insofern der Schwörende nicht mehr die Gesichtszüge Ernst Thälmanns trägt und der hinter dem »Stürzenden« stehende »Kämpfer« durch seine Baskenmütze als Franzose oder Spanier ausgewiesen wird, wird das historische Kollektivsubjekt KPD/SED verallgemeinert und potentiell internationalisiert in »antifaschistische Widerstandskämpfer«. Das heißt nicht, daß der im zweiten Entwurf formulierte kommunistische Führungsanspruch aufgegeben wäre – in der Fahne, den Gewehren und der Hierarchisierung der Gruppe bleibt er sowohl formal wie ikonographisch präsent – er ist nur weniger direkt und offen ausgedrückt. »Antifaschistische Widerstandskämpfer« und »Kommunisten« sind in der Plastik zu politischen Synonymen geworden. Die Plastik unterstreicht damit die Behauptung und Propagierung einer antifaschistischen Einheitsfront über die KPD/SED hinaus und reagiert zugleich auch auf die seit Eröffnung des »Museums des Widerstandes« im August 1953 gerade von ausländischen Delegationen immer nachdrücklicher vorgetragene Kritik, Ausstellung und Denkmalsanlage hätten zu nationalen Charakter. »Buchenwald müsse mehr internationalen Charakter tragen und entsprechend den historischen Tatsachen ein Ausdruck der internationalen Solidarität und des internationalen Kampfes gegen Faschismus und Krieg sein«, hatte selbst der Generalsekretär des Sowjetischen Friedenskomitees Sergej Kotow seine Eindrücke nach einem Besuch in Buchenwald im Sommer 1956 zusammengefaßt.[262]

Darüberhinaus wird die visuelle Botschaft der Figurengruppe didaktisiert. Cremer staffelt von rechts nach links

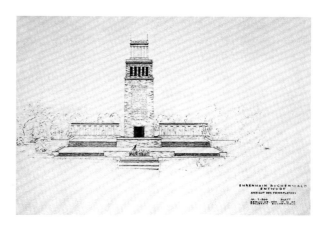

[52] 19.12.1954. Vom Architekten-Kollektiv Buchenwald angestrebte, aus finanziellen Gründen nicht verwirklichte Endfassung des Turmes der Freiheit mit zweiflügeliger Säulenreihe und unaufgesockelter Cremer-Plastik. Quelle: Gedenkstätte Buchenwald.

[53] Um 1955. »Turm der Freiheit« ohne Säulenreihen. Entfallen wird auch die geschwungene, die Plastik hinterfangende Mauer. Die Plastik wird aufgesockelt und im Zentrum des Versammlungsplatzes aufgestellt werden. Quelle: Gedenkstätte Buchenwald.

[54] 1958. Fritz Cremer, 3. Entwurf der Buchenwald-Plastik. Quelle: Gedenkstätte Buchenwald.

Bewußtseins- bzw. Haltungstypen, die – auch in optisch aufsteigender Linie – die Genese siegreichen antifaschistischen Bewußtseins prototypisch vorführen: »Negativer« bzw. »Zyniker«, »Zweifler«, »Diskutierender«, »Rufender«, »Kämpfer«, »Fahnenträger«, »Schwörender« fordern die Betrachter zum Nachvollziehen ihrer Haltungen und zur Übernahme der damit jeweils verbundenen Bewußtseinszustände auf – bis hin zur Bereitschaft, selbst zu schwören, den Faschismus mit all seinen Wurzeln auszurotten.

Auf diese Weise wird das Konzentrationslager vom Ort schwindenden Menschseinkönnens umgedeutet in einen Ort, an dem die vorbildhaften, nachahmenswerten Haltungs- und Bewußtseinstypen eingefordert und geformt werden. Anders gesagt, das Lager erscheint als eine dem Fortschritt nützliche Schule oder – zugespitzt – als Höllenfeuer, in dem eine neue Geistes- und Tatenelite geschmiedet und gehärtet worden ist, die unbedingten Anspruch auf Nachfolge und Führung hat. Cremer versinnbildlicht so eine Auffassung, die von Harry Kuhn bereits auf der schon erwähnten ersten Sitzung des Parteiaktivs nach der Befreiung des Lagers am 12. April 1945 formuliert worden war: »Im Lager befindet sich ein Kader von guten alten Parteigenossen, die durch die harte Schule des KZ nur noch härter und entschlossener geworden sind (…)«[263] und die nun immer pathetischer formuliert wird: »Bitter schwer war diese Schule, kostbares Leben millionenfach fordernde Lehre. Doch die Unseren haben die Prüfung würdig bestanden. Sie rissen die Zagenden mit, gaben ihnen Mut und Vertrauen in die eigene Kraft« schreibt z. B. Peter Edel unter dem Titel »Blickt ihm gerade ins Gesicht. Gedanken zur Studie des Kämpfers für Professor Fritz Cremers Buchenwald-Denkmal« am 10. April 1956 in der BZ (Berliner Zeitung) am Abend.

Cremers Aufbau der Figurengruppe als Staffelung von Haltungs- und Bewußtseinstypen folgt einerseits den Prinzipien des Brechtschen Lehrstücks – die Plastik ist so gesehen ein auf den entscheidenden erzieherischen Moment hin konstruiertes und in ihm stillgestelltes politisches Figurentheater – und faßt andererseits noch einmal figürlich die Ausdrucksintentionen der landschaftsgestalterischen und architektonischen Maßnahmen zusammen.

So wie der Gedenkstättenbesucher an der Plastik den Aufstieg des Bewußtseins vom abseitsstehenden Negativen hin zum geschichtsoptimistischen, siegesgewissen kommunistischen Kämpfer nachvollziehen soll, soll er durch die Gesamtarchitektur der Gedenkanlage und ihre landschaftsgestalterische Einbindung in die Umgebungsnatur den Niedergang des Faschismus und den Aufstieg der von den Kommunisten erkämpften Freiheit nacherleben und diesen Prozeß als geschichtsnotwendig verinnerlichen. [55] Dazu betritt er durch ein wuchtiges, steinernes Tor den Stelenweg. [56] Das Tor selbst imaginiert archaische Hochkulturen und signalisiert damit nicht nur, daß der Besucher nunmehr den profanen Raum der Alltagswelt verläßt und eine besondere Würdezone betritt, es signifiziert zugleich den Anspruch, den Sieg des Kommunismus als im Ursprung aller Geschichte verbürgtes, in der eigenen Gegenwart verwirklichtes Telos zu verstehen.

Bereits die erste, von Hans Kies geschaffene Stele, [57] nimmt diesen Anspruch auf. Zwar sind ihr Hauptthema die Qualen, die die Häftlinge beim Aufbau des Lagers zu erleiden hatten, aber die Schlinge des Galgens, den sie errichten müssen, hängt genau über dem Kopf des SS-Mannes, der diese Arbeit mit einer Peitsche in der Hand kommandiert. Die Stele passierend steigt der Besucher auf schwarz und rot gefaßten steinernen Treppenstufen den Hang zu den Massengräbern herab. Was als Abstieg zu den Gräbern, was als Niedergang der Häftlinge in Leid und Tod erscheint, erhellen die Reliefstelen, an denen er vorüberkommt, Schritt für Schritt als Niedergang des Faschismus. Von Relief zu Relief verschiebt sich der Inhalt der Bilder von den Darstellungen der Erniedrigungen und Torturen, denen die Häftlinge unterworfen waren, hin zu Vergegenwärtigungen brüderlicher Solidarität und Hilfe, bis hin zum gemeinsamen Aufstand und Sieg.

263 Thüringisches Hauptstaatsarchiv Weimar, BW 45.

Reicht in der ersten Stele ein eingekerkerter Häftling durch Gitterstäbe einem anderen, mit seinen auf den Rücken verbogenen Händen an einen Baum gehängten Häftling – eine übliche »Bestrafung« im KZ Buchenwald – einen Becher mit Wasser, so verstecken – und retten – im Bild der zweiten, von Waldemar Grzimek geschaffenen Stele, *[58]* Häftlinge bereits ein Kind.

Trotz schärfster, menschenverzehrender Fronarbeit im Steinbruch reicht im dritten Stelenrelief – von Hans Kies – *[59]* ein eine mit schweren Steinen gefüllte Lore ziehender Häftling einem bereits zusammengebrochenen die Hand, während im Hintergrund zwei andere Gefangene unbeugsam entschlossene Gesichter zeigen und die Fäuste ballen, einer sogar mit drohend siegesgewiß erhobenem Arm.

Mit der vierten Stele – »Leiden und Vernichtung der Häftlinge« von Waldemar Grzimek *[60]* – hat der Besucher den tiefsten Punkt des Todes – und damit zugleich den Umkehrpunkt der Geschichte – erreicht. Zu Skeletten abgemagerte Tote sind zum Haufen zusammengeworfen dargestellt, dahinter der Beginn einer Massenerschießung. Die Frau des ersten Lagerkommandanten – Ilse Koch – steht mit einer Peitsche, einer auf die Barbarei des Mittelalters verweisenden »Neunschwänzigen Katze«, in der Hand hinter hart arbeitenden Häftlingen, ungerührt und jederzeit zum Zuschlagen bereit. Im Mittelpunkt der Grausamkeiten steht die – real verbürgte – Erschießung sowjetischer Kriegsgefangener in der eigens dazu konstruierten Genickschußanlage. Zeichen praktizierter Solidarität gibt Grzimek in diesem Todesszenario nicht mehr wieder. Aber ein üppig-lebensprächtiger Baum wächst wie aus der Mauer hervor, an der die sowjetischen Häftlinge erschossen werden und das darüber angedeutete Fenster zeigt kein Gitter, sondern zwei mächtige, zum Christuskreuz gefügte Balken: aus dem Märtyrertod der Häftlinge, insbesondere aus dem Tod der sowjetischen Kriegsgefangenen, erwächst wie natürlich neues Leben.

Auf der fünften Stele – von René Graetz *[61]* – haben folgerichtig Solidarität praktizierende Häftlinge das Übergewicht gegenüber den quälenden und mordenden SS-Männern. Nur noch ein Drittel des Bildraumes besetzen

[55] 1958. »Ehrenhain Buchenwald«.
Quelle: Gedenkstätte Buchenwald.

[56] 1958. Tor und Stelenweg. Quelle: Gedenkstätte Buchenwald.

[57] 1958. 1. Stele. Hans Kies, »Aufbau des Lagers«.
Quelle: Gedenkstätte Buchenwald.

[58] 1958. 2. Stele. Waldemar Grzimek, »Ankunft der Häftlinge«. Quelle: Gedenkstätte Buchenwald.

[59] 1958. 3. Stele. Hans Kies, »Fronarbeit im Steinbruch«. Quelle: Gedenkstätte Buchenwald.

[60] 1958. 4. Stele. Waldemar Grzimek, »Leiden und Vernichtung der Häftlinge«. Quelle: Gedenkstätte Buchenwald.

[61] 1958. 5. Stele. René Graetz: »Solidarität trotz Leid und Vernichtung«. Quelle: Gedenkstätte Buchenwald.

[62] 1958. 6. Stele. René Graetz: »Thälmann-Feier und Vorbereitung zum Widerstand.« Quelle: Gedenkstätte Buchenwald.

[63] 1958. 7. Stele. René Graetz: »Die Befreiung«. Quelle: Gedenkstätte Buchenwald.

diese als Zeichen dafür, daß ihre Zeit bald zu Ende gegangen sein wird. Die sechste *[62]* – ebenfalls von Graetz geschaffene – Reliefstele zeigt die geheime Thälmann-Feier als Auferstehung und Auslöser des bewaffneten Aufstandes gegen die SS. In der Form des versenkten Reliefs dargestellt, und durch einen edel gerafften Vorhang gerahmt, erscheint Thälmanns Porträt als Ikone, von der heiliger Wille und feste Zuversicht – vermittelt durch einen davor stehenden Schwörenden – auf die Häftlinge übergeht. Links davon wachsen aus einem Chor vergeistigter Häftlinge, die zwischen Tod und Leben zu schweben scheinen und die mit festem Griff Geigen wie Gewehre an ihre Körper gepreßt tragen, entschlossen-willensstarke Häftlinge in den Bildvordergrund, die in innerer Gespanntheit auf den Schwörenden konzentriert sind, während andere Häftlinge in aufsteigender Linie auf ihn zu gruppiert, verborgene Waffen aus ihren Verstecken holen. Thälmanns Tod erscheint als Fanal für den Aufstand, mit dem das faschistische Joch abgeworfen wird und die Feier zu seinem Gedächtnis als politisches Abendmahl, das mit seinem Tod den Tod aller im KZ Ermordeten und Umgekommenen als politischen Opfertod beglaubigt, als Tod, der sich im Opfer selbst überwindet.

Im Zentrum der siebten Stele *[63]* – noch einmal von René Graetz – steht hochaufgereckt ein Häftling, das Gewehr triumphierend über den Kopf erhoben und es – als Beweis souveräner Tat und als Inkarnation des Sieges – aller Welt zeigend. Zu seinen Füßen liegt ein SS-Mann, von einem Hund angefeindet und auf dessen Niveau. Der Baum steht in aller Fülle, und andere Häftlinge haben SS-Männer gefangen genommen und führen jetzt sie unter der Überschrift »Jedem das Seine« durch das Tor in das Lager, das nicht mehr ihr, sondern deren Gefängnis ist. Die Umwidmung des Mottos, die auf diese Weise zum Ausdruck gebracht wird, ist der letzte Beweis dafür, daß die Welt wieder im richtigen Lot, der Gang der Geschichte vom Kopf auf die Füße gestellt ist.

Die letzte Stele passierend, erreicht der Besucher den ersten, veredelnd geometrisierten, von wuchtigen Ringmauern im römischen Stil eingefaßten Grabtrichter. Dem Tod und den Toten nah ist er gewiß, daß der Tod keine Geltung hat. So kann er, auch wenn er weiß, daß die Ringgräber »schmerzliche Erinnerungen an den Tod Tausender unschuldiger Menschen« bedeuten, die »Straße der Nationen« *[64]* durchschreiten und dabei »Nachdenken und seine Kräfte sammeln«[264]. Achtzehn jeweils einer ausgesuchten Nation gewidmete Pylone – darunter auch Deutschland – gliedern die »Straße der Nationen« als Symbol vergangener, gegenwärtiger und zukünftiger festgefügter internationaler Solidarität.[265] Achtzehn bronzene Opferschalen von 1,65 Meter Durchmesser, geschaffen

264 »(Die Ringgräber) liegen räumlich am tiefsten und bedeuten schmerzliche Erinnerungen an den Tod tausender unschuldiger Menschen. Die Straße der Nationen ist gleichsam ein Weg des Nachdenkens und der Sammlung der Kräfte.« Roselene Willumat-Decho: Mahn- und Gedenkstätte Buchenwald. Bild- und Leseheft für die Kunstbetrachtung. Vom Ministerium für Volksbildung der Deutschen Demokratischen Republik als Schulbuch bestätigt, Berlin 1969, Redaktionsschluß: 20.12.1963, S. 18.

265 Den Denkmalsetzern war bewußt, daß Menschen aus weit mehr als 18 Ländern – 36 war die Zahl damals, 49 sind heute bekannt – in das KZ Buchenwald verbracht worden sind. Die Auswahl der in der Straße der Nationen genannten Länder erfolgte nach der Anzahl ihrer Häftlinge und nach politischen Gesichtspunkten. So ist beispielsweise längere Zeit überlegt worden, ob man das aus dem Ostblock ausgescherte Jugoslawien überhaupt nennen solle. In einem Brief des Komitees der Antifaschistischen Widerstandskämpfer vom 11.5.1954 an das ZK-Mitglied Erich Mückenberger heißt es: »Prinzipiell wurden wir uns über folgende Länder einig: (…) Wie Du siehst, ist darin auch Jugoslawien enthalten. Unter den der FIR angeschlossenen Verbänden wird nach wie vor Jugoslawien als Mitglied aufgeführt. Es handelt sich dabei nicht um den offiziell in Jugoslawien bestehenden Verband, sondern praktisch um eine illegale Organisation, die mit der FIR zusammenarbeitet. Gelegentlich haben auch an den Sitzungen des Exekutivkomitees der FIR jugoslawische Genossen teilgenommen, natürlich keine Titoanhänger. Diese Frage haben wir diskutiert. Ich persönlich bin auch der Meinung, daß man eine Stele (gemeint ist ein Pylon, V.K.) für Jugoslawien aufstellen sollte. Die Genossen Kuhn und Siewert erklärten, daß es eine große Anzahl von Serben, Kroaten und anderen Völkerschaften Jugoslawiens im Lager gegeben hat und man von der Mehrzahl derselben behaupten kann, daß sie nicht dem Kurs Titos folgten, sondern wirkliche Vertreter des Antifaschistischen Widerstandskampfes waren und sind.« BwA VA 113.

[64] 1958. »Straße der Nationen«. Quelle: Gedenkstätte Buchenwald.

[65] 1958. Aufstieg aus Ringgrab III zum »Turm der Freiheit«. Photo: Ernst Schäfer, Weimar. Quelle: Gedenkstätte Buchenwald.

Diskussion und Argumentation sind ein eindrücklicher Beleg dafür, wie von je gegenwärtiger System- und Parteilinientreue ausgehend rückprojizierend bestimmt wird, wer ein wirklicher Vertreter des Antifaschistischen Widerstands ist.
Eine andere als die Gliederung nach Nationen ist nie erwogen worden, auch nicht, nachdem es vereinzelt zu ausländischen Protesten kam, weil die rassisch Verfolgten auf diese Weise überblendet und nationalen Verfolgungskontexten fraglos subsumiert worden sind.

266 Fritz Kühn (1910-1967). Kunstschmied und Photograph. 1937 erste Werkstatt in Berlin. Nach Zerstörung in Folge des Krieges 1945 wieder aufgebaut.
Kühn ist in den fünfziger und sechziger Jahren auch an vielen (Sakral-) Bauten in Westdeutschland beteiligt, u. a: National-Theater Mannheim, 1957; St. Elisabeth-Kirche Essen-Frohnhausen 1961; Münster Essen 1961; Ruine der St. Aegidien-Kirche Hannover 1961; Epiphanias-Kirche Münster 1965; Stadtkirche Jever 1965; Jesus-Christus-Kirche Sennestadt 1965; Opernhaus Dortmund 1966; Ev. Versöhnungskirche in der Gedenkstätte Dachau 1967.

267 Karl Straub am 7.7.1952 an das Generalsekretariat der VVN, z. H. Walter Bartel: »In den letzten Tagen erhielten wir von einem ehemaligen SS-Mann, welcher in Gaberndorf

von dem Berliner Kunstschmied und Photographen Fritz Kühn[266], krönen sie und erklären die Toten noch einmal symbolisch zu Märtyrern. Das zweite, erst im Juli 1952 im Zuge der Bauarbeiten wiedergefundene und dann in die Mahnmalsanlage integrierte Massengrab[267] passierend, betritt der Besucher durch das dritte, größte Ringgrab, das heißt, durch den Tod hindurch, die steil aus dem Grab aufsteigende hell gepflasterte »Treppe der Freiheit« [65] und erreicht den Versammlungsplatz mit der auf rötlichem Stein aufgesockelten Plastik und dem in direkter Linie dahinterstehenden »Turm der Freiheit«. Körper und steil aufgereckte Hand des »Schwörenden« nehmen den Sturz des »Fallenden« auf und fügen ihn über die hochgehaltene Fahne in das Aufragen des Turms ein, dessen der Häftlingsgruppe zugewandte doppelflügelige bronzene Tür in erhabenen Buchstaben den »Schwur von Buchenwald« trägt. Geschichte und Gegenwart kreuzen sich. Bestätigt die vertikale Verbindung von Ringgrab, »Treppe der Freiheit«, »Stürzendem«, »Schwörendem«, »Fahnenträger« und »Turm der Freiheit« ein weiteres Mal das geschichtsmetaphysische Konzept der Verwandlung von Sterben durch Kämpfen in Sieg[268], so fügt die Aufstaffelung der Figurengruppe vom »Negativen« hin zu den »Kämpfenden« und dem »Schwörenden« horizontal die Entwicklung des individuellen Bewußtseins in die aufsteigende Linie der Geschichte ein. Anders gesagt, in der Plastik kreuzen sich der Gang der Geschichte und die Genese individuellen antifaschistischen Bewußtseins, wie es – den Denkmalsetzern zufolge – im KZ geschmiedet worden ist, beglaubigen sich wechselseitig und markieren in ihrer Schnittstelle ursprungsmythologisch den Ort der Geburt des neuen, anderen Deutschland. Ist der Besucher an dieser Schnittstelle, dem Brennpunkt der Denkmalsanlage, angekommen, ist er geläutert und wird initiiert; in öffentlichen Massenmanifestationen wie den jährlichen Gedenkkundgebungen zum Befreiungstag oder zum »Tag der Opfer des Faschismus«, in Form von Jugendweihefeiern oder Pionier- und NVA-Vereidigungen oder in stiller Selbstverpflichtung auf den Schwur hin. Als Gewinn von Läuterung und Teilhabe am neuen, anderen Deutschland ist dem Initiierten die weitgehend in ihrem natürlichen Zustand belassene thüringische Landschaft als Symbol friedlichen und gedeihlichen Lebens vor Augen gestellt[269] – nicht als Geschenk Gottes, sondern als Resultat der Tat jener Männer, die die Fackel des Fortschritts durch die Nacht des Faschismus getragen haben und in deren Nachfolge der Besucher gerade eingetreten ist.

Der endgültige Aufstellungsort der Plastik ist von Otto Grotewohl im Sommer 1955 selbst festgelegt worden.[270] Zur selben Zeit hat man auch den Standort des Turmes neu bestimmt. Nicht mehr am seitwärts der hangaufwärts führenden Treppe gelegenen ehemaligen Standort des Bismarckturms soll er errichtet werden[271], sondern auf einer Linie in direkter Verlängerung des Aufstieges aus Ringgrab III, d. h. in direkter Verlängerung und Aufhöhung der »Treppe der Freiheit.« Im Turminneren wiederholt sich der »Erinnerungsgedanke« in komprimierter Form. Vom Grund des Turmes und dem dort eingelassenen Grab unbekannter Ermordeter führen zwei Treppenaufgänge zur lichtdurchfluteten Turmplattform hinauf zu einer Glocke, deren äußere Haut von einem von Waldemar Grzimek geschaffenen Flachrelief umspannt wird: von Albrecht Dürers »Betenden Händen« herkommend, durchstoßen zwei Schwurhände im Häftlingskittel das Stacheldrahtnetz, das die Glocke umgibt. [66]

Daß es sich bei der Mahnmalsanlage auf dem Ettersberg um einen säkularisierten, politischen Läuterungspfad handelt, kommt nicht allein durch den Rückgriff auf christliche Passions- und Auferstehungsmotive zum Ausdruck, ein Rückgriff, der in der Gestaltung des Stelenwegs als Kreuzweg einen Höhepunkt findet und der bereits von Hermann Henselmann vorweg genommen wurde, als er – ein weiterer Denkmalsgedanke – den Galgen Buchenwalds analog zum »christlichen Kreuz« auffassen wollte.[272] Auch die Führungsleitlinien, die gleich im Anschluß an die Einweihung der Gedenkstätte am 14. September 1958 erstellt werden, enthüllen diesen Charakter.

In der von »Organen des Rates des Bezirkes Erfurt und der Stadt Weimar« erarbeiteten »Denkschrift zur weiteren wohnt, die Mitteilung, daß in einem weiteren also in einem dritten Trichter, eine Anzahl von Leichen ehemaliger Häftlinge eingebuddelt wurde. (...) Auch eine Frau hatte uns schon früher diese Mitteilung gemacht und uns gefragt, warum wir nur die 2 Trichter ehren und pflegen.« BwA 06 2-14.

268 »Vom Sterben durch Kämpfen zum Sieg« faßt Roselene Willumat-Decho das Erinnerungsprogramm der Nationalen Mahn- und Gedenkstätte für den Schulunterricht der DDR zusammen. Dieselb.: Mahn- und Gedenkstätte Buchenwald, S. 28. »Opfer, Tat, Aufstieg«, formuliert Fritz Cremer – nach Darstellung Harry Kaths – analog das Grundmotiv: »Dieser Gedanke (Brecht folgend, ein Amphitheater zu bauen, V.K.) wurde zu Gunsten der heutigen architektonischen Gestaltung verworfen, die Symbol eines Leidenswegs sein soll, der über den Befreiungskampf im Konzentrationslager Buchenwald in eine glückliche Zukunft führt: Opfer, Tat, Aufstieg.« Harry Kath: Kunst als Geschichte und Erlebnis. Ein Interview mit Nationalpreisträger Prof. Fritz Cremer, Berlin, in: Doch stärker als der Tod sind wir. Sonderdruck des Weimarer Kulturspiegels zur Einweihung der Gedenkstätte Buchenwald, Weimar 1958, S. 20. Ohne Angabe des Verfassers wieder abgedruckt in: 1945-1965. 20 Jahre danach. Zum 20. Jahrestag der Befreiung des Konzentrationslagers Buchenwald. Weimar – Tradition und Gegenwart, Heft 1, 1965, Weimar 1965, S. 46.

269 So Walter Bartel bereits in seiner Rede zum siebten Jahrestag der Befreiung Buchenwalds am 11.4.1952 im Deutschen Nationaltheater Weimar: »Wir haben vor einigen Stunden die herrliche Kundgebung des Friedens und der Freundschaft auf dem Ettersberg erlebt. (...) Herrlicher Sonnenschein lag heute über unserer Veranstaltung. Es war als ob die Natur uns sagen wollte: Menschen, seid einig, seid friedlich; wie schön wird dann das Leben sein.« BwA 012 Bd. 3.

270 Am 9.5.1955 vermerkt Kurt Tausendschön: »(...) aufmerksam gemacht, daß der Ministerpräsident die Auffassung vertritt, daß die Plastikgruppe von Prof. Cremer freistehen müsse. (...) Sollte dem Wunsch des Ministerpräsidenten entsprochen werden, so wäre eine Umprojektierung im Werte von 300 TDM erforderlich.« Bundesarchiv Potsdam DR 1 / 7515.
Am 17.6.1955 hat in dieser Frage im Ministerium für Kultur eine Besprechung mit dem Architektenkollektiv stattgefunden (Bundesarchiv Potsdam DR 1 / 7515), und am 27.7.1955 hält Ludwig Deiters fest: »Es handelt sich dabei wesentlich um eine Verbesserung der Aufstellung der Plastikgruppe von Prof. Cremer. Der Bildhauer vertrat bisher den Standpunkt, daß seine Plastiken einer Wand bedürfen, vor der sie aufgestellt werden könnten. Als Ergebnis einer Aussprache mit dem Ministerpräsidenten, anläßlich seines Besuches im Atelier des Bildhauers, wurde festgestellt, die Figurengruppe verträgt ihrer Komposition nach eine freiere Aufstellung, das Thema des Befreiungskampfes und Schwurs erfordert einen noch hervorragenderen Standpunkt.« BwA VA 1 Bd. 1.

[66] 1958.
Glocke mit
Stacheldrahtrelief
und Schwurhänden.
Photo:
Ernst Schäfer,
Weimar.
Quelle:
Gedenkstätte
Buchenwald

271 Die geologischen Untersuchungen zur Prüfung der Standsicherheit des Turmes am neuen Platz haben im Mai 1955 begonnen. Bundesarchiv Potsdam DR 1 / 7515.

272 Hermann Henselmann, um 1988, rückblickend auf seine eigenen Vorstellungen zum Buchenwald-Denkmal: »Vom christlichen Kreuz ausgehend, das ja der Hinrichtung im Altertum diente, schwebte mir vor, den Galgen von Buchenwald als Tor aufzufassen, durch das unsere Helden hindurchgeschritten sind, um einer besseren Welt willen.« Zitiert nach Heinz Koch: Nationale Mahn- und Gedenkstätte Buchenwald. Geschichte ihrer Entstehung. Buchenwald-Heft 31, Weimar-Buchenwald 1988, S. 7. Ob es sich bei dem von Henselmann skizzierten Denkmalsentwurf um mehr als ein Gedankenspiel gehandelt hat, ließ sich nicht feststellen.
Die im Sinne der DDR-Geschichtsschreibung von Idealisierungen und Auslassungen gekennzeichnete Untersuchung Kochs ist die erste Arbeit mit dem Anspruch einer Gesamtdarstellung der Entstehungsgeschichte der Nationalen Mahn- und Gedenkstätte Buchenwald.
Eine weitere, recht grobmaschige Darstellung – eher eine kommentierte Dokumentenauswahl in politikgeschichtlicher Perspektive – ist 1995 von Manfred Overesch vorgelegt worden. Manfred Overesch: Buchenwald und die DDR oder Die Suche nach der Selbstlegitimation, Göttingen 1995.

273 BwA 06 2-28.

274 Ebenda.

275 BwA VA 113.

Gestaltung der Mahn- und Gedenkstätte Buchenwald« – sie ist am 31. Dezember 1959 vom Rat der Stadt Weimar und später in ihren wesentlichen Teilen durch das Ministerium für Kultur bestätigt worden – heißt es: »Den zu tausenden eintreffenden Menschen muß die Gedenkstätte, müssen die musealen Objekte inhaltlich nahegebracht werden. Dazu reichen die herkömmlichen literarischen, optischen und rhetorischen Mittel nicht mehr aus, in den Vordergrund müssen vielmehr – wie beim Mahnmal – räumlich suggestive, d.h. architektonische Mittel treten, die den Besucher von Anfang an führen, bestimmte Eindrücke zwangsläufig vorbereiten und ihn unausweichlich einen in seinen Eindrücken ganz vorbereiteten Weg gehen lassen.«[273] Diese Forderung steht für mehr als für manipulative Bevormundungspädagogik. Sie reagiert darauf, daß die Mehrzahl der Besucher – vordergründig der räumlichen Anordnung der Nationalen Mahn- und Gedenkstätte verdankt – dazu neigt, die Gedenkstätte falsch herum zu durchlaufen: vom Turm – in dessen unmittelbarer Nähe die Besucher die Busse verlassen, weil die erhaltenen ehemaligen SS-Kasernen bis auf eine noch von der Nationalen Volksarmee genutzt werden und der ihnen vorgelagerte Platz als Parkplatz deshalb nicht zur Verfügung steht – ins ehemalige KZ, d.h. von der Freiheit in die Gefangenschaft, vom neuen Deutschland ins alte, vom Leben in den Tod. »Dabei möchte ich darauf aufmerksam machen«, heißt es bereits eine Woche nach der Denkmalseinweihung in einer Aktennotiz für das Komitee der Antifaschistischen Widerstandskämpfer, »daß besser gekennzeichnet werden muß, wo sich der Eingang befindet, da alle Besucher unmittelbar am Turm aussteigen und somit die Gedenkstätte entgegengesetzt durchlaufen.«[274] Vom Komitee der Antifaschistischen Widerstandskämpfer wird deshalb dem 1. Sekretär der Bezirksleitung der SED Erfurt vorgeschlagen, wenigstens für die Sonnabende und Sonntage fünfzig bis einhundert Ordner einzustellen, die den Besucherstrom regeln und in die richtigen Bahnen lenken sollen.[275] Festgelegt wird, daß der Besuch der Nationalen Mahn- und Gedenkstätte im ehemaligen Häftlingslager beginnt. Vom Appellplatz schreitet der Besucher zum Krematorium und zu anderen Orten des Schreckens, vor allem aber des Widerstands. Die Gestaltung des Lagergeländes informiert ihn begleitend, die Ausstellung im »Museum des Widerstands« abschließend auf scheinbar authentische Weise, daß »faschistische Barbarei« und Tod bereits im Lager selbst nicht das letzte Wort hatten. Dann verläßt der Besucher das Lager in Richtung Mahnmal durch das Westtor und begibt sich grundsätzlich zu Fuß – vorbei an den Fundamenten des Pferdestalls, in dem die sowjetischen Kriegsgefangenen ermordet wurden, vorbei am Steinbruch – über die ehemalige Villenstraße der SS zum »Sammelplatz« vor dem Mahnmal. Dabei ist durch »Hinweisschilder und Ordner zu gewährleisten, daß alle Besucher den richtigen Weg gehen und den Rundgang am Tor zum Stelenweg beginnen.«[276] Den Stelenweg herabschreitend, durchlebt der Besucher die Passion der antifaschistischen Widerstandskämpfer und zugleich ihr Ostern, das in Plastik und Turm seinen Höhepunkt hat. Im Turm schließlich »wird noch einmal ein eindringlicher Appell an alle Besuchergruppen gerichtet, die hier empfangenen Eindrücke nicht zu vergessen und dafür Sorge zu tragen, daß der Mahnruf von Buchenwald immer stärkeren Widerhall in den Herzen aller friedliebenden Menschen findet.«[277] Um den Eindruck des Appells zu verstärken und um selbst dem Unempfindlichsten unmißverständlich klar zu machen, was er gerade durchlebt hat, schlagen die in der Mahn- und Gedenkstätte beschäftigten Publikumsführer – darunter die beiden ehemaligen Buchenwaldhäftlinge Karl Straub und Richard Kucharczyk – vor, zusätzlich im Turm ein Tonband aufzustellen, von dem einleitend das Lied »Unsterbliche Opfer, ihr sanket dahin« abgespielt wird – »Was Thälmann sah, sich eines Tags begab. / Sie gruben aus die Waffen, die versteckt, / Die Todgeweihten stiegen aus dem Grab. / Seht ihre Arme weithin ausgestreckt«, hatte Becher für die siebente Stele getextet – und zum Abschluß die Nationalhymne der DDR: »Auferstanden aus Ruinen ....«[278]. Verläßt der Besucher danach die Nationale Mahn- und Gedenkstätte, ist – dem Verständnis der Denkmalsetzer nach – dem neuen Deutschland durch nachlebende Identifikation mit den Häftlingen als antifaschistischen Widerstandskämpfern und mythischen Gründervätern der DDR ein neuer, von den Schlacken der Vergangenheit gereinigter Mensch geboren.

Der heilsgeschichtlich-christliche Grund der Nationalen Mahn- und Gedenkstätte Buchenwald – sie steht für Golgatha, Ostern und Pfingsten der deutschen kommunistischen Arbeiterbewegung zugleich – ist verbrämt durch das geschichtsphilosophische Konzept, das der Gesamtgestaltung unterliegt und dem durch die heilsgeschichtlichen Rückgriffe auf christliche Erlösungsvorstellungen zusätzlich Geltung verschafft wird. Durch die Gedenkstättengestaltung werden weniger historische Ereignisse erinnert, sondern in Kraft gesetzt und beglaubigt wird das mit Bezug auf die Evolutionstheorie Darwins im neunzehnten Jahrhundert entstandene, durch die sozialistische Arbeiterbewegung popularisierte marxistische Konzept vom gesetzförmigen Gang der Geschichte auf den Kommunismus hin. Noch bis in die Mitte der dreißiger Jahre hinein hatte das Festhalten an dieser als wissenschaftlich fundiert geltenden Zukunftsgewißheit dazu beigetragen, Wucht, Dauer und Akzeptanz des Nationalsozialismus in gefährlicher Weise zu unterschätzen; in den Konzentrationslagern und in der Emigration ist sie den Kommunisten ein Hort der Zuversicht und quasi religiöser Halt gewesen. Nach dem 8. Mai 1945, nachdem man spätestens herausgefordert war, die Gültigkeit dieser Form der Geschichtsteleologie wenigstens zu überdenken – immerhin steht das Jahr 1933 für die größte Niederlage der deutschen, nicht allein kommunistischen Arbeiterbewegung, und der rassenbiologisch begründete Massenmord läßt sich kaum ohne Zynismus mit einem in der Geschichte selbst angelegten Zug zum Guten in Einklang bringen – wird statt dessen die Auffassung vom gesetzförmigen Gang der Geschichte im marxistisch-leninistischen Sinn in der SBZ/DDR

276 So in der schon erwähnten Denkschrift. BwA 06 2-28.

277 Ebenda.

278 Stadtarchiv Weimar, Rat der Stadt ab 1945, 1227, Bd. 2.

in zahllosen Schriften verbreitet. Den bürgerlichen Historikern vorwerfend, sie leugneten die Gesetzlichkeit der Geschichte, um das zwangsläufige Absterben bürgerlicher Klassenherrschaft zu verschleiern und den notwendigen Sieg des Kommunismus als Illusion erscheinen zu lassen, schreibt Leo Stern beispielsweise 1952 in seinem Bändchen »Gegenwartsaufgaben der deutschen Geschichtsforschung: »Sie alle sind vom ehernen Gang der Geschichte, deren immanente Gesetzmäßigkeit der Marxismus-Leninismus aufgezeigt hat, widerlegt worden und können nur noch den Wert historischer Kuriositäten beanspruchen. (…) Der Marxismus-Leninismus ist heute lebendiger denn je, und die Geschichte hat seinen wissenschaftlichen Wahrheitsgehalt in überwältigender Weise bestätigt. Die machtvolle Existenz der Sowjet-Union, die vor 34 Jahren noch gar nicht bestand, die heute von einem Kranz volksdemokratischer Länder umgeben ist, mit dem 475 Millionen Volk der Chinesen an der Spitze, die alle zusammen noch vor 7 Jahren gar nicht existierten, diese machtvolle Realität eines Blockes von Staaten, der nahezu ein Drittel der Erde und fast die Hälfte der Menschheit umfaßt (…) – das ist doch wohl der schlüssigste, aller Welt sichtbarste Beweis von der souveränen Gewalt der Ideen des Marxismus-Leninismus!«[279] In seiner Rede zur Konstituierung des Kuratoriums für den Aufbau Nationaler Gedenkstätten stellt Otto Grotewohl die Geschichte der nationalsozialistischen Konzentrations- und Vernichtungslager und die Funktion der Gedenkstätten in denselben Zusammenhang: »Die Gedenkstätten müssen Symbole der Kräfteverbindungen sein, die sich in den Konzentrationslagern als Keim der Neugestaltung des Lebens bildeten und im Block der antifaschistisch-demokratischen Kräfte und schließlich in der Nationalen Front des demokratischen Deutschland ihre Fortsetzung und Erweiterung fand.«[280] Ostblock und DDR erscheinen auf diese Weise nicht nur als notwendige Schöpfungen der Geschichte – d. h. in letzter Konsequenz, als Schöpfungen Hitlers als »Weltgeist« (Georg W. F. Hegel) oder »Engel der Geschichte« (Walter Benjamin) –; das Ineinander von christlicher Heilsgewißheit und kommunistischer Geschichtsphilosophie ist zugleich die Voraussetzung dafür, die Existenz der DDR und den Glauben an ihre Legitimität und Dauer mit einem vorreflexiven, mentalitätsverbürgten Fundament politischer und kultureller Selbstverständlichkeit auszustatten – nicht nur im Blick auf die Bevölkerung, sondern vor allem auch im Blick auf die politischen Kader der SED. Wie hätten diese an die DDR, sich selbst und ihre Mission glauben sollen, wenn die DDR ausschließlich als Produkt schärfster geschichtlicher Diskontinuität, politischer Fehleinschätzungen vor und nach 1933, interalliierter Machtabsprachen und Einflußsphärenregelungen sowie historischem Zufall erschienen wäre?

Es scheint, als könnten solche Vorstellungen gar nicht massiv genug abgewehrt werden. So wird die Niederlage von 1933 und der damit verbundene massenhafte Tod in den Konzentrations- und Vernichtungslagern mittels einer weiteren symbolischen Ebene außer Kraft gesetzt; nämlich mittels einer Lichtmetaphorik, die einerseits selbst wiederum religiöse Wurzeln hat, die aber andererseits auch ein wesentlicher Traditionsbestandteil des politischen Totenkultes der sozialistischen/kommunistischen Arbeiterbewegung seit Mitte des neunzehnten Jahrhunderts ist: durch Dunkel zum Licht.[281]

So gehört das Lied »Brüder zur Sonne, zur Freiheit / Brüder zum Lichte empor« zum festen Kanon der im Rahmen der jährlichen Befreiungsfeierlichkeiten gesungenen Lieder.

»Stärker als die Nacht sind wir« ist eine einem Artikel von Walter Bartel vorangestellte Photoseite im Neuen

---

279 Leo Stern: Gegenwartsaufgaben der deutschen Geschichtsforschung, Berlin 1952, S. 34f. Weitere Beispiele: Leo Stern: Für eine kämpferische Geschichtswissenschaft, Berlin 1954; B. D. Grekow: Über die Geschichte, Große Sowjet-Enzyklopädie. Reihe Geschichte und Philosophie 40, Berlin 1954; Georg Klaus, Hans Schulz: Sinn, Gesetz und Fortschritt in der Geschichte, Berlin 1967.

280 Zitiert nach der Wiedergabe der Rede im Neuen Deutschland vom 28.7.1955.

281 Siehe dazu: Erhard Lucas-Busemann: Vom Scheitern der deutschen Arbeiterbewegung, Frankfurt/M, Basel 1983.

Deutschland vom 9. November 1956 überschrieben, die Widerstandskämpfer zeigt, die um ein Bild von Ernst Thälmann herum gruppiert sind.

»Die Ehre des deutschen Volkes wurde gerettet von den zehntausenden fortschrittlichen Männern und Frauen, deren Widerstandskampf wie ein helles Licht in der Nacht der faschistischen Barbarei leuchtete«, heißt es im ersten Aufruf des Kuratoriums für den Aufbau Nationaler Gedenkstätten in Buchenwald, Sachsenhausen, Ravensbrück.[282]

Für ein »weithin sichtbares Monument, das Nachts leuchtet« hatte sich Walter Bartel 1950 gegenüber Otto Grotewohl stark gemacht.

Auf dunkel gefaßten Stufen steigt der Besucher den Stelenweg zu den Ringgräbern herab, auf hellen ins Licht der Freiheit empor.

Wird die Doppeltür, die den Schwur zeigt, geöffnet, fällt Licht auf die bronzene, von Waldemar Grzimek geschaffene Grabplatte im Turm, die neben den Namen der großen Konzentrations- und Vernichtungslager zur Dornenkrone gefügten Stacheldraht zeigt, der nackte Füße bedroht und den nackte Füße überwinden. Von der Grabplatte wird das Licht hinauf in die Turmeshöhe gezogen und trifft auf Licht, das durch das Deckenauge fällt, welches selbst reine Helle ist. Die Glockenplattform darüber ist offen und lichtdurchflutet. Die blattvergoldete Turmbekrönung von Menschenhöhe bringt die Grenze zwischen Turmspitze und Himmel zum Verschwimmen und wirft das Licht über das ganze Land.[283] [67, 68, 69]

Trotz der damit verbundenen ideologischen Probleme und trotz der Knappheit von Devisen – geeigneter Weißzement war in der DDR nicht vorhanden, man erwog sogar längere Zeit, ihn aus Westdeutschland zu beziehen – ist den Denkmalsetzern wenig so wichtig, wie die Turmspitze in hellstem Weiß erstrahlen zu lassen. »Seitens des Architektenkollektivs ist der Turmaufbau sowie die inneren Sichtflächen der darunter liegenden Turmstube in der Farbgebung als weiße Sichtflächen gewählt worden. (…) Dieses Bauwerk wird Jahrtausende bestehen und als ewiges Mahnmal alle Menschen an die faschistische Barbarei erinnern. Die Bedeutung des Bauwerkes selbst trägt einen internationalen Charakter, so daß wir nicht auf die weißen Sichtflächen verzichten können, damit die Einmaligkeit dieses Bauwerkes hervorgehoben wird. Wir bitten Sie deshalb, sich mit der Fa. Dyckerhoff, Wiesbaden in Verbindung zu setzen zwecks Auslieferung des Materials«[284], wendet sich die Aufbauleitung der »Gedenkstätte Ehrenhain Buchenwald« am 5. Juni 1956 an die »Regierung der DDR, Ministerium für Kultur – Zentrale Planung.«

Aber auch dieses zusätzliche Fundament des heilsgeschichtlichen Zugs der Nationalen Mahn- und Gedenkstätte scheint nicht als ausreichend empfunden worden zu sein, den Fortschrittszug der Geschichte unter Beweis zu stellen, als dessen Resultat die DDR sich selbst sehen und erscheinen will. Auch er ist noch einmal unterlegt und zwar vitalistisch. So bestätigt im Abwärts- und Aufwärts der Hanglandschaft die Umgebungsnatur selbst den Gang der Geschichte; im Zentrum der Vernichtung repräsentiert ein prächtiger Baum – auf der vierten Stele – die ewige Existenz des Lebens; auf der Glocke im »Turm der Freiheit« sind ganz ohne logischen Bezug und inhaltliche Notwendigkeit zwei präzise ausgearbeitete schwebende Blätter dargestellt, die der Stacheldraht weder verletzen noch gefangenhalten kann. [70]

Dem heilsgeschichtlichen Zug der Nationalen Mahn- und Gedenkstätte Buchenwald entspricht ihr manichäischer Charakter. Plastisch am prägnantesten tritt er im Wett-

---

282 SAPMO-BArch. NY 4090/550 (NL 90/550) Nachlaß Grotewohl, Blatt 51.

283 »Bekrönung (von Fritz Kühn V.K.) für den Turm der Gedenkstätte Ehrenhain Buchenwald, 1.70 m hoch. (…) Durch die echte Blattvergoldung große Weitwirkung. Je nach Stand der Sonne reflektieren immer wieder andere Flächen.« Fritz Kühn: Stahl- und Metallarbeiten, Berlin 1964, S. 122.

284 Zitiert aus einem Brief der Aufbauleitung Gedenkstätte Ehrenhain Buchenwald vom 5.6.1956 an das Ministerium für Kultur. BwA AV 3.

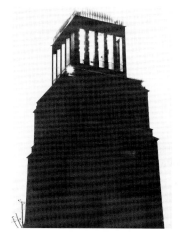

[67] · [68] · [69]
1958.
Lichtmetaphorik im
»Turm der Freiheit«.
Photos: Ernst Schäfer,
Weimar. Quelle:
Gedenkstätte Buchenwald.

bewerbsbeitrag des Kollektivs Cremer, Lingner, Brecht in Gestalt der monumentalen Figuren befreiter Häftlinge hervor, die in den noch unbefreiten Westen schauen sollen. Die historische Ausstellung reflektiert ihn durch gegenwartsbezogene Analogien – z. B. durch Verweise auf den Korea-Krieg, die Pariser Verträge oder die westliche Atomrüstung. In Diskussionen und Ansprachen wird er immer wieder behauptet; etwa von Walter Bartel in Vorbereitung der Feiern des Befreiungstages 1952: »Der Gedanke der Veranstaltung soll sein 1. ein Appell (…), in dem zum Ausdruck kommt, wenn wir uns zum 11. April zusammenfinden, dann nur deshalb, weil wir in Buchenwald zusammen waren. 2. weil der Faschismus in der DDR niedergeschlagen ist«[285]; oder von Otto Grotewohl im Rahmen seiner Reden anläßlich der Konstituierung des Kuratoriums zum Aufbau Nationaler Gedenkstätten in Buchenwald, Sachsenhausen, Ravensbrück als auch zur Einweihung der Nationalen Mahn- und Gedenkstätte Buchenwald. Grotewohl 1954: »Der Aufbau der Buchenwald-Gedenkstätten ist nur in dem Teil Deutschlands möglich, in dem das Volk radikal die Lehren seiner Geschichte beherzigt, sich entschieden vom Wege des Krieges und der Aggression abgewendet und endlich einen Weg des Friedens und der Demokratie in der innerdeutschen Politik wie auch gegenüber seinen friedliebenden Nachbarvölkern eingeschlagen hat. Völliger Bruch mit der faschistischen Vergangenheit Deutschlands und tatbereites Auftreten und Handeln gegen jeden Neofaschismus und Militarismus in Westdeutschland, das sind die Voraussetzungen, auf denen unser nationales Gedenkwerk ruht. (…) Die große aktuelle Bedeutung dieser Gedenkstätten (…) ergibt sich vor allem aus der Tatsache, daß die Adenauerregierung zusammen mit den amerikanischen Besatzern in Westdeutschland in die Fußstapfen Hitlers getreten ist.«[286] Und 1958: »Der Hitlerfaschismus wurde 1945 militärisch zerschlagen, aber er wurde nur in einem Teil Deutschlands, in der Deutschen Demokratischen Republik, mit der Wurzel ausgerottet.«[287] Daß der Schwur von Buchenwald in der DDR erfüllt sei, wird vor dem Hintergrund des am 9. Januar 1952 von der Volkskammer beschlossenen Gesetzentwurfs für gesamtdeutsche Wahlen zu einer Nationalversammlung zu einem der Leitmotive der Veranstaltungen zum siebten Jahrestag der KZ-Befreiung und gehört seitdem zu den programmatischen Kernpunkten des auf Buchenwald bezogenen Erinnerungskultes.«[288] [71]

An die Stelle der abgespaltenen, ausgelagerten, für überwunden erklärten schlechten Vergangenheit tritt – wie in den anfangs in Weimar geplanten oder errichteten Denkmalen – die direkte Anbindung an die Tradition der deutschen Klassik. Nicht nur, daß die Bauformen der Denkmalsanlage die Kernkulturen des klassischen Altertums zitieren – die Ringmauern der Gräber Rom, die Pylone Ägypten, die Stelen sowie der mit dem Turm verbundene, aus finanziellen Gründen nicht realisierte, in der strengen, doppelreihigen Baumbepflanzung neben und hinter ihm aber noch angedeutete zweiflügelige Säulengang Griechenland; auch im Blick vom Hangdenkmal herab in die thüringische Ebene, auch in den Führern durch die Gedenkstätte, auch im »Museum des Widerstands«, auch in den Gedenkreden wird die Traditionslinie Weimar – Buchenwald – DDR reklamiert. Beispielsweise im »Plan der Sofort- und Perspektivmaßnahmen für die Nationale Gedenkstätte Buchenwald« vom 14. Februar 1959: »Dabei muß die Nationale Mahn- und Gedenkstätte im Zusammenhang mit den klassischen Stätten Weimars gesehen werden. Den Besuchern Weimars wird hier anschaulich demonstriert, wie der Faschismus die kulturellen Werte der Vergangenheit und die humanistischen Werte mit Füßen getreten hat und in unserem Arbeiter- und Bauernstaat diese kulturellen Werte und humanistischen Traditionen gepflegt werden.«[289] In breiter Verallgemeinerung anschaulich gefaßt wird der Zusammenhang in der von 1964 bis 1966 im Goethe- und Schiller-Archiv der Nationalen Forschungs- und Gedenkstätten der klassischen deutschen Literatur in Weimar gezeigten Ausstellung »Arbeiterbewegung und Klassik«.[290] Sie ist maßgeblich von Helmut Holtzhauer – dem ersten Direktor der 1953 geschaffenen Institution – konzipiert worden; von Helmut Holtzhauer, in dessen Person durch diese Direktorenschaft und seine frühere Beteiligung am Aufbau der Gedenkstätte auf dem

285 Protokoll der Tagung des Buchenwald-Komitees am 3.2.1952 im Generalsekretariat der VVN in Vorbereitung des 11.4.1952. BwA 011 Bd. 3.

286 SAPMO-BArch. NY 4090/550 (NL 90/550) Nachlaß Grotewohl, Blatt 15/16.

287 Buchenwald mahnt. Rede des Ministerpräsidenten Otto Grotewohl und Ansprachen der ausländischen Delegierten zur Weihe der Nationalen Mahn- und Gedenkstätte Buchenwald am 14. September 1958, Weimar 1961, S.11f.

288 Walter Bartel in einem Brief zur Vorbereitung des internationalen Buchenwaldtreffens vom 10. bis 16. April 1952: »Unter dem Motto ›Bericht über die Einhaltung des Buchenwaldschwures: Ausrottung des Nazismus mit allen seinen Wurzeln – Aufbau einer Welt des Friedens‹, geben wir von deutscher und französischer Seite einen Bericht der Verwirklichung des Schwurs. Deutscher Berichterstatter bin ich selbst. Hauptgedanke wird dabei sein, daß die Grundlagen des Faschismus, das Monopolkapital, bei uns zerschlagen wurde, in Westdeutschland aber bestehen blieb. Deshalb besteht bei uns keine faschistische Gefahr, während sie in Westdeutschland vorhanden ist.« BwA 012 Bd. 3.
In einem in Vorbereitung dieses – zunächst für Dezember 1951 geplanten – Treffens gefaßten Beschluß des Politbüros der SED vom 15.11.1951 heißt es: »Das Zusammentreffen soll im Zeichen des einheitlichen Kampfes gegen die Wiederbewaffnung und Remilitarisierung Westdeutschlands stehen.«
Ein weiteres Beispiel aus späterer Zeit: »Anläßlich des 30. Jahrestages der Befreiung vom Faschismus verweist das Volk der DDR auf das von ihm in den 30 Jahren Vollbrachte, (...) Im ersten deutschen Staat der Arbeiter und Bauern wurde das Vermächtnis der uns so teuren Toten, der Schwur von Buchenwald, erfüllt.« Erich Mückenberger in seiner Rede zum dreißigsten Jahrestag der Befreiung des KZ Buchenwald 1975. Zitiert nach: Karl-Heinz Dennhardt, Gitta Günther, Paul Meßner: Weimar 75. Dokumente und Materialien (zu den Tausendjahr-Feierlichkeiten der Stadt Weimar V.K.), Weimar Tradition und Gegenwart, Heft 29, 1976, S. 47. Siehe auch den Artikel Mückenbergers im Neuen Deutschland, Berliner Ausgabe, vom 14.4.1975: »Der Schwur von Buchenwald wurde in der DDR erfüllt.«

289 Stadtarchiv Weimar, Rat der Stadt ab 1945, 1227, Bd. 2.

290 »Arbeiterbewegung und Klassik – Ausstellung im Goethe- und Schiller-Archiv der Nationalen Forschungs- und Gedenkstätten der klassischen deutschen Literatur in Weimar 1964-1966«, Ausstellung und Katalog Helmut Holtzhauer unter Mitwirkung von Johannes Dudda, Willi Ehrlich, Klaus Hammer, Rolf Hübner, Herbert Kiese, Siegfried Kraft, Konrad Kratzsch, Hedwig Weilguny, Weimar 1964.

*[70] 1958.
Stacheldrahtrelief und Blatt auf der Glocke im »Turm der Freiheit«.
Photo: Ernst Schäfer, Weimar.
Quelle: Gedenkstätte Buchenwald.*

*[71] 1975.
»Wir haben den Schwur von Buchenwald erfüllt!«
Abbildung in einer zum 30. Jahrestag der Befreiung herausgebenen Broschüre »Wir haben den Schwur erfüllt«.
Quelle: Gedenkstätte Buchenwald.*

291 Archiv DHM/MfDG Abt. Gedenkstätten, o. Signatur, Aktentitel: Schriftwechsel (…) zur Ausgestaltung, baul. Maßnahmen und Errichtung der Gedenkstätte Buchenwald 1954-1958.

292 Kuratorium für den Aufbau Nationaler Gedenkstätten in Buchenwald, Sachsenhausen, Ravensbrück (Hg.): Buchenwald. Nationale Gedenkstätte für die Widerstandskämpfer gegen den Faschismus. Dokumentensammlung mit Skizzen und Lagerkarten (Innentitel: Nationale Gedenkstätte Buchenwald auf dem Ettersberg bei Weimar), 3. Aufl., Reichenbach 1956, S. 27. Der Text des Führers wurde von KuBa (Kurt Barthel) unter der Kontrolle des Museums für Deutsche Geschichte, Abt. Gedenkstätten verfaßt.

293 Archiv DHM/MfDG Abt. Gedenkstätten, o. Signatur, Aktentitel: (1949) 1952-1955. Schriftwechsel (…) zur Einrichtung der Gedenkstätte Buchenwald.
Unter dem Datum des 26. September 1827 ist sowohl von einer Rast unter Eichen als auch von einer Buche mit den fünfzig Jahre zuvor eingeschnittenen Namen Goethes und weiterer bedeutender Weimarer seiner Zeit die Rede: »Wir waren auf der westlichen Höhe angelangt, das breite Tal der Unstrut mit vielen Dörfern und kleinen Städten lag in der heiteren Morgensonne vor uns. ›Hier ist gut sein!‹ sagte Goethe, indem er halten ließ. (…) Wir stiegen aus und gingen auf trockenem Boden am Fuß halbwüchsiger, von vielen Stürmen verkrüppelter Eichen einige Minuten auf und ab.« (…)

Ettersberg DDR-Antifaschismus und deutsche Klassik selbst amalgamiert sind. Symbol für die Einheit von klassischem Geist und antifaschistischem (Häftlings-) Bewußtsein wird der Stumpf der »Goethe-Eiche« *[72, 73]* im ehemaligen Häftlingslager, unweit der Effektenkammer. Auf Grund seines Standortes zunächst nicht Teil der Gedenkstätte, ordnet Erich Mückenberger am 5. Februar 1955 an, »die Goethe-Eiche bzw. deren Stubben« freizulegen und eventuell zu überdachen.[291] Er geht dabei davon aus, daß es sich bei dem Rest der Eiche, die im Lager stand und die auf Befehl der SS gefällt werden mußte, nachdem sie durch den alliierten Bombenangriff am 24. August 1944 auf die dem KZ angegliederten Industrieareale in Brand geraten war, tatsächlich um einen Baum handelt, unter dem Goethe gesessen und sinniert hat. In dem ersten, vom Kuratorium für den Aufbau Nationaler Gedenkstätten in Buchenwald, Sachsenhausen, Ravensbrück herausgegebenen Führer »Buchenwald. Nationale Gedenkstätte für die Widerstandskämpfer gegen den Faschismus« heißt es in Bezug auf den Baumstumpf: »Als im Barackenbereich schon alle Bäume gefällt waren, blieb noch ein einziger Baum am Rande des Lagers stehen. Man sagte, Goethe habe oft unter ihm gesessen. Darum nannte man diesen Baum Goethe-Eiche. Die ›Pietät‹ der Faschisten gegenüber diesem Denkmal einer menschlichen Welt glich der Liebe des Massenmörders, der einen Hund liebkost. Den Häftlingen aber war der Baum ein wirkliches Denkmal der Humanität.«[292] Daß das Symbol in seiner Bedeutung nicht nur überdehnt, sondern fiktiv war, ist den Verantwortlichen für die Gestaltung der »Gedenkstätte KL Buchenwald« spätestens am 1. Juli 1954 bekannt geworden. Auf die Bitte vom 14. Juni 1954, Helmut Holtzhauer möge aus den Beständen der Nationalen Forschungs- und Gedenkstätten der klassischen deutschen Literatur in Weimar für die Ausgestaltung der Gedenkstätte ein Bild der Goethe-Eiche zur Verfügung stellen, erhält die Abteilung Gedenkstätten im Museum für Deutsche Geschichte folgende Antwort: »Ein Bild der Goethe-Buche (nicht Eiche!) von Ettersburg ist uns nicht bekannt, weder ein zeitgenössischer Stich noch ein später angefertigtes Bild. Die Buche stand gegen Ende von

Goethes Lebenszeit (siehe das Gespräch mit Eckermann vom 26. September 1827) in tiefem Waldesdickicht. Nach der Jahrhundertmitte wurde sie wegen Überalterung gefällt, und das Stammstück, in das die Namen Goethes und seiner Gefährten eingeschnitten waren, wurde noch lange aufbewahrt, schließlich aber verfeuert. Der Platz, wo die Buche gestanden hat, ist auf dem heute fast waldentblößten Talhang kaum noch genau zu bestimmen.«[293] Trotz dieser Antwort gilt der Baumstumpf weiterhin als realer Überrest der »Goethe-Eiche«, d. h. als materieller Beleg für den inneren Zusammenhang von deutscher Klassik, Antifaschismus und DDR. Er soll zum Endpunkt für Kinderführungen werden.[294]

Die abgespaltene, ausgelagerte, in der DDR für beendet und abgeschlossen erklärte Geschichte des Nationalsozialismus, bleibt in der Mahnmalsanlage präsent; als latenter Gehalt der Form gegen die intendierte Botschaft. Im Sommer 1956 werden ehedem für den Bau des Turms des nationalsozialistischen Gauforums in Weimar vorgesehene, aber nicht mehr verbaute Steine aus bayerischem Muschelkalk, die in der Stadt an der Rießnerstraße und am Karl-Marx-Platz lagern, als Wert in die Gesamtkosten des Baus der »Gedenkstätte Ehrenhain Buchenwald« eingebucht.[295] Bereits im September 1955 hatte Kurt Tausendschön die Bauleitung angewiesen, diese Steine – gemischt mit Steinen aus Bernburger und blauem Muschelkalk – für den Bau der Außenfassade des »Turms der Freiheit« zu gebrauchen.[296] Die Gestaltung des »Turmes der Freiheit« in der KZ-Gedenkstätte erweist sich so als kompatibel mit der Gestaltung des Turmes des nationalsozialistischen Gauforums. »Wilhelm Kreis war doch ein guter Architekt«, antwortet Ludwig Deiters am 29. November 1992 auf die Frage, ob den Denkmalsetzern und Architekten nicht aufgefallen sei, daß die Gesamtanlage in ihrer auf Überwältigung zielenden Wuchtigkeit und Monumentalität, in ihrem Rückgriff auf archaisierende Form und politischen Opferkult deutliche Bezüge zu den von Kreis geplanten nationalsozialistischen Totenburgen erkennen lasse.[297]

[72]
1954/55
Stumpf der »Goethe-Eiche«.
Quelle: Gedenkstätte Buchenwald.

[73]
Nach 1955.
Stumpf der »Goethe-Eiche«
Quelle: Gedenkstätte Buchenwald.

»Wir taten noch einen Trunk aus der goldenen Schale und fuhren dann um die nördliche Seite des Ettersberges herum nach dem Jagdschlosse Ettersburg. (…) ›Ich will Ihnen doch auch die Buche zeigen‹, sagte er, ›worin wir vor fünfzig Jahren unsere Namen schnitten. – Aber wie hat sich das alles verändert, und wie ist das alles herangewachsen! – Das wäre denn der Baum! Sie sehen, er ist noch in der vollsten Pracht. Auch unsere Namen sind noch zu spüren, doch so verquollen und verwachsen, daß sie kaum noch herauszubringen. Damals stand die Buche auf einem freien trockenen Platz. Es war durchaus sonnig und anmutig umher, und wir spielten hier an Sommertagen unsere improvisierten Possen. Jetzt ist es hier feucht und unfreundlich. Was sonst nur niederes Gebüsch war, ist indes zu schattigen Bäumen herangewachsen, so daß man die prächtige Buche unserer Jugend kaum noch aus dem Dickicht herausfindet.‹« Johann Peter Eckermann: Gespräche mit Goethe in den letzten Jahren seines Lebens 1823-1832, Berlin (Ost) 1956 (2., verbesserte Auflage), S. 360 und S. 362. Die Buche wird nicht nur »vergessen«, weil der Stumpf der »Goethe-Eiche« sich auf dem Gelände des Häftlingslagers befindet und bereits zum Symbol geworden ist, sondern auch, weil die Beschreibung des Standortes der Buche weniger als Kontrast zum KZ, als vielmehr als dessen symbolische Doppelung aufgefaßt werden kann sowie als Beleg für die Rück-, nicht gesetzförmige Höherentwicklung der Kultur: »Damals stand die Buche auf einem freien trockenen Platz. Es war durchaus sonnig und anmutig umher, und wir spielten hier an schönen Sommertagen unsere improvisierten Possen. Jetzt ist

es hier feucht und unfreundlich.« Dagegen läßt sich im Zusammenhang mit der Rast bei den Eichen Goethe quasi selbst gegen Faschismus und KZ zitieren und als Kronzeuge für die eigentliche, durch die Tat der antifaschistischen Widerstandskämpfer und die Gründung der DDR realisierten Bedeutung des Ettersberges – als Vorbild für Deutschland – gebrauchen: »Ich war sehr oft an dieser Stelle und dachte in späteren Jahren sehr oft, es würde das letzte Mal sein, daß ich von hier aus die Reiche der Welt und ihre Herrlichkeiten überblicke. (…) Hier fühlt man sich groß und frei, wie die große Natur, die man vor Augen hat, und wie man eigentlich immer sein sollte.« Ebenda S. 361. Mit diesem Zitat arbeitende oder von ihm herkommende Kontrastierungen bzw. Verknüpfungen finden sich immer wieder und zahlreich; beispielsweise in der vor allem von Walter Bartel zusammengestellten ersten Gesamtdarstellung der Geschichte des KZ nach Einweihung der Nationalen Mahn- und Gedenkstätte Buchenwald: Komitee der Antifaschistischen Widerstandskämpfer (Hg.): Buchenwald. Mahnung und Verpflichtung, Weimar 1960, S. 17. Oder: Buchenwald. Ein Führer durch die Mahn- und Gedenkstätte, Weimar 1960, S. 1.
Die Eiche selbst wird in Karten vom Ettersberg als »Dicke Eiche« geführt, d. h. als besonders alter, unter Naturschutz stehender Baum. Als dieser – und womöglich als »kerndeutsches« Symbol – ist er von der SS respektiert und beim Aufbau des Lagers nicht gefällt worden.

294 »Nach Mitteilung des Gen. Dir. Ullmann haben wir erfahren, daß Du noch immer nicht die Anlage um die Goethe-Eiche herum hast fertigstellen lassen. Diese Anlage hat doch nicht – wie Du es vielleicht annimmst – dekorativen Charakter, sondern soll dem Abschluß der Kinderführungen (oder in deren Rahmen) dienen.« Sepp Miller am 30.9.1955 an Fritz Schlaack. BwA VA 98.

295 Schreiben der Aufbauleitung Ehrenhain Buchenwald vom 1.8.1956 an das Ministerium für Kultur, Zentrale Planung. BwA AV 3.

296 Telefonische Anweisung von Kurt Tausendschön vom 29.9.1955. BwA VA 1 Bd. 1.

297 Ich habe Ludwig Deiters diese Frage am 29.11.1992 im Rahmen der Tagung »Der einäugige Blick. Vom Mißbrauch der Geschichte im Nachkriegsdeutschland, 3. Buchenwald Geschichtsseminar, Erfurt, Buchenwald, Ettersburg« gestellt, auf der wir beide Vorträge zur Entstehungsgeschichte und zum Erinnerungsprogramm der Nationalen Mahn- und Gedenkstätte Buchenwald gehalten haben.

298 Feststellung des Komitees der Antifaschistischen Widerstandskämpfer gegenüber der Bezirksleitung der SED Erfurt am 24.11.1958. BwA VA 113.

Auch der Läuterungspfad erweist sich nach der Einweihung der Nationalen Mahn- und Gedenkstätte als wenig wirkungsvoll, der neue Mensch als Illusion. Zwar drängen Menschenmassen auf den Ettersberg – »die hohen Besucherzahlen sind doch überraschend, um so mehr, als die Fahrten nach Buchenwald von keiner Stelle organisiert werden«[298] – aber entsetzte, der DDR verpflichtete Besucher registrieren »Volksfeststimmung« und neugierige Lust am Schrecklichen. »Mir ist nicht bekannt« – hält der Redakteur Julius Grau am 3. Oktober 1958 fest – »wie sich der normale Besuch in B. künftig abspielen soll; an jenen beiden Tagen (nach der Einweihung des Mahnmals, V.K.) herrschte dort eher die Stimmung wie bei einem Volksfest. Wo wenige ernsthafte Besucher die Mahnung dieser Stätte in sich aufnahmen, alberten und tobten andere umher.«[299] »Doch waren wir auf dem richtigen Wege zum ehemaligen Konzentrationslager Buchenwald?« – fragt sich mit Blick auf seinen Besuch der Gedenkstätte am 12. Oktober 1958 der Sekretär der Betriebsparteiorganisation der »Gesellschaft für Kulturelle Verbindungen mit dem Ausland« Deckers in einem Brief an das Komitee der Antifaschistischen Widerstandskämpfer – »Woher kamen die vielen Überland-Omnibusse, PKW, Motorräder, Fahrräder und Fußgänger (…)? Und welche Stimmung war unter den Menschen? Thüringer Rostbratwürste, Erfrischungen aller Art an diversen Seltersbuden und hin- und hereilende Besucher, die einen im Menschengewühl verlorengegangenen Angehörigen oder Freund suchten. (…) Man schob sich, im Gesicht das Gruseln, durch dunkle Gänge, erstieg Stufen, um keinen, noch so mit Menschen vollgestopften Raum, in dem noch das Grauen zitterte, auszulassen. (…) Wessen gedachte man hier? Was nahm man mit von hier? Profan das Wort zu nennen: Rummelplatz, aber profan war auch alles, was sich auf der blutgetränkten Erde abspielte.«[300] Und die Schulparteiorganisation der SED an der Zentralen Berufsfachschule XVIII/2 in Berlin-Weißensee schreibt am 4. November 1958 an Walter Ulbricht: »Vor dem Lager befinden sich Verkaufsstände der HO und des Konsums. Die Menschen umdrängen die Buden und mit den erstandenen Waren (Bockwurst und Bonbons) betreten die Besucher das Lager. (...) ›Hauptanziehungspunkt‹ ist der Krematoriumskomplex. (...) Vor dem Eingang zum Krematorium stauten sich hunderte von Menschen. Es herrschte ein großes Gedränge. Alles schob und drückte und versuchte, möglichst viel zu sehen. In der Menge hörte man rufen und lachen, es wurde geraucht und gegessen, geschimpft und geflucht. Es war unmöglich, mit dem Kranz voranzukommen (...). Als dann endlich drei Kollegen durch die Hintertür an die Stätte der Ermordung Ernst Thälmanns gelangten, wurden sie bei der Kranzniederlegung behindert, weil einige Besucher fotografieren wollten. Aus dem Krematoriumsgebäude drang Lachen und Kreischen, und auf dem Hof standen die Menschen unter dem Galgen und rauchten. Über den Bretterzaun, der den Hof umgibt, hingen andere Besucher, um ihre Neugierde zu befriedigen. Hinter dem Zaun lagen die Blumen und Kränze der Menschen, die guten Willens gekommen waren und ihre Blumengrüße nicht anbringen konnten. Andere Menschen liefen darüber und zertraten alles. (...) Am Mahnmal erlebten wir ähnliche Sachen. Die wenigsten Delegationen sind sich der Würde der Stätte bewußt. Viele photographieren sich in geschmacklosen Posen vor den Steinen, die den Leidensweg der Buchenwalder Genossen darstellen. Kinder laufen umher und lärmen. Die schlimmsten Szenen spielen sich im Turm ab. (...) Keinerlei Andacht ist festzustellen. Der Turm ist für die meisten ein Aussichtsturm, den man bestiegen haben muß, nicht mehr.«[301]

Die Berichte – es könnten weitere hinzugefügt werden – weisen darauf hin, wie realitätsfern das manichäische Deutschlandbild ist, das die DDR zu ihrer Selbstlegitimation erfunden hat und wie konstruiert der antifaschistische Gründungsmythos, mit dem die Nationale Mahn- und Gedenkstätte die DDR ausstattet. Ganz im Gegensatz zu solchen Erfindungen und Konstruktionen weist das Rezeptionsverha ten der Gedenkstättenbesucher eher darauf hin, wie wenig vielen die Geschichte des Ortes und die Toten tatsächlich bedeuten – hier drängt sich weniger der Unterschied als vielmehr die Parallele zu Westdeutschland auf – und darauf, daß die Nationale Mahn- und Gedenkstätte nicht zuletzt auf Grund ihres manichäischen Charakters im Namen der Erinnerung an den Faschismus eher von der konkreten Auseinandersetzung mit dem Nationalsozialismus entlastet als diese ein- und herauszufordern. Abgeschlossene, der Alltagswelt enthobene Geschichte kann umstandsloser zur bloßen »Sehenswürdigkeit« werden – »man eilte nach ›Absolvierung‹ aller ›Sehenswürdigkeiten‹ zum wartenden Omnibus, um ihn nicht zu verpassen«[302], vermerkt der schon zitierte Betriebsparteiorganisationssekretär Deckers – als unabgeschlossene, von der eigenen Vorgeschichte nicht abgekoppelte; einer Vorgeschichte, die sowohl in der Gesellschaft wie in den Biographien und Mentalitäten der Menschen noch virulent ist.

Greta Kuckhoff[303] – als Mitglied der Schulze-Boysen/Harnack-Gruppe im NS-Deutschland zunächst zum Tode verurteilt und dann zu zehn Jahren Zuchthaushaft – muß die Folgen solcher Abkopplung vor dem Hintergrund des faktisch marginalen Widerstandes gegen das NS-Regime in **ganz** Deutschland befürchtet haben, als sie als einziges Mitglied des Kuratoriums für den Aufbau Nationaler Gedenkstätten in Buchenwald, Sachsenhausen, Ravensbrück Einwände gegen die Texte Johannes R. Bechers für die Reliefstelen erhebt. Am 14. Mai 1957 schreibt sie an das Büro des Ministerpräsidenten: »Die mir in unserer Deutschen Demokratischen Republik bisher bekannten Denkmale und Gedenkstätten entrücken unsere Widerstandskämpfer m. E. zu sehr aus dem Leben des Volkes.

---

299 BwA VA 113.

300 Ebenda.

301 Ebenda.

302 Ebenda.

303 Greta Kuckhoff (1902-1981) Diplom Volkswirtin. 1935 KPD. Mitglied der Widerstandsgruppe Schulze-Boysen/Harnack. 1942 zum Tode verurteilt. Umwandlung des Urteils in 10 Jahre Haft. 1950-1958 Präsidentin der Deutschen Notenbank der DDR. 1953 Mitglied des Komitees der Antifaschistischen Widerstandskämpfer, später Mitglied der Zentralleitung des Komitees.

Außer für ihr Heldentum und ihre Qual bleibt in der Gestaltung kein Raum für die menschlichen Züge, die sie doch in so reicher Vielfalt besaßen, und die sie doch auch ganz nahe an die heranrücken, die nichts oder zu wenig taten. Das heißt aber, daß wir selbst ein Ausweichen vor der Auseinandersetzung begünstigen, die in jedem einzelnen ausgetragen werden müßte (...) Diese Gedanken bewegen mich schon lange. Sie wurden mir erneut klar und bewußt beim Anblick der Stelenbilder und der Renaissance-Zeilen, zu denen sich Genosse Becher – wie er sagt – ›nicht gedrängt‹ hat. (...) Ich hielte es für eine bessere Lösung, auf einer Engangstafel einen nüchternen zusammenfassenden Bericht in klarer Prosa zu schreiben, wo die Tatsachen für sich sprechen – ohne Bild (...).« [304]

Anlage und Grundkonzeption der Nationalen Mahn- und Gedenkstätte sind gleichwohl nicht in Frage gestellt worden – »immerhin glaube ich, daß im Prinzip keine Veränderungen erforderlich sind«, schreibt Josef (Sepp) Miller am 14. Oktober 1960 der Leitung der Nationalen Mahn- und Gedenkstätte und bringt dabei in Erinnerung, »daß wir die Gedenkstätte oben auf dem Berg seinerzeit in Verbindung mit der Partei und den zuständigen Stellen aufgebaut haben« [305] – sondern das Besucherverhalten soll durch Reglementierung und verstärkte atmosphärische Suggestion mit dem »Erinnerungsgedanken« zur Deckung gebracht werden. Erwogen wird deshalb der »etappenweise Wiederaufbau und Einrichtung von historischen Objekten im ehemaligen Konzentrationslager Buchenwald und im ehemaligen Kommandanturbereich«. [306] Andererseits strebt man eine möglichst lückenlose Führung der Besucher an. So soll der Gedenkstättenbesuch schon am Heimatort in Zusammenarbeit mit den Massenorganisationen durch entsprechende Materialien vorbereitet werden [307] und – nach dem Willen des ersten, Ende 1959 eingesetzten Direktors der Nationalen Mahn- und Gedenkstätte Ludwig Eisermann [308], zuvor persönlicher Referent Otto Grotewohls und wie Fritz Schlaack ehemaliger Häftling des KZ Sachsenhausen – »im Kinogebäude (...) die zentrale Anmeldung eingerichtet (werden). Hier werden durch Ausgabe von Bons alle Besucher registriert. Die Besucher werden dann in das Kino geführt. Dort wird ihnen durch Film eine Einführung vermittelt. (...) Nach der Einführung im Kino gehen die Besucher – durch Hinweise geleitet – über die Zuführungsstraße zum Lagertor in die einzelnen Objekte, in denen durch die pädagogischen Mitarbeiter Standortführungen durchgeführt werden. Ausländer und besondere Gruppen werden in den mit Dia-Projektor und Tonbandgeräten ausgestatteten Einführungsraum im Kinovorgebäude geführt.« [309]

304 Bundesarchiv Potsdam DR 1 / 7521.

305 Archiv DHM/MfDG Abt. Gedenkstätten, o. Signatur, Aktentitel: Schriftwechsel (...) zur Ausgestaltung, baul. Maßnahmen und Errichtung der Gedenkstätte Buchenwald 1954–1958.

306 SAPMO-BArch. NY 4090/553 (NL 90/553) Nachlaß Otto Grotewohl, Blatt 265–269.

307 »Die Besucher aus der Deutschen Demokratischen Republik müssen nach Möglichkeit schon an ihren Heimatorten auf den Besuch der Mahn- und Gedenkstätte vorbereitet werden. Diese Vorbereitungsarbeiten sollten durch die Bezirksvorstände der Gesellschaft zur Verbreitung wissenschaftlicher Kenntnisse, durch das Deutsche Reisebüro und vor allem durch die Gewerkschaften erfolgen.« Perspektivmaßnahmen zur Verbesserung der Arbeit der Nationalen Mahn- und Gedenkstätte Buchenwald, Berlin 14.2.1959. Stadtarchiv Weimar, Rat der Stadt ab 1945, 1227, Bd. 2.

308 SAPMO-BArch. NY 4090/553 (NL 90/553) Nachlaß Grotewohl, Blatt 236. Ludwig Eisermann ist wegen gravierender Herzprobleme bereits 1961 plötzlich aus dem Amt ausgeschieden. Sein Nachfolger wird Edwin Berger. Mit ihm steht erstmals ein Überlebender des KZ Buchenwald der Nationalen Mahn- und Gedenkstätte vor.

309 SAPMO-BArch. NY 4090/553 (NL 90/553) Nachlaß Grotewohl, Blatt 265.

Auch wenn der Wiederaufbau von Einrichtungen des ehemaligen Häftlingslagers verworfen wird und der Eisermannsche Vorschlag schon aus finanziellen und materiellen Gründen nicht vollständig umgesetzt werden kann, werden die Gedenkstätteninfrastruktur und das Besuchersteuerungssystem ausgebaut.[310] Sukzessive gehen die verbliebenen, zum Zeitpunkt der Einweihung der Nationalen Mahn- und Gedenkstätte noch von der NVA verwalteten ehemaligen SS-Kasernen in die Zuständigkeit der Nationalen Mahn- und Gedenkstätte über.[311] Jugendherberge[312], HO-Hotel, Kino[313], Besucheranmeldung und Buchhandlung[314] werden eingerichtet und die ehemalige SS-Tankstelle am »Carachoweg« wieder in Betrieb genommen[315]. [74, 75] Schließlich wird 1962 auch die Grundbucheintragung des Geländes auf dem Ettersberg geändert. Das Areal der Nationalen Mahn- und Gedenkstätte geht aus dem Besitz des Deutschen Reiches in volkseigenen Besitz über. Die Aufsicht über die Gedenkstätte ist schon am 28. Juli 1961 mit der »Anordnung über das Statut der Nationalen Mahn- und Gedenkstätten« förmlich dem Ministerium für Kultur übertragen worden; dem Statut, in dem die Aufgaben und das Erinnerungsprogramm der Nationalen Mahn- und Gedenkstätte nun auch formal endgültig festgeschrieben werden:
»a) den Kampf der deutschen Arbeiterklasse und aller demokratischen Kräfte gegen die drohende faschistische Gefahr; b) die Rolle der KPD als der stärksten und führenden Kraft im Kampf gegen das verbrecherische Naziregime; c) den antifaschistischen Widerstand in den Jahren 1933 bis 1945 in Deutschland und in den europäischen Ländern; d) den SS-Terror im Lager und seine Methoden der Mißachtung des menschlichen Lebens; e) den gemeinsamen Kampf der Angehörigen der europäischen Nationen, besonders den Kampf der sowjetischen Häftlinge, gegen den SS-Terror, die besondere Bedeutung der internationalen Solidarität in diesem Kampf und die Maßnahmen, die zur Befreiung des Lagers führten; f) den wiedererstandenen Faschismus und Militarismus in Westdeutschland; g) die historische Rolle der Deutschen Demokratischen Republik darzustellen und zu erläutern.«[316]

310 Ebenfalls 1958 in Betrieb genommen worden ist die Gaststätte in unmittelbarer Nähe zur Mahnmalsanlage oberhalb Massengrab I. Zum Bau der Gaststätte wurden u.a. Abbruchmaterialien – Heizkörper, Rohrleitungen, Dachbalken, Schalholz – aus dem KZ Sachsenhausen verwendet. BwA VA 1/3 und 1/4.

311 Das Kasernengelände ist am 29.12.1958 an das Ministerium für Kultur übergeben worden. SAPMO-BArch. NY 4090/553 (NL 90/553) Nachlaß Grotewohl, Blatt 201.

312 Die Jugendherberge »Albert Kuntz« wird am 8.1.1961 eröffnet. BwA VA 113.

313 In Betrieb genommen im Juli 1960. BwA VA 68 Bd. II.

314 BwA VA 53.

315 Der Nutzungsvertrag zwischen dem VEB Minol und der Nationalen Mahn- und Gedenkstätte ist im Juli 1961 abgeschlossen worden. BwA VA 68.

316 Gesetzblatt der Deutschen Demokratischen Republik, Teil II, Nr. 61; Berlin, den 4. September 1961.

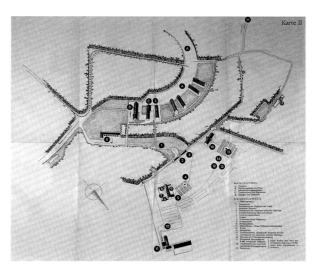

[74] 1960. Plan der »Gedenkstätte KL Buchenwald« mit ehemaligen SS-Kasernen. Quelle: Buchenwald – Ein Führer durch die Mahn- und Gedenkstätte, Weimar 1960.

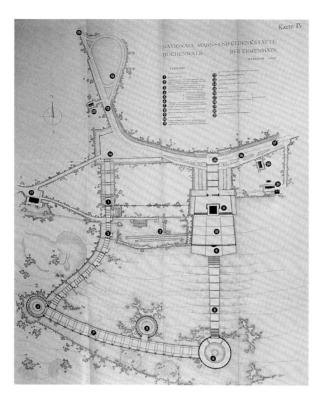

[75] 1960. Plan des »Ehrenhains Buchenwald«.
Quelle: Buchenwald – Ein Führer durch die Mahn- und Gedenkstätte, Weimar 1960.

Nachtrag

Der hegemoniale Blick auf die Toten des KZ Buchenwald findet in einem nunmehr gefundenen Brief Robert Siewerts vom 21. Mai 1945 an das Buchenwaldkomitee der VVN beinahe schon handgreifliche Gestalt:

»Werte Kameraden! (…) Meiner Ansicht nach sollte man oben auf dem Ettersberg zunächst von einem großen Denkmal Abstand nehmen und auf dem Platz die Gräber würdig herrichten und zwar sollte sich die Zahl der Gräber mit der Zahl der Nationen decken, die zuletzt in Buchenwald vertreten waren. Auf jedem Grab müßte eine Tafel angebracht werden in der Form des Winkels der VVN mit der Bemerkung: ›Hier an dieser Stelle ruhen soundso viel Opfer des faschistischen Terrors, die Angehörige der … Nationen waren.‹ Vielleicht könnte man sogar die Grabstätten auch in Form eines Winkels anordnen.«[317]

Christa Cremer, die Witwe Fritz Cremers, teilte mir am 15. August 1997 folgendes mit: Zwei Denkmale – habe Fritz Cremer gesagt – könne er nicht bejahen und hätte er so nicht schaffen sollen: die Plastik-Gruppe im Ehrenhain Buchenwald und die »Aufbauhelfer«. Nicht allein wegen der damit verbundenen nachdrücklichen Einflußnahme durch die SED, sondern – im Blick auf Buchenwald – auch, weil die Architekten die Gesamtdenkmalsanlage – und insbesondere den Turm – in der Architekturtradition des Nationalsozialismus errichtet hätten. Vorgeschwebt habe ihm und Bertolt Brecht eigentlich – eine Plastikgruppe aus Gußeisen, die langsam – durch Rosten – sich auflöse. Menschen bedürften der Plastik eine zeitlang als Hilfe für das Gedenken, die Plastik könne aber das Gedenken nicht stellvertretend für die Menschen übernehmen. Ein Nachweis, daß dieses Konzept je offiziell – und sei es auch nur probeweise – vorgeschlagen worden wäre, läßt sich nicht erbringen.

317 (SAPMO-BArch. V 278/2/24)

PERSONENREGISTER

Abusch, Alexander 69-71, 73
Acker, Wilfried 73
Apelt, Fritz 73
Apitz, Bruno 7, 24, 71
Arnold, Walter 22f., 35, 44, 51

Barkley, Alben W. 10
Bartel, Walter 5f., 19-21, 26-31, 33, 35-38, 40f., 43f., 46-48, 53f., 56, 58, 62, 65-69, 80f., 84-86f., 90
Barthel, Kurt (Kuba) 71, 87
Becher, Johannes R. 69, 71, 83, 91f.
Beckert, Werner A. 13-16, 18
Behr, Fritz 14f.
Benjamin, Walter 84
Berger, Edwin 92
Besenbruch, Walter 66f.
Beyling, Fritz 36f., 63, 65
Bienz 12
Bismarck, Otto Fürst von 25
Blumenstein, Charles 13
Bradley, Omar 11, 13
Brandler, Heinrich 20
Brecht, Bertolt 58, 61, 71, 76, 81, 86, 94
Breek, Hans van 61
Breker, Arno 61
Buchterkirchen, Hermann 28, 53
Busse, Ernst 14f., 18, 28, 47

Carl August, Herzog von Sachsen-Weimar-Eisenach 16
Churchill, Winston 11
Collein, Edmund 69
Cremer, Fritz 5, 51f., 58f., 61-68, 70f., 74-76, 81, 86, 94
Cremer, Christa 94

Dahlem, Franz 34-36, 46, 58
Darwin, Charles 83
Deckers 90f.
Dessau, Paul 58
Deiters, Ludwig 52, 67, 81, 89f.
Dimitroff, Georgi Michailowitsch 8
Droysen, Johann Gustav 14
Dürer, Albrecht 81

Eberle, Max 73
Eckermann, Johann Peter 89

Edel, Peter 76
Eggerath, Werner 16, 19, 27, 31f., 36, 40f., 53, 58
Eick, Feli 61
Eisenhower, Dwight David 11, 13
Eisermann, Ludwig 73, 92f.
Engelberger, Otto 35, 37, 52, 61f.

Fischer, Karl 55
Fleck, Egon W. 11
Friedrich, Karl 39
Frölich, August 19, 27
Fürnberg, Louis 71

Gebhardt, Willy 18f., 28
Geffke, Herta 48
Geisler, Paul 73
Gerstel, Wilhelm 52
Giesler, Hermann 17
Girnus, Wilhelm 61-67
Goethe, Johann Wolfgang von 14, 16f., 23, 32, 88-90
Göhre, Paul 26
Götsche, Peter 52, 63
Graetz, René 70f., 77-79
Grau, Julius 90
Gropius, Walter 18f., 32
Grotewohl, Hans 52, 67, 71
Grotewohl, Otto 30f., 45, 58, 65, 69, 71-73, 81, 83, 85-87, 92
Grundig, Hans 63, 65
Grundig, Lea 35, 37, 63
Grzimek, Waldemar 58, 65, 70f., 77, 81, 85

Halle, Otto 57
Hämmer 28
Hegel, Georg Wilhelm Friedrich 84
Hein, Günter 73
Hellmich, Hans 28
Henselmann, Hermann 15-20, 23, 35, 56, 67, 69, 81f.
Hermlin, Stefan 71
Heymann, Stefan 15f., 18, 28f., 47, 63
Hitler, Adolf 63, 65f., 86
Holtzhauer, Helmut 36f., 49, 56, 58, 87f.

Jahn, Rudi 70
Jefimenko, Roman 7f.

Jenniges, Josef 29f.

Kade, Richard 25
Kalinke, Willy 18f., 21, 36, 47, 53
Kies, Hans 70f., 76f.
Koch, Ilse 77
Koch, Karl 40
Kollwitz, Käthe 52
Kotow, Sergej 43, 74f.
Kreis, Wilhelm 89
Kucharczyk, Richard 19, 21, 83
Kuckhoff, Greta 91f.
Kühn, Fritz 80, 85
Kuhn, Harry 6, 19, 28, 44, 47, 76, 79
Kutzat, Horst 58

Lammert, Will 69
Levin, Jack 12
Lenin, Wladimir Iljitsch 23
Lingner, Max 57
Lingner, Reinhold 51f., 58, 63f., 68, 86
Loch, Hans 31
Lüdecke, Heinz 64
Lwow, Dimitri Iwanowitsch 35

Mann, Heinrich 52
Marcks, Gerhard 22f.
Matthes, Hubert 52, 67
Mattheus, A. 71
Miles 12
Miller, Josef (Sepp) 43, 57, 92
Muchina, Wera 63
Mückenberger, Erich 50-52, 79, 87f.
Mühsam, Erich 15

Nachtlicht, Leo 15
Namslauer, Hugo 58
Nierade, Kunz 58, 67

Olympiew, Major 30
Osarewski 18
Otto, Hans 69
Oxnam, G. Bromley 12

Patton, George 11
Paulick, Richard 52, 60f.
Pieck, Wilhelm 6
Popinjac, Pavar 23

Rau, Heinrich 31, 33
Reimann, Karl 46

Rentzsch, Egon 29
Reschke, Erich 19, 47
Riehl, Robert 52
Rodin, Auguste 62-64

Saemerow 73
Sandberg, Herbert 65
Schiller, Friedrich 14, 16
Schlaack, Fritz 48, 92
Schwabe, Eberhard 27f.
Seghers, Anna 71
Seidenstücker, Fritz 28
Seitz, Gustav 22f., 35, 52, 65, 69
Selbmann, Fritz 74
Sens, Max 48
Siewert, Robert 7, 19f., 28, 35-37, 41-45, 47f., 50, 54f., 69f., 79, 94
Silberstein, Chaim 9
Skupin, Wera 58
Spielmann, Georg 69f.
Stalin, Iossif Wissarionowitsch 35
Stern, Leo 84
Straub, Karl 19-21, 36, 39-43, 48f., 80, 83

Tausendschön, Kurt 52, 67f., 72, 81, 89
Tenenbaum, Edward A. 11
Tenner, Günter 48
Thalheimer, August 20
Thälmann, Ernst 22f., 34f., 37, 44-46, 49-51, 55, 60, 68-71, 75, 79, 83, 85, 91
Thape, Ernst 25f.
Tito, Josip Broz 79
Toller, Ernst 15
Tschierschky, Siegfried 27-31, 52-54
Tschuikow, Wassili I. 30
Tzschorn, Hans 30f., 71

Ulbricht, Walter 26, 35, 73, 90
Ullmann, Eduard 45, 48f., 51, 90
Ungewitter, Rudolf 27, 29

Verner, Paul 36

Warachin 15
Waserlauf, Henry 5
Wilhelm II. 25
Willumat-Decho, Roselene 79, 81

Zim, Natan 9

Die Herausgeber danken für großzügige Unterstützung:
Thüringer Ministerium für Wissenschaft, Forschung und Kultur
Stadt Weimar
Kulturstiftung der Sparkasse Weimar
Kuratorium Schloß Ettersburg e.V.

Impressum

Versteinertes Gedenken – Das Buchenwalder Mahnmal von 1958. Band 1 und 2

Fotografien: Jürgen M. Pietsch, Spröda

Buchgestaltung: Ulrike Weißgerber, Leipzig

Lithos: Huth & Möller, Leipzig

Druck: Messedruck Leipzig GmbH

Buchbinder: Kunst- und Verlagsbuchbinderei Leipzig GmbH

Gedruckt auf Phoenix-Imperial halbmatt weiß, Papierfabrik Scheufelen
Vorsatzpapier: Papago diamantschwarz, Classen Papier KG
Umschlag: Keaykolour, Papier Union

Die Deutsche Bibliothek – CIP – Einheitsaufnahme
Versteinertes Gedenken : das Buchenwalder Mahnmal von 1958 / Volkhard Knigge
Jürgen M. Pietsch / Thomas A. Seidel.
[Hrsg. im Auftr. der Stiftung Gedenkstätten Buchenwald und Mittelbau Dora und des
Kuratoriums Schloß Ettersburg e.V.]. - Spröda : Pietsch, Ed. Schwarz Weiß.
ISBN 3-00-001065-3   2. - (1997)
NE: Knigge, Volkhard; Pietsch, Jürgen M.; Seidel, Thomas A.

Zitate sind in Orthographie und Zeichensetzung in der Regel
unverändert übernommen.

Der Abdruck des Textes von Jorge Semprun erfolgt mit freundlicher Genehmigung
des Suhrkamp Verlages. Aus »Was für ein schöner Sonntag« von Jorge Semprun,
aus dem Französischen von Johannes Piron © Suhrkamp Verlag Frankfurt a.M., 1981

Das Werk einschließlich aller seiner Teile ist urheberrechtlich geschützt. Jede
Verwendung außerhalb der engen Grenzen des Urheberrechtsgesetzes ist ohne
Zustimmung von Herausgeber und Edition unzulässig.

ISBN 3-00-001065-3

© 1997 Volkhard Knigge, Thomas A. Seidel für ihre Beiträge und Abbildungen

© 1997 Jürgen Maria Pietsch   Im Alten Pfarrhaus
        Fotograf   04509 Spröda

VERSTEINERTES GEDENKEN

BAND 1

Volkhard Knigge
»Opfer, Tat, Aufstieg«
Vom Konzentrationslager Buchenwald zur
Nationalen Mahn- und Gedenkstätte der DDR   5

BAND 2

Thomas A. Seidel
Der Schatten des Ettersberges   5

Jürgen M. Pietsch
Kein Ort   11

Volkhard Knigge
Vor der Geschichte – Zu den Fotografien des Ehrenhains
Buchenwald von Jürgen M. Pietsch   89

Jorge Semprun
In den Wind gestreut   92

THOMAS A. SEIDEL DER SCHATTEN DES ETTERSBERGES

Der zigarrenförmige Ikarus-Bus schiebt sich den Berg hinauf und bläst dieseldunkle Abgaswolken in den Nebel zurück nach Weimar, in die Klassikerstadt. Der Motor dröhnt und stampft, übertönt beinahe das aufgeregte Schwatzen und Lachen meiner Schulklasse: Jugendweihefahrt in die »Nationale Mahn- und Gedenkstätte Buchenwald«, im Herbst 1972.

Obgleich weder Jugendweiheling noch Mitglied der FDJ, durften wir mitfahren, eine Klassenkameradin und ich. Der zuständige Genosse aus der Kreisschulleitung Werdau hatte es genehmigt.

Oben, auf der Höhe des Berges, wo der Bus linker Hand in den Wald abbiegt, steht steil und spitz aufragend ein Obelisk, beinahe ebenso drohend, wie der Zeigefinger der von uns ebenso gefürchteten wie gehaßten Klassenlehrerin. »Ruhe! Das ist die Blutstraße zum Lager!«

Das rhythmische Poltern der Reifen auf der Plattenstraße erinnert unwillkürlich an das Geräusch, das uns seit dem Hermsdorfer Kreuz begleitet hat. »Aber Hitler hat doch die Autobahnen …«, fällt mir ein, jene häufig gebrauchte Rechtfertigung für vormalige politische Blindheit. Diese breit angelegte, autobahngleiche Betonpiste, die sich allmählich ansteigend durch den hohen Mischwald des Ettersberges windet, erzeugt in mir ein merkwürdiges Gefühl. Eine Art ängstlicher Neugier, nach außen mit pubertär lässigem Desinteresse überspielt. Es ist erstaunlich ruhig geworden im Bus. Der Weg bis zum Lager scheint kein Ende zu nehmen. Ab und an versucht jemand, die nur schwer erträgliche Spannung mit einem derben Witz aufzulockern, ohne Erfolg.

Auf der linken Seite öffnet sich für einen langen Augenblick die Sicht auf den Glockenturm. Dahinter lagert weit übers Land eine weiß-graue Wolkendecke. Es entsteht der Eindruck, als stünde der mächtige Turm direkt oben auf.

Endlich sind wir auf dem bogenförmigen Parkplatz vor den ehemaligen SS-Kasernen angelangt. »Bis zum Film habt ihr noch eine halbe Stunde Zeit.« Wir suchen hinter der wuchtig gebauten Haltestelle einen Platz, um hastig eine Zigarette zu rauchen. Wenn es auch nicht sonderlich schmeckt – es hebt das Selbstbewußtsein. Die schrille Stimme der Lehrerin ruft uns: »Aufstellung nehmen. In Zweierreihen. Vor dem Kino!«

Der Film verfehlt seine Wirkung nicht. Schreckliche Bilder von Häftlingen, die lebendigen Skeletten gleichen. Elend und Tod. Der Steinbruch. Bulldozer, die Leichenberge in Gruben schieben. Einigen unserer Mädchen wird es schlecht. Ziemlich kleinlaut gehen wir dann durch das Eisentor mit der aus Schulbüchern vertrauten Inschrift »Jedem das Seine«.

Auch auf dieser Seite des Berges bietet sich uns ein ähnliches Bild. Auch hier hat es den Anschein, als ragten die Gebäude des Lagers aus Wolkenfundamenten. Feuchter Wind streift unsere Gesichter. »Ein echt beschissener Platz!« raunt jemand neben mir.

Im speicherartigen Gebäude am unteren Ende des auffällig kahlen Geländes erläutert uns ein Mitarbeiter der Gedenkstätte wortreich und mit strenger Miene die Bestialität der SS-Schergen und den heldenhaften Widerstandskampf der Antifaschisten. In einer der Vitrinen, neben Resten tätowierter Haut und einem Schrumpfkopf, steht ein Glasbehälter mit einem in Spiritus eingelegten Herz. Es ähnelt den präparierten Echsen oder Fischen, wie sie in unserem Biologie-Vorbereitungszimmer wohlgeordnet in Regalen stehen. »Herzschuß«, kommentiert betont lakonisch unser Führer. »Dafür bekam der SS-Mann einen Tag Sonderurlaub.«

Dann, auf dem Weg zum Lagerkrematorium, blendet uns die Sonne. Das Wetter hat sich plötzlich völlig verändert. Einige, nach Ettersburg hin treibende weiße

Schwaden bilden die Reste der bis eben noch so dicht und abgeschlossen erschienenen Wolkenschicht. Im Tal erkenne ich einen Kirchturm, dicht umlagert von den Dächern der Bauerngehöfte. Am Rande des Dorfes heben sich die LPG-Futter-Silos deutlich von den riesigen Flächen der Felder ab. Durch die übermannshohe Bretterwand betreten wir das Halbdunkel des Krematoriumsbereiches, sorgsam gepflegt und mit Kränzen geschmückt, wie das Innerste eines Heiligtums.

»Hier ist er von den Faschisten ermordet worden.« – »Ja, Thälmann. Teddy! Der war einer von uns. Der fuhr keine Staatskarosse. Der kam mit der Straßenbahn!« beteuerten mir einige Jahre später zwei alte Männer in einer Leipziger Altstadtkneipe mit tränenerstickter Stimme.

Von der Thälmann-Gedenktafel, den Krematoriumsöfen und den blankgeputzten Fließen des Seziertisches geht es wieder zurück zum Parkplatz, dem ehemaligen Exerzierplatz der Waffen-SS. Am Imbißstand gegenüber dem Kino verkauft eine ziemlich korpulente Frau in einer mit Senfflecken besprengelten Kittelschürze Bockwurst und Brause.

»Und jetzt laufen wir zum Mahnmal am Glockenturm. Der Bus wird uns dann dort abholen«, lautet unmißverständlich die Anweisung. Wie einige meiner Mitschüler kaufe auch ich mir im Kiosk über der weiträumigen Anlage eine Broschüre: »Antifaschistische Mahnmale in der DDR«, preiswert, für 7,50 M. Während andere nach Postkarten oder Souvenirs suchen, haben wir Zeit, sitzen auf den Stufen in der Sonne und blättern den Bildteil durch. Ich lese die ersten Sätze des blaugrauen Bandes: »Nach dem zweiten Weltkrieg entstanden in vielen europäischen Ländern, in denen Krieg und faschistische Barbarei unermeßliche Opfer gefordert hatten, vor allem an den Stätten des Widerstandes, plastische und architektonische Mahnmale. Sie sind jenen Menschen gewidmet, deren Widerstand das faschistische Regime durch brutalsten Terror, Folter und Mord zu brechen versucht hatte. In der DDR sind diese Mahnmale als Manifestation der vollkommenen Abrechnung mit der Vergangenheit wirksam.« Ich bin gespannt auf die »vollkommene Abrechnung mit der Vergangenheit«. Sie empfängt uns in Gestalt eines wuchtigen, geduckten Tores. Zwei Spaßvögel aus der Klasse laufen rasch vor und stellen sich mit zur Schläfe angewinkeltem rechten Arm salutierend auf. Wir marschieren grinsend zwischen den beiden hindurch. Selbst unsere sonst so humorlose Lehrerin quittiert diese Einlage mit verhaltenem Schmunzeln. Der Weg führt hinab, an vielen Stelen vorbei. Ein kurzer Blick auf deren plastische Gestaltung zeigt nichts Neues. KZ-Alltag, Terror- und Heldengeschichten. Das sind Bilder, die wir bis eben noch gesehen haben. Zur Genüge! Die langen gepflasterten Absätze mit den abschließenden Muschelkalkstufen laden zu einem Bergab-Spring auf ein. Mal sehen, wer zuerst unten ist! Diesmal schmunzelt die »sozialistische Lehrerpersönlichkeit« nicht. »Wenn ihr nicht aufhört mit dem Unfug, wird das ernste Folgen für euch haben!« Wir trollen uns murrend, obwohl die großzügig angelegte »Straße der Nationen« noch besser für einen Wettlauf geeignet scheint. »Das muß echt stark aussehen, wenn die Schalen alle brennen«, bemerkt einer. »Das wird man ja ewig weit sehen!« Andere pflichten ihm bei. Was man uns als Ringgräber vorstellt, sieht aus wie sorgfältig in Bruchstein gefaßte Bombentrichter. Ob die wohl volllaufen, wenn es richtig regnet? Daß hier tausende Menschen begraben liegen, will nicht so richtig einleuchten, scheint seltsam seitenverkehrt. Gewöhnlich sind Gräber doch erhaben, mit Erde abgedeckt?!

Vom letzten, dem größten dieser drei künstlichen Krater geht der Weg ebenso absatzartig wieder hinauf, geradewegs zum Glockenturm. Mit jedem Schritt reckt er sich vor uns zu gigantischer Größe. Und mit dem Turm wächst die scheinbar ganz dicht mit ihm verbundene Figurengruppe aus Bronze. Der Turm erinnert mich an eine Abbildung des Leuchtturms von Alexandria. Mir kommt die Abbildung dieses zu den sieben Weltwundern zählenden Bauwerkes in den Sinn. In einem alten Geschichtslehrbuch habe ich dies zum ersten Mal gesehen. Glocken-Leuchtturm-Déjà-vu.

Oben angelangt, schauen wir zurück. Die Aussicht, die sich von hier bietet, ist irrsinnig schön, eindrucksvoll, unvergeßlich. Die Abendsonne taucht die Berge des Thüringer Waldes und die dazwischenliegenden sanfthügeligen Felder in golden schimmerndes Licht. Dort unten im Tal schlängelt sich die Eisenbahn, darüber, an der Reihe winziger Autos erkennbar, die Autobahn. Sie strebt geradewegs dem Horizont zu. Irgendwo, dahinten, hinter Eisenach, muß der Westen sein. Dahin führt also »die Blutspur von Buchenwald«. So jedenfalls hatten wir es vorhin, im Lager, gehört. Der riesige Platz zwischen der Plastik und dem Turm bringt uns ins Schwärmen. »Hier müßte man mal ein Open air mit den Rolling Stones oder den Beatles machen!« Andere meinen, die Deep Purple würden viel besser passen. »Richie Blackmore mit seiner schrillen, singenden Leadgitarre, das wär's!« Die dumpfe Spannung und die nervöse Nachdenklichkeit, die uns vor wenigen Stunden noch eingefangen hatte, ist wie weggeblasen, Elend und Tod sind restlos verschwunden. Hier ist kein Ort dafür. Die Abrechnung mit der Vergangenheit scheint wirklich vollkommen gelungen.

Schade, der Glockenturm ist geschlossen. Bauarbeiten. Wir wären gern hinaufgeklettert. Von oben müßte man doch ganz sicher den Westen sehen?! Die Lehrerin drängt. Wir laufen zum Mahnmals-Parkplatz. Dort wartet schon der Bus.

Im Sommer 1985 komme ich erneut auf den Ettersberg. Ein großer Möbelwagen mit einem auffällig kleinen Anhänger rollt rasselnd die Plattenstraße zum Lager hinauf, an Glockenturm und SS-Kasernen vorbei und auf der anderen Seite wieder hinab, über Hottelstedt in Richtung Erfurt. Am Pfarrhaus in Ollendorf wird der Studentenhausrat abgeladen: wenige, altertümliche Möbel, viele Bücherkisten, ein kleiner Kanonenofen, ein Klavier. Ich bin nunmehr Vikar der Evangelisch-Lutherischen Kirche in Thüringen. Daß unser neuer Wohn- und Arbeitsort so dicht am Ettersberg liegen würde, war mir bis dahin nicht so recht bewußt.

Der Weg über den Berg nach Weimar ist mir in der Folgezeit oft eine Anfechtung. Einige Jahre zuvor hatte ich in der »Deutschen Reichsbahn« einen ehemaligen Buchenwald-Häftling kennengelernt. Er paßte nicht in das Bild der heroischen Antifaschisten, das mir während meiner Schulzeit vor Augen geführt wurde. Mit leiser Stimme erzählte er von den subtilen und den offenkundigen Terrormethoden der SS und den zuweilen ebenfalls mörderischen Auseinandersetzungen der Häftlinge untereinander. Das hatte mich aufgewühlt. Und es bestimmte fortan mein Bild vom KZ auf dem Berg und schlich sich in meine Träume. Vielleicht liegt es daran, daß ich nun, bei gelegentlichen Fahrten ins Weimarer Kreiskirchenamt in Hottelstedt nicht links abbiege, nach Buchenwald, sondern den Weg unten entlang wähle, am Berg vorbei, über Ottstedt am Berge, Daasdorf, Gaberndorf. Irgendetwas in mir scheut sich, mit dem Auto diesen stigmatisierten Todesort zu durchqueren, über diesen friedlosen Friedhof zu fahren. Doch diese Scheu läßt nach, schleift sich ab. Und nach ein, zwei Jahren ist es auch für mich keine sonderliche Aufregung mehr, an der Minol-Tankstelle, der alten SS-Tankstelle, meinen Trabant zu tanken.

In Trauergesprächen oder bei den Senioren-Nachmittagen erzählen die Alten des Dorfes vom Lager. Als junge Mädchen, »während der Kriegszeit, als hier nichts los war«, sind manche von ihnen »oben im Kino« gewesen. Von Wachmannschaften wurden sie an der ersten Postenkette, dort, wo die Felder aufhörten und der Wald begann, in Empfang genommen und in den Kasernenbereich geleitet. »Da waren sehr feine Männer dabei. Höchst anständig! Häftlinge? Na, ab und zu lief da auch mal einer mit einem Zebraanzug vorbei.« Das Lager selbst blieb hinter den Häusern und Bäumen verborgen. Ich erfahre von einer grausamen Jagd auf den Feldern vor dem Dorf. Männer in schwarzen Uniformen verfolgten zwei entflohene Häftlinge. Mit großen Doggen gehetzt, pfeifend und johlend, wurden die Elenden vor den Augen der Bauern niedergeschossen, auf einen LKW geworfen und auf den Berg gebracht. Wer wird wohl auf sie gewartet haben? Haben ihre Familien jemals etwas über ihr Schicksal erfahren? Warum markiert keiner die Stelle, wo sie ihr Leben aushauchten, mit einem steinernen Sühnekreuz?

An anderen Tagen, so höre ich, an denen der Wind vom Osten her wehte, um die Zeit der Abendglocken, schwebten die Trompeten- und Schallmeienklänge der Häftlingskapelle weit übers Land. »Das war richtig schön.« Mir wird beim Zuhören mitunter flau im Magen. Diese gedankenlose Normalität, das offenbar kaum als störend empfundene Nebeneinander von Gewalt und Mord einerseits und bäuerlich-ländlicher Idylle andererseits. Absolut unfaßbar und dennoch verständlich!

Daß es die Amerikaner waren, die am 11. April 1945, »an einem wunderbar warmen Frühlingstag«, in schier endlosem Konvoi durch Ollendorf fahrend, die SS verjagen und somit die Voraussetzung für die Befreiung des Lagers schaffen, macht mich stutzig. Weder während der Jugendweihefahrt noch sonst war davon die Rede gewesen. In mir hatten sich stattdessen Bilder von Sowjetsoldaten festgesetzt, die breit lachend Suppe und Decken austeilen.

Für die Bewohner der Dörfer am Ettersberg begann im Mai/Juni, als die Häftlinge größtenteils wieder in ihre Heimat zurückgekehrt waren, ein »Hamstern« besonderer Art. Ganze Kolonnen von Pferde- und Ochsenwagen machten sich auf den Weg zum Lager und holten, »was nicht niet- und nagelfest war«: Kleidung, Geschirr, Maschinen, aber auch Fenster, Türen und Tore; aus den Gustloff-Werken, den Villen der SS-Führung; auch aus dem Lager selbst.

Einer der Häftlinge, so wird mir hinter vorgehaltener Hand berichtet, blieb etliche Monate in Ollendorf, in Frankes Gehöft. Tag und Nacht hat er seine Eindrücke niedergeschrieben. 1946 wurden sie gedruckt, Titel: »Häftling ..X.. in der Hölle auf Erden«. Die Vorderseite des Büchleins wird von einem großen, grinsenden Totenschädel beherrscht, dessen Stirn ein schwarzes Hakenkreuz ziert. Merkwürdig auch, daß der Augenzeuge diesen Bericht unter Pseudonym herausgibt: Udo Dietmar. »Für die sowjetische Zone erscheint das Buch beim Thüringer Volksverlag, G.m.b.H., Weimar. [...] Ladenpreis 2 RM zuzüglich 1 RM als Spende für die Opfer des Faschismus«, lese ich im Impressum des vergilbten Exemplares, das man mir geschenkt hat. »Schirmherrschaft: Landesamt für Arbeit und Sozialfürsorge«. Der Leiter dieses Amtes und Vorsitzende der Landesentnazifizierungskommission war, so erfahre ich Jahre später, Ernst Busse. Wie der Autor des merkwürdigen Erinnerungsberichtes gehörte auch Busse zu den ebenso geachteten wie gefürchteten roten Kapos von Buchenwald. Er verschwand nach einem geheimen SED-Parteiverfahren und starb irgendwo, »bei den Freunden«, im sibirischen GULag.

»Und dann, im Sommer '45, kamen die Russen.« Die Berichte über diese Julitage sind sehr lebhaft und plastisch. Man spürt noch immer die Angst hinter den Worten. »Oben, auf dem Buchenwald war nun wieder ein »Konzertlager«. So hatten viele schon zuvor mit dumpfen Sarkasmus diesen Ort der Qual genannt. »Aber die Russen waren ja noch viel schlimmer!«, höre ich immer wieder, mit großer Gebärde vorgetragen. »Vor denen war nichts und niemand sicher.«

Trotz meiner Skepsis gegenüber den zuweilen leicht erkennbaren Bemühungen zur Abwiegelung und Selbstentlastung ist die Geschichte vom zweiten Lager Buchenwald erschreckend genug. Daß die Existenz des »Speziallagers Nr. 2 des NKWD« so rigide und so lange verschwiegen wurde, spricht für sich. »Bis 1950 war das in Betrieb und auch da sind Tausende verreckt!« Der NSDAP-Kreisbauernführer Karl Beringer, vom Gehöft am Dorfplatz gegenüber, ist gleich von amerikanischen Soldaten geholt und in Buchenwald arrestiert worden. »Das war wirklich ein scharfer Hund!«, erfahre ich mit heute unverhohlenem Groll. »Der hat einen riesigen NS-Musterhof einrichten wollen, mit denen, die ihm lieb waren. Die anderen mußten ihre Pferde abgeben, für die Wehrmacht, oder gleich selbst an die Front.« Auf unerfindliche Weise ist es ihm gelungen, der russischen Internierung zu entgehen und sich nach Hessen, in die amerikanische Zone, abzusetzen.

1987. Silberhochzeit in Ollendorf. Zu vorgerückter Stunde, nach etlichen Bieren, vielen Gläsern Nordhäuser Doppelkorn oder Neudietendorfer Aromatique erhebt sich plötzlich einer der Gäste, reckt den rechten Arm ausgestreckt in die Höhe und stimmt in lallendem Tonfall das Horst-Wessel-Lied an. Verlegenes Lachen, Räuspern, bis einer dazwischenruft: »Mensch, höre endlich auf mit dem Quatsch!« Peinliches Schweigen macht sich breit, mit der festlichen Stimmung ist es vorbei.

Am Wochenende nach dem 9. November 1989 hat unsere Gemeinde Besuch aus der niederländischen Partnerkirche. Das Pfarrhaus gleicht einem fröhlich summenden Bienenstock. Die größtenteils jugendlichen Holländer stehen noch ganz im Banne der Bilder tanzender Menschen auf den Autobahnen. Buchstäblich grenzenlose Freude und Begeisterung. Für den kommenden Tag ist eine Besichtigung der Mahn- und Gedenkstätte geplant. Auf dem Appellplatz unterbricht jemand aus der Gruppe den Redefluß des ›Führers‹ und fragt nach dem Speziallager Buchenwald. Der Mitarbeiter reagiert deutlich gereizt. »RIAS-Enten! Nichts Spektakuläres bekannt ... Nazis und Kriegsverbrecher ... Wenn Sie anderes Material kennen, dann können Sie dies ja an die Leitung der Gedenkstätte schicken ...«

Es wird wohl einige Zeit brauchen, bis über die »doppelte« Geschichte Buchenwalds sachlich und angemessen gesprochen werden kann.

Herbst 1990. Ich stehe mit Robert W. Zeiler zwischen den Pylonen an der »Straße der Nationen«. Schweigend schauen wir hinunter nach Weimar. Dem etwa siebzigjährigen Westberliner Sozialdemokraten war – wie er selbst zu sagen pflegte – das äußerst zweifelhafte Vergnügen zuteil geworden, beide Lager auf dem Ettersberg kennenzulernen, das vor und das nach 1945.

»Ach, weißt du: Daß man die von den Sowjets eingesammelten Blockleiter, Parteikassierer oder zufällig Aufgegriffenen, die im Lager verhungert sind, bei euch einfach totgeschwiegen hat, ist 'ne Sauerei. Das macht die Sache nur schwerer. Aber das hier«, und er deutet mit dem Kopf auf die Anlagen des Buchenwalder Mahnmals, »das haben die, die von der SS zu Tode geschunden wurden, meine Kameraden, auch nicht verdient. Das hier ist so glatt, so schniecke, so monströs! Mich erinnert es immer an die Olympiabauten in Berlin oder an das Nürnberger Parteitagsgelände. Und mir tut das verdammt weh. Man kann doch die Toten nicht so mit Steinen zupflastern!« Und nach einer langen Pause: »Vielleicht sollte man das Gemäuer einfach zuwachsen lassen ...«

Auf der anderen Seite, lagerwärts, geht die Sonne unter. Vor uns breitet sich der Schatten des Ettersberges weit übers Land.

JÜRGEN M. PIETSCH KEIN ORT

Eingang – Ausgang

14 KEIN ORT

KEIN ORT

KEIN ORT

Lauf der Zeit

24 KEIN ORT

25 KEIN ORT

28 KEIN ORT

unten – oben

32 KEIN ORT

KEIN ORT

38 KEIN ORT

1958

Straßen

KEIN ORT

Schatten – Licht

Aufstieg – Abstieg

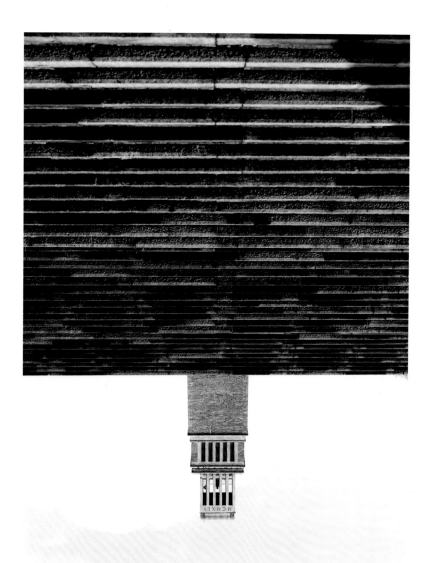

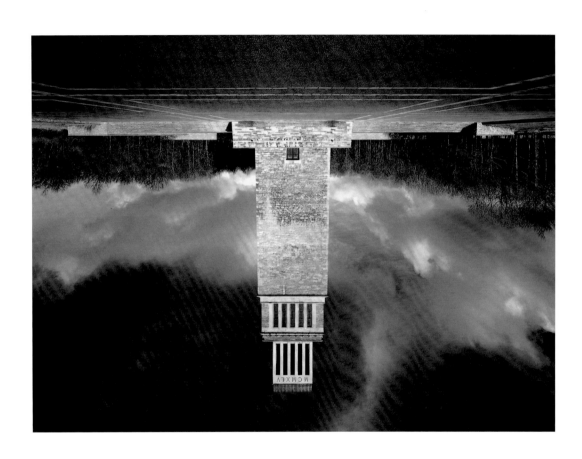

Schatten des Ettersberges

KEIN ORT

Turm der Freiheit

Buchenwald ist nicht ›zu Ende‹ gesehen,
ich höre auf, es ist – kein Ort. J.M.P.

VOLKHARD KNIGGE **VOR DER GESCHICHTE –**
Zu den Fotografien des Ehrenhains Buchenwald von Jürgen M. Pietsch

Wer den 1958 eingeweihten Ehrenhain Buchenwald 1996 photographiert – ausdauernd photographiert, aufmerksam und geduldig über mehrere Wochen hin – setzt sich dem Verdacht aus, die DDR schön sehen zu wollen, wenn nicht den gesamten Staat, dann doch wenigstens seine hier steingewordene antifaschistische Gründungslegende. Welchen Grund sollte es sonst geben, sich mit einer Mahnmalsanlage in über vierzig Photographien auseinanderzusetzen, die von Anfang an weniger als Erinnerungsort denn als Nationaldenkmal der DDR konzipiert und genutzt worden ist, einer Anlage, die 1989/90 mitsamt dem Staat, den sie als das neue, bessere Deutschland ausweisen und legitimieren sollte, außer Betrieb gegangen ist, einer Anlage, deren Abriß häufig gefordert worden ist und von der sich zu distanzieren nach wie vor politisch zum guten Ton gehört.

Man kommt den Intentionen und der Qualität des Photoprojektes von Jürgen Pietsch näher, wenn man sich vor Augen führt, daß der Ehrenhain Buchenwald auch heute noch nicht nur kritisch wahrgenommen oder übersehen, sondern nach wie vor photographiert wird. Touristisch gestimmte Gedenkstättenbesucher – von bloßen Ettersberg-Ausflüglern ganz zu schweigen – knipsen die gewaltige Mahnmalsanlage gern. Wie Photographien vom Kyffhäuser- oder vom Hermanns-Denkmal, wie Photographien vom Marineehrenmal in Laboe und anderen deutschen Denkmalen wird das Photo für den Knipser zum Ausweis dafür, daß er sich an einem alltagsfernen Ort aufgehalten hat, einem Ort, dem das Denkmal eine besondere Aura, wenigstens aber des Spektakulären aufgeprägt hat. Daß die auf dem Ettersberg repräsentierte Vergangenheit noch den Hautgout des politisch Verwerflichen hat – im Gegensatz zu anderen deutschen Denkmalen aus düsteren, demokratieferneren Zeiten – ist dem Knipser

egal; nicht nur, weil das Monströse den Uniformierten aber nicht nur ihn – besonders leicht zu faszinieren vermag, sondern auch, weil das Buchenwalddenkmal der DDR sich nahtlos der Erscheinungswelt anderer deutscher Monumentaldenkmale einfügt.

Es ist aber nicht nur der Knipser, der die Mahnmalsanlage nach wie vor wahrnimmt und photographiert. Auch die auf signalhafte Wiedererkennbarkeit – um nicht zu sagen visuelle Klischees – fixierten Medien, lassen von der Mahnmals-Photographie nicht. Ob SPIEGEL oder Frankfurter Allgemeine Zeitung, ob ZEIT, Frankfurter Rundschau oder Süddeutsche Zeitung, ob öffentlich-rechtliches Fernsehen oder private Sender, alle nutzen sie – wie ehedem das Neue Deutschland – z. B. Photographien von Fritz Cremers Buchenwaldplastik siegreicher kommunistischer Häftlinge als visuelle Aufmacher ihrer Berichterstattung zu Buchenwald. Dabei spielt es keine Rolle, daß dieselben Medien die Selbstbefreiung der Buchenwaldhäftlinge – gelegentlich durchaus genüßlich – längst als DDR-Legende entlarvt und ad acta gelegt haben. Dabei spielt es keine Rolle, daß das Bild behauptet und auf Dauer stellt, was der Text verwirft. Und die Gedenkstätte mag soviel neue Denkmale bauen und Geschichtszeichen setzen wie sie will – seit 1990 immerhin drei –, die ikonische, signethafte Qualität der Mahnmalsanlage gerät dadurch ganz offenbar nicht ins Wanken. Das hat mit Bequemlichkeit und reflektionsloser Gewohnheit zu tun und mit beiden bricht die Photographie Jürgen Pietsch's zuerst.

Nicht nur die Wahl des Themas ist unbequem gewesen, weil politisch verdächtig und ohne Aussicht, ein breiteres Publikum anzusprechen, sondern der Akt des Photographierens selbst. Zum einen, weil es ganz handfest eine Plackerei ist, eine große Plattenkamera durch die Mahnmalsanlage zu bewegen und immer wieder hangauf und hangab nach richtigen Standorten und Blickwinkeln zu suchen. Zum anderen, weil die Suche nach richtigen Standorten und Blickwinkeln nichts weniger bedeutet, als sich buchstäblich aus den konventionellen Sichtweisen auf den Ehrenhain herauszuarbeiten. Wie jedes Monumentaldenkmal, das gebaut ist, Menschen zu übermächtigen und Individuen angesichts des Tragischen oder Heroischen, das es zu verkörpern vorgibt, klein und gering erscheinen zu lassen, läßt sich die Mahnmalsanlage auf dem Ettersberg nur schwer sehen. Sie präsentiert sich vielmehr, zeigt sich vor und drängt sich auf, gibt dem souveränen Blick keinen Raum und nimmt ihm die Möglichkeit zu Annäherung und Distanz als essentiellen Voraussetzungen für mündiges Sehen. Die Mahnmalsanlage besetzt, wie jedes Monumentaldenkmal, nicht nur den Landschaftsraum und die Erinnerung, sie besetzt vorauseilend auch den Raum ihrer eigenen Repräsentation. Für die Photographie heißt das, sie gibt die Blickweisen und Standorte vor, von denen aus sie sich wie von selbst photographieren läßt, so photographieren läßt, daß die Bilder auf gleichsam natürliche Weise gelungen erscheinen.

So wiederholen sich seit 1958 die Photos. Trutzig und unverrückbar füllt das Eingangstor immer wieder Einzelbildformate: hier beginnt die Ewigkeit. Stoisch und elegant zugleich schwingen die Stelen den Hang hinab, als hätte die Natur selbst jene Geschichte kreiert, von der sie berichten. Antiken Arenen gleich liegen die Ringgräber da, erhaben, wuchtig, bedeutsam. Mal ersteht der Turm der Freiheit aus Ringgrab II, mal aus Ringgrab III. Menschenleer oder betriebsam wird die Straße der Nationen abgebildet. Immer scheint die Treppe zum Turm der Freiheit von Ringgrab III direkt ins Himmelslicht zu führen, oder sie wird, wie auch die Straße der Nationen gelegentlich, zum Boulevard, auf dem der befreite Teil des deutschen Volkes heiter oder in ernster Gelassenheit spaziert. Die Photographie der Plastik bekräftigt die Autorität der dargestellten Kämpfer. Mal sind sie dem Betrachter in würdevoller Distanz gegenübergestellt, mal schauen sie ihm direkt ins Gesicht, mal stürmen sie ihm – von hinten photographiert – voran und reißen ihn mit, mal schweben sie über den Köpfen der Menge. Der Turm wird photographiert als Aufhöhung der Plastik, als ragende Stein gewordene Mahnung und Tat gewordener Schwur; mal in das milde Licht eines glücklichen Sommernachmittags getaucht, mal dramatisch hinterfangen von Ungewitterwolken, immer aber sich selbst in seiner Unverrückbarkeit und Unzerstörbarkeit behauptend und beglaubigend.

Seit 1958 wird nicht das Mahnmal gesehen, sondern immer nur die politische Allegorie, die es sein will. Nie erscheint das Mahnmal als das, was es ist, eine Konstruktion nämlich, sondern immer als elementare, unmittelbare Verkörperung vergangener Wirklichkeit. Automatisch erscheint der apologetische Photograph als Photograph, der das Mahnmal »trifft«. Automatisch erscheint die affirmative Sichtweise als angemessen und schön. Das ist bequem. Der Photograph ist entlastet. Er kann handwerkliches Können unter Beweis stellen, ohne sich mit Sinnfragen oder Rechtfertigungsansprüchen auseinandersetzen zu müssen.

Auch Jürgen Pietsch ist anfangs in diesen Sog geraten. Ich erinnere mich gut daran, wie er mir zum ersten Mal von seinem Vorhaben erzählt und die ersten Photos gezeigt hat. Obwohl es ihm um nichts weniger ging, als die dem Ort von den Denkmalssetzern implantierte Bedeutung zu verdoppeln, obwohl ihm der Ort sieben Jahre nach dem Untergang der DDR eher als ortloser Ort, als Unort erschien, obwohl ihn beim Photographieren Gefühle des Monströsen und Unheimlichen beschlichen, obwohl sich ihm beim Photographieren gelegentlich die Frage aufdrängte, ob er ein Denkmal der DDR oder NS-Architektur ablichte, standen die Photos ganz in der DDR-Tradition. Nicht das Mahnmal war zu sehen, sondern Symbole des Dramatischen, Erhabenen, Heroischen, Trutzigen, Immerwährenden.

Ein Ausweg aus dieser Situation wäre gewesen – und Photographen haben ihn nach 1990 beschritten –, die Ansicht auf das Mahnmal mit technischen Mitteln zu verfremden. Verzogene Blickwinkel, nebelhafte Unschärten, ausschnitthaftes Sehen bis hin zur symbolischen Zerstörung des Gesamtobjektes, Farbspielereien oder ein betont artifizieller Umgang mit dem Licht hätten Möglichkeiten hierzu seien können. Die Ergebnisse wären vielfältig interpretierbar gewesen: als Versuche des Photographen, sich nicht übermächtigen zu lassen und sich gegenüber dem Mahnmal als Subjekt zu behaupten; als Versuche, mit der symbolischen Überwindung des Denkmals dessen Referenz und Widmung – die Erinnerung an die nationalsozialistischen Verbrechen und an die Geschichte des KZ Buchenwald und seiner Häftlinge – nicht gleichzeitig außer Kraft zu setzen; als retrospektive, beschwichtigende Ästhetisierung des Mahnmals oder als vernutzende Instrumentalisierung des Ortes für bildkünstlerische Eitelkeiten und Kunstmarktgeschäfte.

Ein weiterer Weg hätte darin bestehen können, die in einzelnen Mahnmalselementen ganz unzweifelhaft aufscheinenden Analogien zu Formen deutschnationaler, sogar faschistischer Aufmarsch- und (Kriegs-)Heldengedenkarchitektur betont darzustellen, das heißt, sich als Entlarver des Mahnmals zu gebärden, als jener, der ihm seinen eigenen Spiegel vorhält, der politisch korrekt ist. Jürgen Pietsch hat sich gegen diese Verfahrensweisen entschieden. Sie wären nur ein weiteres Ausweichen vor der Faszinations- und Übermächtigungskraft des Monumentaldenkmals gewesen. Wieder wäre es nicht gesehen, sondern – einem Gegenzauber gleich – uminterpretiert worden. Der Sieg des Photographen über das Denkmal wäre ein Pyrrhussieg gewesen, weil noch seine Inspirationskraft wie seine technischen Fertigkeiten in dessen Bann gestanden hätten. Die politische Allegorie, die das Denkmal verkörpert, hätte sich subkutan behauptet.

Jürgen Pietsch's Mittel, die Mahnmalsanlage tatsächlich zu sehen, besteht darin, sich zu bescheiden. Nicht mehr – und nichts anderes – soll gezeigt werden, als da ist: gebaute Formen – nicht politische Allegorien, steingefaßte Geschichte – nicht die Vergangenheit selbst; Licht und Himmel, wie sie an dem und dem Tag da sind – nicht Licht und Himmel als überhistorisch-historische Elemente einer historischen Narration. So wird das Mahnmal sichtbar als Bauwerk, sichtbar als Konstruktion; als Ort, der besteht, aber keinen Halt mehr hat, weil die Macht, die ihn geschaffenen hat und die in ihm ihr Abbild finden wollte, die Hand nicht mehr über ihn hält; als Denkmal, das leer ist.

Das Denkmal ist nicht deshalb leer, weil der Photograph es vermeidet, Menschen im Denkmal zu photographieren. Seine Überleere wird sichtbar, weil der Photograph es nicht uminterpretieren, es nicht denunzieren will, weil er es – zugespitzt gesagt – demokratisch behandelt. Alle Bildelemente sind gleichermaßen betont. Nichts ist durch Schärfe-Unschärfedifferenzen, nichts ist durch Ausleuchtung hervorgehoben oder hierarchisiert. Nichts, das nicht vom gleichen Wert wäre.

Solche Photographie ist selten geworden und mutet altmodisch an, hat aber eine lange Tradition, die gelegentlich in der Moderne widerlichtert. Bernd und Hilla Becher haben auf diese Weise Anfang der siebziger Jahre Fachwerkhäuser im Siegerland photographiert, früher – vor und nach der Jahrhundertwende – photographierte man so Pompeji und andere Ruinenstätten der klassischen Zeit. Entrückte Präsenz, der Eindruck großer Konkretheit bei gleichzeitiger räumlicher und zeitlicher Ferne sind die Ergebnisse dieser Weise zu photographieren. Sie schafft den Abstand, den das Monumentaldenkmal sui generis verweigert. Ferne Nähe entsteht. Reflexionsraum. Unselbstverständlichkeit. Zweifel. Trennung: Das Denkmal ist nichts als das Denkmal. Wille seiner Setzer – nicht die Geschichte, deren Repräsentation es verpflichtet scheint. Die Geschichte wäre so – und jetzt erst – zu sehen.

JORGE SEMPRUN   »IN DEN WIND GESTREUT ...«

Ich war 1960 nach Ostberlin gefahren, um gewisse Probleme zu lösen. Ich war allein, ich wohnte in dem Gästehaus der deutschen Partei. Schwarze Limousinen holten mich ab, um mich zu den Sitzungen zu bringen, an denen ich teilnehmen mußte. Das war nicht weiter aufregend. Am letzten Tag hat der mit meiner Betreuung beauftragte Funktionär des deutschen Zentralkomitees gefragt, ob ich noch einen Wunsch hätte. Da ist die Erinnerung an jene ferne Nacht jäh wieder in mir aufgestiegen. Ich habe gefragt, ob ich Willi Seifert oder Herbert Weidlich treffen könnte. Anfangs hat er es nicht verstanden. Ich habe ihm erklären müssen, daß ich nach Buchenwald deportiert worden sei, und ihm von Seifert und Weidlich, von der Arbeitsstatistik erzählen müssen.

Da hat er ausgerufen: »Sie sind in Buchenwald gewesen?« Er war genauso aufgeregt wie ein Engländer, dem man mitten in einem banalen politischen Gespräch mitteilt, daß man ein ehemaliger Student von Oxford sei. Buchenwald? »Also warum haben Sie mir das nicht eher gesagt?« Er hat mir sofort vorgeschlagen, eine Autofahrt nach Weimar zu organisieren, um das Lager zu besuchen.

O nein, *merde!* Ich hatte fünfzehn Jahre mit dem Versuch verbracht, kein Überlebender zu sein, es war mir gelungen, kein Mitglied irgendeines Vereins oder Freundeskreises ehemaliger Deportierter zu werden. Vor den Wallfahrten, wie man die für die ehemaligen Deportierten und ihre Familien organisierten Reisen zu den Stätten der einstigen Lager nannte, hatte es mir immer gegraut. Deshalb habe ich mit tonloser Stimme irgendeine Ausrede gemurmelt. Ich müßte in den Westen zurückkehren, ich hätte es eilig. So sei nun einmal die Arbeit der Partei. Aber der Funktionär des Zentralkomitees ließ, voll guten Willens, nicht locker. Ich sei tatsächlich niemals nach Buchenwald zurückgekehrt? Nein, niemals. Ich schüttelte den Kopf. Er schilderte mir die Verschönerungsarbeiten, die dort ausgeführt worden seien. Ein Mahnmal mit vielen Skulpturen habe die Deutsche Demokratische Republik dort errichtet. Ich nickte, ich hatte Fotos davon gesehen, ich kannte es: einfach abscheulich! Ein Turm, Gruppen von Marmorstatuen, eine von Mauern mit Basreliefs gesäumte Allee, monumentale Treppen. Mit einem Wort: abscheulich. Ich habe ihm natürlich meine Ansicht nicht gesagt. Ich habe mich darauf beschränkt, ihm meinen alten Traum zu erzählen: man möge das Lager der langsamen Arbeit der Natur, des Waldes, der Wurzeln, des Regens, der Erosion der Jahreszeiten überlassen. Eines Tages würde man die von Bäumen unaufhaltsam überwucherten Gebäude des ehemaligen Lagers wiederentdecken. Er hat mir verwundert zugehört. Aber nein doch, ein Mahnmal, etwas, das einen erzieherischen, politischen Sinn habe, hätten sie errichtet. Das sei übrigens eine Idee von Bertolt Brecht gewesen. Er habe vorgeschlagen, dieses majestätische Mahnmal dem alten Konzentrationslager Buchenwald gegenüber, auf einem Hang nach Weimar hin, zu errichten. Er habe sogar gewollt, daß die Figuren überlebensgroß sein, aus Stein gehauen und auf schmucklose Sockel gestellt werden und mit dem Blick ein edelgeschnittenes Amphitheater umfassen sollten. In diesem Amphitheater sollte jedes Jahr ein Festival zum Gedenken an die Deportierten stattfinden: mit Oratorien, Chorgesängen, Vorträgen, politischen Aufrufen.

Ich hörte dem Funktionär der SED bestürzt zu. Ich wußte zwar, daß Brecht häufig einen schlechten Geschmack gehabt hatte – aber immerhin, in diesem Ausmaß! Ich habe freilich nichts gesagt. Es ödete mich an, mit ihm über all das zu reden. Nein, ich hätte keine Zeit, nach Weimar zu fahren, das sei alles. Es tue mir leid. Wenn er dagegen ein Treffen mit Willi Seifert oder Herbert Weidlich arrangieren könnte, wäre ich ihm sehr

Der deutsche Genosse strahlte. Die Nachricht, die er mir überbrachte, lautete jedoch, daß ich weder Seifert noch Weidlich treffen könne. Sie seien beide nicht in Berlin. Seine Genugtuung hatte andere Ursachen. Als ich ihm gegenüber Seifert und Weidlich erwähnt hatte, hatte ich in seinem Blick deutlich abgelesen, daß er ihre Namen nicht kannte. Und wenn ich darum gebeten hätte, Leute zu treffen, die abtrünnig geworden waren? Man ist nicht, weil man unter dem Nazismus einige Jahre im Konzentrationslager gesessen hat, immun gegen politische Verirrungen. Und wenn ich darum gebeten hätte, Leute zu treffen, die die Partei von ihrer Mutterbrust (oder ihrer Vaterbrust, denn wer weiß, vielleicht ist die Partei ein Zwitter oder Hermaphrodit) hätte verstoßen müssen? Daß sie vielleicht sogar gezwungen gewesen war, sie ins Gefängnis zu stecken oder durch Erhängen kurzen Prozeß mit ihnen zu machen? Ich hatte seinem Blick deutlich abgelesen, daß eine gewisse Verlegenheit sich seiner bemächtigt hatte. An die Vergangenheit sollte man lieber nie rühren. Es ist immer peinlich, erklären zu müssen, warum es mit irgendeinem ein schlechtes Ende genommen hat.

Nun stellte sich heraus, daß diese Befürchtung unbegründet war. Der Funktionär des Zentralkomitees hatte herausfinden können, daß Seifert und Weidlich brillante Karrieren in der Deutschen Demokratischen Republik

gemacht hatten. Vor allem Seifert, was nicht weiter erstaunlich war. Brillante Karrieren, zweifellos. Weidlich sei Kommissar der Kriminalpolizei. Und was Seifert betreffe – die Stimme des Funktionärs hat dabei jenen unnachahmlichen Tonfall bürokratischer Begeisterung angenommen, den wir gut kennen –, Willi Seifert sei Generalmajor der Volkspolizei geworden. Aber weder der eine, noch der andere seien leider in Berlin! Im Vertrauen könne er mir sagen, daß Weidlich, irgendwo in der Provinz, eine Mission erfülle und Seifert – hier wurde die bürokratische Begeisterung von politischer Genugtuung gefärbt – ein Seminar über den Historischen Materialismus (und sicherlich über die Dialektik) mitmache, das den hohen Offizieren der Volksarmee und der Volkspolizei vorbehalten sei.

[...] Letztlich hatte Seifert die Evidenz des Lebens draußen nicht wiedergefunden. Oder er hatte vielmehr diese Evidenz von draußen, ihre Risiken und Widersprüche abgelehnt. Kurz nach seiner Entlassung aus Buchenwald war er in die von den Russen in ihrer Besatzungszone aufgebaute Polizei eingetreten. Er war in der gleichen Welt des Zwangs geblieben. Er hatte sich entschieden, dort zu bleiben, diesmal freilich auf der richtigen Seite, auf der Seite des Stärkeren. Der junge Kommunist aus Buchenwald war nur ein Polizist. Und ein Polizist, der zudem Karriere gemacht hatte. Er war Generalmajor der Volksarmee geworden. Nun mußte man aber, um in Ostberlin unter Ulbrichts Zuchtrute und der russischen Geheimdienste Karriere zu machen, erst recht inmitten der Intrigen, Komplotte und Säuberungsaktionen in der letzten Periode des Stalinismus und dann der Winkelzüge der bürokratischen Entstalinisierung, wirklich zu allem bereit sein. Bereit sein zu all den Niederträchtigkeiten, zu all den faulen Kompromissen, um auf der Seite des Stärkeren zu bleiben, um nicht in einer jähen Kurve vom Wagen zu fallen.

So hat Seifert 1952 die Kugeln um seine Ohren pfeifen hören müssen. Er hat wochenlang in Schrecken leben und Nacht für Nacht auf das Schlimmste gefaßt sein müssen. Er hat versuchen müssen, in Vergessenheit zu geraten, die auf ihn gerichteten Blicke seiner Volkspolizeikollegen zu übersehen: die argwöhnischen, spöttischen oder mitleidigen. Seifert hat nach Stalins Tod allmählich aufatmen dürfen.

Im November 1952 sitzt Josef Frank in Prag auf der Anklagebank. Der Prozeß, bei dem er neben Rudolf Slansky der Hauptdarsteller ist, ist der letzte große Schauprozeß der stalinistischen Ära. Der vollendete Abschluß zwanzigjähriger Untersuchungen und Praktiken der Geheimdienste Stalins. Aber auch das Ende zwanzigjähriger unbedingter Unterwerfung, zwanzigjähriger feiger Faszination der westlichen kommunistischen Bewegung. Das eine geht natürlich nicht ohne das andere.

Josef Frank war unser Kamerad aus Buchenwald. Wir hatten in der Arbeitsstatistik zusammengearbeitet. Seine tschechischen Kumpel nannten ihn »Pepiku«. Ich persönlich habe diese Verkleinerungsform nie benutzt. Frank war nicht überschwenglich, es war nicht leicht, die Schranken seiner natürlichen Zurückhaltung zu überwinden. Aber ich kam sehr gut mit ihm aus. Ich hatte Josef Frank gern. Er überschüttete uns nicht mit seinen Erzählungen eines alten Kämpfers. Er brüstete sich nicht wie die meisten anderen kommunistischen Führer als Grandseigneur der Bürokratie.

Später, nach der Befreiung, ist Josef Frank stellvertretender Generalsekretär der tschechischen KP geworden. Aber im November 1952 sitzt er in Prag auf der Anklagebank. In einigen Tagen wird er gehenkt werden. Seine Asche wird auf einer verschneiten Straße in den Wind gestreut werden.

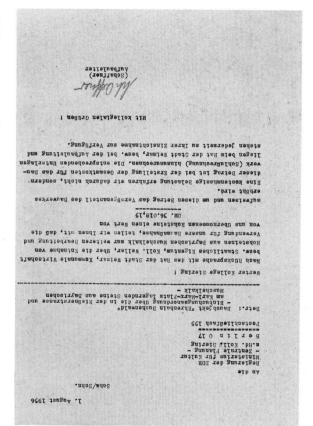

Archiv der Gedenkstätte Buchenwald VA 3

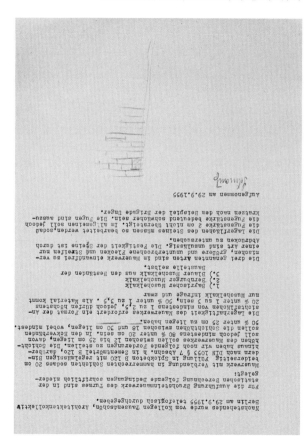

Archiv der Gedenkstätte Buchenwald VA 1 Bd. 1

Wie die Steine für den Turm des NS-Gauforums in Weimar auf den Ettersberg kamen ...

Die Herausgeber danken für großzügige Unterstützung:
Thüringer Ministerium für Wissenschaft, Forschung und Kultur
Stadt Weimar
Kulturstiftung der Sparkasse Weimar
Kuratorium Schloß Ettersburg e.V.

Impressum

Versteinertes Gedenken – Das Buchenwalder Mahnmal von 1958. Band 1 und 2

Fotografien: Jürgen M. Pietsch, Spröda

Buchgestaltung: Ulrike Weißgerber, Leipzig

Lithos: bildpunkt GmbH, Berlin

Druck: Messedruck Leipzig GmbH

Buchbinder: Kunst- und Verlagsbuchbinderei Leipzig GmbH

Gedruckt auf Phoenix-Imperial halbmatt weiß, Papierfabrik Scheufelen
Vorsatzpapier: Papago diamantschwarz, Classen Papier KG

Die Deutsche Bibliothek – CIP – Einheitsaufnahme
Versteinertes Gedenken : das Buchenwalder Mahnmal von 1958 / Volkhard Knigge
Jürgen M. Pietsch / Thomas A. Seidel.
[Hrsg. im Auftr. der Stiftung Gedenkstätten Buchenwald und Mittelbau Dora und des
Kuratoriums Schloß Ettersburg e.V.]. - Spröda : Pietsch, Ed. Schwarz Weiß.
ISBN 3-00-001065-3   2. - (1997)
NE: Knigge, Volkhard; Pietsch, Jürgen M.; Seidel, Thomas A.

Der Abdruck des Textes von Jorge Semprun erfolgt mit freundlicher Genehmigung
des Suhrkamp Verlages. Aus »Was für ein schöner Sonntag« von Jorge Semprun,
aus dem Französischen von Johannes Piron © Suhrkamp Verlag Frankfurt a.M., 1981

Das Werk einschließlich aller seiner Teile ist urheberrechtlich geschützt. Jede
Verwendung außerhalb der engen Grenzen des Urheberrechtsgesetzes ist ohne
Zustimmung von Herausgeber und Edition unzulässig.

ISBN 3-00-001065-3

© 1997   Volkhard Knigge, Thomas A. Seidel für ihre Beiträge und Abbildungen

© 1997   Jürgen Maria Pietsch   Im Alten Pfarrhaus
         Fotograf   04509 Spröda